Rhein-Main-Region. Andere Herden ziehen grenzüberschreitend bis auf die Almen im Tiroler Lechtal sowie im Kleinen Walsertal in Vorarlberg. Ein Großteil der alten Wanderschäferei in der Form der Transhumanze ist inzwischen Geschichte. In Teilen der Alpen ist sie weiterhin lebendig. So erzählten mir *Andrea* und *Maria Schneider* im Val Maira von zwei Brüdern aus dem Val Maira, die immer noch mit Schafherden aus der Poebene in den Bergen des südlichen Piemont weiden. Reste des uralten Alpen-Nomadentums haben sich erhalten. Wir können davon ausgehen, daß sich in diesem Bereich der Alp-Kultur eine mehr als fünftausendjährige Kontinuität nachweisen läßt. Die Transhumanze als eine den natürlichen Gegebenheiten nahezu optimal angepaßte Wirtschaftsform bewahrt ein Stück wichtiger Kultur. Auf die Geschichte der Transhumanze bezogen spricht *Werner Bätzing* im Kapitel *Von der Wanderschafhaltung zur Autarkiewirtschaft* von einem hohen Alter:

> *Es spricht alles dafür, daß die gesamten an den Mittelmeerraum angrenzenden Alpengebiete, die südlichen Westalpen und die Südabdachung der Alpen, etwa ab 4 000 v. Chr. auf diese Weise durch den Menschen genutzt wurden...*[5]
>
> BÄTZING

Kurzhaarige, hochbeinige mesopotamische Bergschafe nach einem Siegel vom 30. Jhdt. aus Ur.
Fessan-Schaf mit hufeisenförmigen Hörnern - a) einst (30. Jhdt.) und b) heute.
Assyrische Schafe mit Fettschwänzen. - Wandbild vom 8. Jhdt. aus Nimrud. Heutiges Fettschwanzschaf aus dem Negev. Der schwere Schwanz kann bis 10 kg wiegen.

Die Schafe aus dem Vintschgau, von Bauernhöfen auf dem Nördersberg, aus Laas, Göflan und anderen Orten sind jetzt am Sonnenberg (Bild Seite 14 oben) angelangt und ziehen von dort in das Schladrauntal, überschreiten das Taschljöchl, steigen ins Schnalstal ab und erreichen mit den dazugekommenen Herden aus dem Schnalstal den Vernagtsee zur ersten großen (Ver-)Sammlung. Dasselbe Bild bietet sich Mitte September, wenn die Schafe nach der Sömmerung im Ötztal wieder in Vernagt angekommen, dort aussortiert, fachlich begutachtet und weitergetrieben werden. Diese *Schafscheide* ist beinahe ein kleines Volksfest.

Nach Meinung von Agrarhistorikern verdankt die Transhumanz als uralte Form der Weidetätigkeit ihren Ursprung nicht so sehr der menschlichen Erfindungsgabe, als den Gesetzen der lebendigen Natur, denen der Mensch gehorchen muß. Die natürlichen Voraussetzungen bestehen darin, daß in allen Zonen des mediterranen Raumes die Überwinterung möglich ist, während die Sommer dort trocken und für die Beweidung ungeeignet sind. In den Bergen hingegen finden sich im Sommer die notwendigen Weiden und damit beste Voraus- setzungen. Es wird angenommen, daß die Schafe im noch ungezähmten Zustand instinktiv diese jährlichen Wanderungen unternommen haben.

Früher haben die Bergamasker Hirten ihre Herden aus der Poebene entlang der Adda und dem Comer See geführt, zogen dann, die Gebirge der Bernina umgehend, bis in das schweizerische Engadin. Gegen Ende des 19. Jahrhunderts wurde aufgrund strenger Tierseuchenverordnung das Erreichen der Schweiz unmöglich gemacht. Schafherden aus Venetien und Friaul zogen über die Berge und kamen bis in die Almen des Gailtales in Kärnten. Im Winter erreichten die Herden aus Friaul, Bergamo und dem Trentino die Ebenen von Venetien und der Lombardei.

Seit 1878 transportieren eigens dafür eingerichtete Gesellschaften die Herden in Spezialwaggons bis in die Nähe der Weidezonen. Trotzdem haben aber die Schafe noch Wanderungen von mehreren Tagen auf sich zu nehmen. Früher waren Wege von zehn bis vierzig Metern Breite für die Transhumanze reserviert, die noch Mitte des 19. Jahrhunderts mehr als 400 000 Schafe umfaßte.

Der Zug vieler tausend Schafe mußte gut organisiert sein. Einzelne Herden zählten bis 20 000 Schafe. Esel trugen in Körben die persönlichen Dinge der Hirten mit, z. B. Geräte zur Käseerzeugung und die neugeborenen Lämmer.

Die Bergamasker waren Schaf-Meister und weitum berühmt. Sie waren teilweise auch die Besitzer der Schafherden. Im Falle des Todes einzelner Schafe ging es meist zu Lasten des Besitzers. Der Hirte mußte dann die Haut des Schafes oder zumindest das rechte Ohr (mit der Ohrmarke des Besitzers) beibringen. Überall folgte die alpine Transhumanze ähnlichen Regeln.

Einige Dokumente weisen darauf hin, daß die Transhumanze in den französischen Alpen seit dem 11. Jahrhundert gepflegt wird. Das gilt für die schriftlichen Nachweise. Vor allem die Kartäuser- und Zisterzienserklöster in den französischen Voralpen besaßen gewaltige Herden, die den Sommer auf den Almen, den Winter in der Ebene von Valence und sogar in der Provence verbrachten.

Der alpinen Transhumanze mit ihren vertikalen Verlagerungen entspricht eine Transhumanze, die sich im Süden und Südwesten Deutschlands vollzieht. Von den Sommerweiden des Schwäbischen und des Fränkischen Jura ziehen die Hirten mit den Schafen weiter in den Süden in die schon begrünten Wiesen der Donauebene. Dann gehen sie in den Norden, und sie verbringen den Winter in der

◁ Mit greller Farbe werden die Schafe der einzelnen Bauern gekennzeichnet. Diese sind besonders auffällig (Bild Seite 10 oben). Zusätzlich sind die Schafe am Ohr markiert. Seit alters haben einzelne Bauern ihre charakteristischen Kennzeichnungen. Unentbehrlich sind die eigens für die Schafhaltung abgerichteten Hunde. Unter die vielen weißen Schafe haben sich die ersten braunen gemischt. Diese auch »Pater« genannten Schafe sind bereits sehr selten geworden. Fanatische Schafzüchter sind dabei, die einstige Vielfalt der Rassen und Farben einzuschränken. Zu mehr als 90 % werden im Bereich der Ostalpen die weißen Bergschafe gehalten. Bei den großen Schaftrieben aus dem Vintschgau und Schnalstal ins Ötztal - wie auf den Bildern (von Seite 10-19) habe ich unter zweitausend weißen nur einhundert braune und ebenso viele scheckige, also buntgemischte Schafe gezählt. In der Kultur- und Besiedlungsgeschichte großer Bereiche der Alpen spielen bis in die Gegenwart Schafhaltung, Transhumanz und damit verbundener Nomadismus eine bedeutende Rolle.

## die rückkehr

so langsam troedeln die schafe heimwaerts ungeschuetzt in ihren pelzen in ihren gruenen die in der untergehenden sonne verraeterisch aufleuchten in einer zwischenfarbe die zwischen rot und gruen steht niemals beim besten willen nicht die farbe eines strauches sein kann auch im abendrot nicht. ein hund darf nicht mehr mit, denn wo hunde sind, sind auch sie auch kein schaefer wo schaefer sind sind sie auch. nur so im verraeterischen schutze ihrer kleider troedeln sie heimzu ohne von irgend etwas angetrieben zu werden. auch der flieger der aus der sonne jetzt herausschwebt bringt sie nicht in verwirrung. alle tage ist alarm, alle tage fliegen flieger. langsam bewegen sie sich vorwaerts im schutz der felle, die aber schon verraeterisch leuchten. langsam schleppen sie die vollen baeuche ueber das gras. einige lassen sich lustvoll vom boden das tief haengende euter kitzeln, gehen auch in die knie wenn es sein muß. zwei legen sich nun ins saftigste herzfleisch getroffen von den spitzen pfeilschnellen pfeilen des fliegers, der vollends aus der sonne heraus geschwebt ist. schon oefter legt sich jemand ins gras, um es naeher am maul zu haben es versetzt sie nicht weiter in unruhe, daß zwei von den ihren noch schnell ins gras beissen wollen. sich staerken fuer die nacht, obwohl eigentlich alle platzvoll sind mit gruenzeug ihnen nur wasser und salz fehlt, daß die zwei bluten – wer blutet nicht schon manchmal im leben – sehen die anderen nicht mehr langsam troedelt trudelnd die herde in die stallungen ein. der flieger kehrt mit den fellen der beiden nach paris zurück mit dem stolz des erdteils von australien.

NORBERT CONRAD KASER

## Transhumanz

Bis in die Gegenwart herein häufig ist die Wanderschäferei in einigen Teilen der Westalpen. Vereinzelt – zumindest in der Zwischenform – wird sie auch in den Ostalpen geübt. Eine Sonderform ist die Wanderschäferei von der Küste in die Karstregionen Kroatiens.

In *Frankreich,* also auf der französischen Seite der Westalpen, sind die beliebtesten Sommerweide-Ziele um Verdon, Ubaye, den Bergen um Digne, der nördlichen Var, am Mittel- und Oberlauf der Durance. Die Herden kommen hauptsächlich aus der Camargue, aus der Crau, aus der Provence, aus dem Var und aus den Seealpen. In einzelnen Fällen überschreiten die französischen Herden die Grenze und kommen nach Italien, wo sie im Stura-Tal, im Varaita-Tal weiden. Grenzüberschreitend kommen sie bis in das obere Isère-Tal und das Gebiet um den Montblanc. In der Gegenrichtung, also aus Italien, erreichen die Herden des Montferrat die oberen Alpen der Provence, während andere aus der Umgebung von Vossa zu den Alpen von Bego im Roia-Tal wanderten. Im Norden der Linie bilden die Almen von Vercors, Sillon, Oisans, Moriana und Taranta das zweite Gebiet der Wanderschäferei in den französischen Alpen.

Auf *italienischem Gebiet* ziehen nicht nur die Herden aus dem Montferrat weit in die piemontesischen Bergtäler und bis nach Frankreich, sondern auch aus der Poebene. Die Täler in der Umgebung von Cuneo, also das Gesso-, Stura-, Grana-, Maira- und Varaita-Tal, werden unter anderem aus der Poebene beweidet. Aus den Landwirtschaftsgebieten um Turin ziehen die Herden in das Po-Tal am Fuße des Monte Viso, in das Pellice-Tal, sowie in das Chisonetal und in Täler von Aosta.[4]

Wenn sie am Nördersberg oberhalb von Schlanders aufbrechen, steht den Schafen und Hirten ein langer Weg von drei Tagen über das Taschljöchl mit 2765 Metern und das Hochjoch mit 2861 Metern beziehungsweise das Niederjoch mit 3016 Metern bevor. Das ist ein langer Marsch mit ungefähr 3200 Metern Aufstieg und 1800 Höhenmetern Abstieg.

Den weitesten Weg legen die Schafe bei der Transhumanz aus der Poebene in die Berge um den Monte Rosa zurück.

# Auf den Spuren der Schafe

*Während Schafe hinten düngen, fressen sie vorn und mähen so den Hang.*

*Blühende Bergwiesen und Mähder verdanken ihre Pracht nicht allein jahrhundertealter bäuerlicher Kultur, sondern durchaus natürlichem Mist, den Herden von Schafen und Ziegen so gleichmäßig verteilen wie sie grasen.*[1]

Es beginnt mit dem Schaf. Nicht weil es so sprichwörtlich *geduldig* und offenbar *lammfromm* vor sich hinlebt, bar aller Sorgen, außer um die des Futters, sondern weil es so alt ist und weil es den Weg der Menschen in die Hochregionen, über Joche hinweg, vom Meer zum Gebirge bestimmt hat, seit Jahrtausenden. Seit der Mensch vor vielen tausend Jahren das neben dem Hund älteste Haustier zu einem seiner Partner gewählt hat, mußte sich der Mensch dem Schaf anpassen. Dem Trieb der Tiere folgend, dem sicheren Instinkt gemäß, trieb es die Herden aus der sommerlichen Hitze der Ebene in die kühleren und grasreicheren Gegenden hinauf in die Berge. Wohl oder übel folgte der Mensch den Schafen, und er mußte sie im Herbst wieder heimholen. Also erklomm er hohe Joche, zog tagelang durch das unheimliche Gebirge, immer seine Herden suchend.

Daß der Vintschgauer vor fünftausend oder sechstausend Jahren auf diese Weise ins Ötztal gelangte, verdankt er dem angeblich dummen, geduldigen Tier.

Meine vier braunen Schafe, die ich am *Roale* halte, hätten einen vorderasiatischen Instinkt, sagt meine Frau. Es kann sein, weil diese drei Schafe nichts Tirolerisches an sich haben, nichts Bergschafiges und auch nichts Steinschafiges. Vielleicht ist etwas dran. – Irgendwo fand ich den Hinweis und biß mich daran fest: Seit der Jungsteinzeit ist das Schaf als Haustier bekannt, und zwar in der Gestalt des *Torfschafes,* wie es jetzt noch in Graubünden und Island lebt. – Dieses besondere Schaf im Engadin ist braun. Sein Bestand ist gefährdet. Es gibt nur noch wenige davon. Es wird als *fuchsfarbiges Engadiner Schaf* bezeichnet. Die Rassekundler beschreiben es fachkundig: *Das mittel bis großrahmige Tier mit der Ramsnase und den langen Hängeohren ist robust, genügsam und sehr fruchtbar.*[2]

Die *Schweizerische Stiftung zur Erhaltung des genetischen und kulturgeschichtlichen Erbes von Tieren und Pflanzen (= pro specie rara)* hat dieses Schaf im Schutzprogramm. Dazu heißt es weiter im Prospekt: Pro specie rara *nimmt sich besonders des fuchsbraunen Farbschlages an, der wegen seiner braunen ›Kutte‹ auf romanisch auch ›besch da pader‹ – Paterschaf – genannt wird.*[3] – Meine vier *Patrn,* wie diese Schafe auch im Ötztal genannt werden, könnten aus demselben Schlag kommen. Und es gilt jetzt, der vielleicht ältesten, unter Umständen fünf- oder sechstausend Jahre alten Gattung nachzuspüren. Möglicherweise über die langen Wege vom Vintschgau übers Schladrauntal, hinunter nach Schnals und wieder hinauf übers Niederjoch.

# Inhalt

ISBN 3-475-52730-8
Lizenzausgabe für Österreich und Südtirol 1992 Edition Tau & Tau Type
Druck-, Verlags- und Handelsgesellschaft m. b. H., Bad Sauerbrunn.
ISBN 3-900977-34-8
Dieses Buch erscheint in der Reihe „Rosenheimer Raritäten" im
Rosenheimer Verlagshaus Alfred Förg GmbH & Co KG, Rosenheim.
Es wurde gesetzt von Edition Tau & Tau Type, Bad Sauerbrunn, Österreich.
Die Lithographie der Abbildungen besorgte SRG Photogravure in Meylan, Frankreich.
Druck und Bindung erfolgte durch die Chemnitzer Verlag und Druck GmbH in Zwickau.
Den Umschlag gestaltete Ulrich Eichberger, Innsbruck.
Er verwendete dabei ein Photo von Gianni Bodini, Italien.

HANS HAID

# Aufbruch in die Einsamkeit

## 5000 JAHRE ÜBERLEBEN IN DEN ALPEN

rosenheimer

rosenheimer raritäten

HANS HAID

# Aufbruch in die Einsamkeit

# Transhumanz

In der ökonomischen Ethnografie werden drei wichtige Formen der Tierwanderung unterschieden:
*Nomadismus, Transhumanz und Sömmerung.*
Die Viehherden unternehmen also unterschiedlich weite Wanderungen, immer auf der Suche nach Nahrung. Der Mensch als Hirte und Begleiter zieht mit den Herden. Besonders ausgeprägt sind die drei Formen der Tierwanderung bei der Schafhaltung.
**Nomadismus:** Die Herden wechseln kontinuierlich den Ort. Die Familien der Tierhalter ziehen mit. Im Alpenraum gab es bis ins 19. Jahrhundert vereinzelt Nomadismus.
**Transhumanz:** Sie wird bis in die Gegenwart praktiziert. Im Winter weiden die Herden nahe der Küste des Mittelmeeres, in der Poebene bzw. an tiefgelegenen Stellen der Südabdachung der Alpen. Im Frühjahr ziehen die Herden Richtung Alpen, sömmern dort während des Sommers und ziehen im Herbst wieder Richtung Tiefebene oder Küste. Es gibt also Sommer- und Winterweiden. Die Hirten ziehen mit der Herde mit.
**Sömmerung:** Sömmerung ist der verbreitetste Typus der Viehwanderung. Sie besteht darin, daß die Herden aus den winterlichen Stallungen im Tal, in der Ebene, im Sommer auf die Alm getrieben werden und dort etwa drei Monate gehalten werden. Es gibt verschiedene Zwischenstufen zwischen Transhumanz und Sömmerung. Eine solche Zwischenform gibt es in Südtirol. Die Schafherden weiden auf den Trockenhängen des Vintschgau fast den ganzen Winter hindurch im Freien. Im Juni ziehen sie den weiten Weg über die Gletscher ins Ötztal.
Obwohl im Ötztal etwa 10 000 Schafe gehalten werden, heben sich die wenigen, die braun sind, auffallend von der Masse ab. Im ganzen Tal sollen etwa 100 *Paterschafe* werden. Vier davon bei mir. Sie haben den ausgeprägtesten Kopf. Das sagen auch die anderen Schafhalter.
Im alten Mesopotamien wurden ab etwa 7 700 v. Chr. Schafe und Ziegen endgültig zum Haustier gemacht. Die ersten Züchtungen zum Haustier sollen aber bereits 11 000 Jahre zurückliegen, wie Knochenfunde beweisen und wie man anhand der Radiokarbon-Methode nachweisen konnte. Schon im 6. Jahrtausend wurde daraus Leder gegerbt.
Nach *Reimo Lunz* ist in Südtirol ganz sicher bereits um 3 000 v. Chr. das Schaf als Haustier gehalten worden.
Als Urahn der Schafe gilt das *ovis vignei,* das ein glattes Borstenfell hatte, ähnlich wie heute das Schwein.
Die offenkundig ältesten naturgetreuen Darstellungen des Schafes stammen aus *Ur in Chaldäa* auf einem Sigel, etwa 3 000 v. Chr. Die Nachzeichnung und geringfügige Vergrößerung gegenüber der Vorlage ergeben eine interessante Variante zu unserem heutigen Schaf. Nur 500 Jahre jünger sind die auf einem Wandbild vom Grab der Urarna in Ägypten dargestellten Schafe. Es sind *ägyptische langbeinige Haarschafe.*

> *Die besondere Verbundenheit unserer Vorfahren mit dem lukrativen Herden- und Hausgenossen läßt sich an der hebräischen Sprache ablesen. Das einfache Schaf heißt ›kibsa‹. Das Mutterschaf heißt – wie die Lieblingsfrau Erzvater Jakobs – ›rahel‹. Weibliche Jungtiere heißen ›asterot-son‹.*[6]
>
> Vardiman, Nomaden

Die besondere Verbundenheit der Ötztaler mit ihren Schafen belegt ebenfalls ihre Sprache. Selbstverständlich ist es ähnlich – wenngleich nicht so differenziert – in den Tälern der Nachbarschaft.
Das Mutterschaf heißt *Ebe* bzw. *Ewe.* Das weibliche Jungschaf heißt *Kilbra.* Das männliche Schaf ist der *Muttl.* Trägt er Hörner, ist

er wie überall ein *Widder.* Ist er aber kastriert, dann ist es der *Gschtraun.* Leute, die hier Gstrein heißen – und das ist ein häufiger Familienname –, haben an dieser Namensdeutung wenig Freude.

Das kleine Schaf und überhaupt das Kosewort für Lamm ist *Suugla* oder *Suugele.* So heißt auch das mit der Milchflasche aufgezogene Lamm. Ein anderes Kosewort ist *Pamperle.* Das klingt schön: *mei Suugele, mei Pamperle.*

Unsere Schafe sind hochgebirgstauglich. Das Schaf ist *das* Alp-Tier. Wird eine Alm verflucht, auf der vorher (nach der Sage) Kühe weideten, können nachher nur noch Schafe gehalten werden. Schafe weiden dort, wo kein anderes Haustier hinkommt, bis hinauf zu den Gletschern. Sie benötigen weder Stall noch ständige Aufsicht. Also haben Schafhaltung und älteste Bergbauernkultur bis heute sehr viel miteinander zu tun. Ohne Schaf würden die riesigen Almflächen verwuchern oder sonstwie gründlich verändert. Was wäre ein Tourismus im Hochgebirge ohne die blumenreichen Weiden? Die Tourismusverbände müßten sehr viel Geld ausgeben.

Das Schaf gehört den Bauern, und es gehört allen. Es prägt die Berg-Kultur.

◁ Zweimal im Jahr, ungefähr Mitte Juni und Mitte September erreichen die Schafherden aus dem Vintschgau auf ihrem dreitägigen Zug auf die Inneröztaler Weiden und von dort zurück das 2765 Meter hohe Taschljöchl, überqueren Schneefelder und kommen auch am Kortscher See (Seiten 18, 19) vorbei. Wenn der Schnee durch die intensive Sonneneinstrahlung aufgeweicht ist, wird das Stapfen durch den tiefen Schnee zu einer schrecklichen Plagerei für Mensch und Tier. Wenn der Schnee aber fest gefroren ist, wenn das Wetter schön ist, kann es eine vergnügliche Reise in oder aus der *Einsamkeit* sein. Wehe aber, wenn ein Schneesturm losbricht, wenn dichter Nebel einfällt, wenn Hunderte Schafe umkommen! Die Chroniken dokumentieren solche Unglücksfälle, wie zuletzt im Jahre 1979, als beim Auftrieb über das Niederjoch über 100 Tiere in einem schrecklichen Schneesturm umkamen. Von einem Unglück im Jahre 1694 z.B. berichtet eine Votivtafel aus dem Schnalstal (siehe Seite 21 sowie die Abbildungen auf den Seiten 162 und 163).

# Über die Gletscher

Der Schaftrieb von Laas im Vintschgau nach Vent ins Niedertal und Rofental führt über zwei (noch) vergletscherte Joche. Die Strecke ist 44 km lang. Dabei wird im Aufstieg und Abstieg von Schafen und Treibern eine gewaltige Leistung erbracht. Es sind 3200 Höhenmeter im Aufstieg und 1800 Höhenmeter im Abstieg, insgesamt also 5000 Meter.
Der Zug geht vom Vintschgau, von den Orten Laas, Göflan, Kortsch, Allitz über den Schlanderer Sonnenberg ins Schladrauntal. Von dort geht es auf das Taschljöchl (2765 m) und von dort weg verteilt über Vernagt im Schnalstal auf das Niederjoch (3016 m) oder über Kurzras im Schnalstal auf das Hochjoch (2861 m). Die Talorte im Vintschgau liegen bei knapp 700 Meter.
Früher zogen die Schafe auch über das Eisjoch (3154 m) auf die Weiden oberhalb von Obergurgl. Seit 1963 werden dort keine Herden mehr hinaufgetrieben. Dies war immer der gefährlichste und schwierigste Übergang.
Eine dramatische Geschichte wird uns in der Pfarrchronik von Gurgl im Ötztal überliefert:

Jährlich zieht von *Schnals* herüber eine Heerde von mehr als 1000 Schafen in der Mitte des Monats Juni auf die grosse Alpe zu Gurgl auf die Weide und kehrt im September wieder dahin zurück. Ein hochbejahrter Mann erzählt, einmal, vor uralter Zeit, seien Schnalser in Hemdärmeln nach Gurgl gekommen, um ihre Schafe wieder heimzuholen. In der Nähe von Obergurgl sei ihnen eine alte Hexe begegnet, und die habe im warmen Sonnenschein mit Wintergewand angethan gewaltig gefröstelt und gesagt: O Männer, husch, husch! Am anderen Tage sei der Schaftrieb über den Ferner gegangen, von einem Schneesturm überfallen worden und 1300 Schafe nebst allen Männern, die dabei gewesen, mit Ausnahme von zweien seien zu Grunde gegangen. Im Jahre 1844 am 19. Juni wurde ebenfalls eine Schafheerde, welche über den Ferner nach Gurgl zog, von einem Schneesturm überfallen, und dabei erfror auch ein kräftiger Mann von Gurgl, der in der Dunkelheit irregeführt einwärts statt auswärts ging, am Ufer des Ferners. Mehr als 200 Schafe lagen todt vorne beim Ferner. Die um den Unglücklichen zu suchen ausgesandten Leute konnten nicht ahnen, wo sie ihn in dem weiten Gebiete aufsuchen sollten, und mussten umkehren, weil auch ihnen bereits losbrechende Lawinen den Untergang drohten.[7]

Nach alter Überlieferung erfolgt der Schaftrieb vom Vintschgau übers Schnalstal ins Ötztal nicht vor dem Veits-Tag (St. Veit wird am 15. Juni gefeiert). Der Abtrieb erfolgt nicht nach dem Fest Heilig-Kreuz (Kreuzerhöhung) am 14. September.
Im Jahre 1979 kamen bei einem Auftrieb über das Niederjoch bei einem heftigen Schneesturm über 100 Tiere um. 52 Kadaver hat *Leo Gurschler* von Kurzras in den Tagen nach dem Unglück mit seinem Hubschrauber eingesammelt.
Im *Tisnhof*, am Eingang des gleichnamigen Tales und unterhalb des ebenfalls nach diesem Hof benannten Joches auf 3200 Meter wird eine Kopie des wahrscheinlich ältesten Votivbildes der Schnalser Madonna aufbewahrt. Es trägt die Inschrift:

> *1694 hab ich Schaf über das Joch getrieben und bin unversehens in eine Fernerkluft gefallen, deshalb hab ich mich zu Unserer Lieben Frau allhier mit diesem Täfele verlobt, alsdann unverletzt und gnädlich herausgezogen worden.*[8]

Georg Kofler

Nach altem Brauch wird am Morgen des Schafübertriebs in der Wallfahrtskirche Unserer Lieben Frau im Schnalstal eine Heilige Messe gelesen.

*Einige Zahlen zum Schafübertrieb*
*1926 über das Hochjoch: 900*
*über das Niederjoch: 2740*
*über das Eisjoch: 640*
*Das sind zusammen: 4280 Schafe*

*Bis zum Jahr 1940 stieg die Zahl noch an. Dies war wahrscheinlich der höchste Stand.*

*1940 über das Hochjoch: 1640*
*über das Niederjoch: 3525*
*über das Eisjoch: 1153*
*Das sind zusammen: 6318 Schafe*

Im Jahre 1969 wurden insgesamt (jetzt schon ohne Gurgler Eisjoch) 3730 Schafe getrieben. 1987 waren es 1700 über das Niederjoch und 850 über das Hochjoch. Diese Zahl gilt auch mit geringfügigen Veränderungen nach unten für die Jahre bis 1991. 1992 waren es wieder ungefähr 1700 über das Niederjoch und 1300 über das Hochjoch.

Zu den besonders schweren Arbeiten gehören im September das Zusammentreiben der Herde und das Suchen nach versprengten Tieren. Da kann Nebel einfallen, da kann der Schneesturm über die Täler kommen, da kann Neuschnee gefallen sein. Die *Tiere* kauern mitunter hinter einem Felsen. Die Glocken, normalerweise wichtig fürs Kennen und Finden, sind nicht zu hören.
Es kann sein, daß tagelang unter schwierigsten Bedingungen die Schafe gesucht werden müssen. Aus dem Schnalstal kommen den Hirten noch weitere Männer zu Hilfe. Sie brauchen etwa acht Tage, bis alle Tiere zusammengetrieben sind. Es kommen noch einmal zehn bis zwölf Helfer für den Übertrieb.

*Johann Rainer* vom Tumlhof, ehemals Bürgermeister der Gemeinde Schnals, ist einer der besten Kenner der Talgeschichte. Ihm verdanke ich viele Hinweise.

Es liegen genaue Rechnungslegungen der Interessengemeinschaft der Alpe Niederthal vor, aus denen ersichtlich ist, daß zum Beispiel im Jahre 1879 für Salz 137 Gulden ausgegeben wurden und für eine Heilige Messe ein Gulden. Der Wirt bekam für die Zehrung immerhin 47 Gulden und 45 Kreuzer. 960 Schafe kamen zur Verrechnung.

Die Schafzucht und Schafhaltung spielt in einigen Teilen der Alpen eine dominierende Rolle, nicht so sehr wirtschaftlich, sondern in der Einstellung zum Schaf. Dies sind Reste einer alten halbnomadischen Hirtenkultur in den Alpen.

Vor genau 100 Jahren erschien die umfangreiche Dokumentation *Die österreich-ungarische Monarchie in Wort und Bild: Tirol und Vorarlberg* (Heft 17). Auf den steilen Weiden der Gebirgstäler weiden die Schafe, *zumeist von derselben kleinen, aber sehr abgehärteten und ein schmackhaftes Fleisch besitzenden Gebirgsrace, welche überall in den deutschen Alpen unter dem Namen des Steinschafes heimisch ist und deren weiße, braune oder auch schwarze Wolle den bekannten Loden liefert.*[9]

Im Ultental, Ampezzo und Buchenstein (Do-

◁ Große Schafwanderungen und Viehtriebe, auch von Rindern, prägen das Bild im Frühjahr und Herbst in weiten Teilen der Alpen, so auch von Südtirol nach Nordtirol (Seite 22 oben), aus den Ebenen von Friaul, Nähe Pordenone, in die Berge (Seite 22 unten und Seite 23 oben - im Val Pesarnia-) oder im piemontesischen Val Pellice.

Die Kortscheralm im Schladrauntal ist beim Hin- und Rücktrieb der Schafe eine alte Station. ▷

Schaftrieb im Val Pellice im südlichen Piemont. ▷

143·565

lomiten) kamen auch größere Schafe mit stark geramsten Köpfen und herabhängenden Ohren vor, welche der Bergamasker Rasse ähnlich sind. Dieses Bergamaskerschaf wurde durch Einkreuzungen zum heute häufigsten Schaf in Tirol, zum Bergschaf. Derzeit werden von 1 515 Bergschaf- und 130 Steinschafzüchtern in Nortirol ungefähr 65 000 Schafe gehalten. Allein im Ötztal sind es etwa 9 000, in ganz Österreich waren es 1987 260 000 Schafe.
Die Offiziellen setzen viel daran, die bunte Vielfalt einzuschränken. So soll es nach den Zuchtzielen beim Bergschaf nur noch weiße Schafe mit genau definierten Merkmalen geben. Gehörnte Widder sind verpönt.
Bei den Steinschafzüchtern ist es nicht anders. Zuchtziel ist die Vereinheitlichung. Als Farbe bei den Widdern und weiblichen Tieren gilt nur grau oder weiß, aber ohne Scheckung und *Mißfarben.* Braun ist verpönt, obwohl die Landsleute, ansonsten sehr traditionsbetont, die Basis für die beliebten braunen Lodenröcke vergeben und die braune Wolle lieber aus dem Ausland zukaufen. Es lebe die bunte Vielfalt!

◁ Wie in Tirol, in Friaul und im Piemont ist es auch in Frankreich. Aus der Bretagne, aus den Ebenen und Voralpen werden die Schafe hoch hinauf in die Almregion getrieben. (Seite 26 oben: C.Maddalena in Frankreich). Mindestens einmal im Jahr werden die Schafausstellungen durchgeführt (Seite 26 unten: in Längenfeld im Ötztal/Tirol). Die Schafausstellung dort findet immer am *Unsinnigen Pfinstag*, also am letzten Donnerstag im Fasching statt. Am Abend gibt es dann den *Muttlball* (Muttl = männliches, nicht gehörntes Schaf). Zu den zeitaufwendigen Tätigkeiten gehört die Schur der Schafe. Etwa ein bis eineinhalb Kilogramm Wolle gibt das Schaf zweimal im Jahr. Beim *Waschtls* (Kneissl) in Längenfeld-Lehn haben wir 1979 diese Aufnahmen gemacht. Hier verwenden die Bauern eine eigene Schafbank (siehe auch Seite 27 und 29).

## Schafalmen

Ganz selten sind im Alpenraum Almen, auf denen ausschließlich Schafe gemolken werden und auf denen Käse ausschließlich aus Schafmilch hergestellt wird. Eine dieser Almen liegt im Bereich des Nationalparks *Triglav* in der Republik Slowenien.
Das obere Flußgebiet der Soča umfaßte einst 17 Schafalmen. Auf einigen davon weideten auch Ziegen. Im Jahr 1992 wird nur noch auf der Alm Mangart und auf der Alm *Duplje* (Za Depjem) gemolken und gekäst – wie seit Hunderten von Jahren. Vor allem auf *Duplje,* drei Stunden oberhalb von Lepena, ist die uralte Tradition lebendig geblieben. Auf vielen Schafalmen wurde erst in den letzten zwanzig Jahren der Betrieb eingestellt. Die Alm *Duplje* wurde im Jahre 1984 modernisiert.
Hier wird noch die alte Schafrasse *Bovec* gehalten, eine spezielle Rasse mit hoher Milchleistung, die zweimal am Tag gemolken wird. Die Tiere werden am Abend in den umzäunten Haag getrieben und dort gemolken.
Wenn die Weide gut ist und wenn zweimal gemolken wird, liefert jedes Schaf kaum einen Liter Milch täglich. Die Schafe werden von hinten gemolken. Damit die Verkäsung einträglich und rentabel ist, werden die Mengen von mehreren Bauern zusammengeschüttet, und daraus wird dann gemeinschaftlich Käse hergestellt. Aus 100 Litern Milch werden etwa 20 kg Käse gewonnen. Damit der Käse am Ende des Alpsommers gerecht verteilt wird, ist seit alter Zeit der *Meßtag* eingeführt. Am zweiten Tag der Sömmerung melkt jeder Bauer seine eigenen Schafe. Der Senn wiegt die Milch, und danach wird je nach Bauer die Herbstzuteilung bewertet. Der kompetente Fachmann und Experte ist der Senner bzw. Käser. Er genießt bei der bäuerlichen Bevölkerung

großes Ansehen. Die Kenntnis dieser Schafalm-Kultur und ihre genauen Schilderungen verdanke ich dem slowenischen Forscher und Ethnologen *Naško Križnar*, der im Jahre 1973 im Rahmen seiner Forschung die Spezialität der Schafalm dokumentiert, gefilmt und fotografiert hat. Im neuen, deutschsprachigen Führer durch den Nationalpark ist seine Forschung in komprimierter Form nachlesbar.

Auf ganz traditionelle Weise wird – wie wahrscheinlich schon seit mehr als viertausend Jahren – auf diesen Almen der Käse hergestellt. Im Jahre 1973 weideten allein auf der *Alm Duplje* 350 Schafe. Jedes Melken ergab gut 150 Liter Milch. Täglich bereitete der Senner also ungefähr 30 kg Käse. Gegenwärtig halten zwölf Bauern dort noch immer 200 Schafe. Um während der sommerlichen Weidezeit möglichst viel Milch zu erhalten, wurde danach getrachtet, daß in diesen Sommerwochen möglichst viele Schafe das Maximum an Milch ergaben. Also wurden die Widder zeitgerecht von den weiblichen Schafen separiert und auf schwer zugänglichen, eingezäunten Weiden gehalten. *Die Bewohner von Mojstrana zogen zum Beispiel ihre Widder am Seil angebunden auf die Weide Na Macesnih unter dem Stenar, wo sie eingezäunt wurden.*[10] (Križnar)

Die Verkäsung beginnt gleich nach dem Melken und dauert etwa drei Stunden. Früher wurde Lab aus dem Kälbermagen zu Hause hergestellt. Das Lab wird dann am stärksten, wenn der Magen wie Tabak geschnitten, dann im Wasser eingeweicht und sofort zum Käsen verwendet wird. Ein Löffel soll für 300 Liter Milch gereicht haben. Jetzt wird gekauftes Lab verwendet.

Die Arbeitszeit eines Schaf-Senners läßt sich ganz und gar nicht in einer 40-Stunden-Woche oder einem Achtstunden-Tag bewältigen:

Der Senn steht um 2.15 Uhr auf, wischt und wendet die Käselaibe im Keller und nimmt ein kleines Frühstück zu sich. Um 3.45 Uhr leert er den großen Kessel aus, spült und trocknet ihn. Dann läßt er im Kessel zwei Schöpfer Wasser, damit die Milch später nicht anbrennt. Um 4.10 Uhr ist der Kessel gewaschen und der Durchschlag vorbereitet. Er weckt die Hirten und stellt während des Melkens, an dem er jedoch nicht teilnimmt, einen kleinen Milchkessel ans Feuer. Um 5.45 Uhr ist das Melken zu Ende, die Milch befindet sich schon im großen Kessel. Um 5.50 Uhr bereitet der Käser den Durchschlag vor und beginnt um 6 Uhr mit dem Käsen. Um 7.25 Uhr fährt er den Kessel vom Feuer, weil es Zeit ist, daß der Käse »zusammengeht«. Währenddessen haben die Hirten Polenta gekocht, der Käser mischt bis 7.45 Uhr mit dem Brecher den Bruch in die Sirte. Um 8.15 findet ein Gemeinschaftsfrühstück für alle mit Polenta und Milch statt. Um 8.30 Uhr hebt der Käser die Käsemasse aus dem Kessel und bringt sie zusammen mit einem Hirten in den Keller. Dann beginnt er den Quark zu kochen, der um 9.45 Uhr fertig ist. Die Bottiche werden mit kochender Molke abgebrüht. Bei allen schwereren Arbeiten hilft ihm der Hirt, der für diesen Tag zum Hüttendienst eingeteilt wurde. Um 11 Uhr geht Flutač schlafen. In der Zwischenzeit befinden sich die Hirten mit ihren Herden schon auf den Höhenwiesen. Flutač steht um 14.15 Uhr auf und nimmt den Quark aus dem Kessel. Er wäscht den Kessel aus, trinkt einen Kaffee und bereitet auf dem Kessel einen neuen Durchschlag vor. Um 15.50 Uhr sind die Hirten mit ihren Schafen wieder bei der Hütte. Es beginnt das Nachmittagsmelken. Um 17.30 Uhr beginnt das zweite Käsen, das etwa um 20.30 beendet ist. Der Käser brüht wieder die Milchgefäße und die Gerätschaften mit kochender Molke ab.[11]

Križnar

Die Lebensweise und Arbeitstechnik auf diesen Almen ist sehr alt. Sie ist der wahrscheinlich älteste Teil der Milchverarbeitung, älter als jene bei den Rindern. Auf sehr alte Traditionen verweisen auch die Bezeichnungen für die verschiedenen Bereiche der Milch- und Käseverarbeitung und überhaupt des Alpwesens. Im Bereich der Julischen Alpen sind Ausdrücke überliefert, die eindeutig nicht-slawisch sind, die von Namens- und Sprachforschern bisher nicht hinreichend erklärt werden konnten. Sind hier frühgeschichtliche Relikte aus der präindoeuropäischen Kultur erhalten geblieben, also Begriffe mit viertausendjähriger Tradition? Es ist möglich.

Die Alpen vermögen auch hier einen Schatz zu bergen, wie es sonst nirgendwo möglich ist. Hier seien einige Ausdrücke aus dem Sprachschatz der *Triglav*-Region vorgestellt:

**Prestaie:** die Sommerhütte der Schafalmen
**Tamar:** die Umzäunung für Schafe und Ziegen neben und um die Hütte
**Poljana:** der Platz, auf dem die Alphütten stehen, der auch gemäht werden kann
**Staja:** die Alphütte, die Alpgebäude
**Miečna:** der Milchschrank
**Kolovrat:** der Holzarm für den Milchkessel
**Mučnik:** der Melkschemel
**Kembč:** der Kübel, in den hineingemolken wird
**Rogla:** der Bruch, mit dem der Käse zerteilt wird
**Sirnik:** das Gefäß, mit dem der Käse aus dem Kessel genommen wird
**Obod:** die Reifen am *Sirnik*
**Zehtnik:** das Gefäß, in dem gesalzen wird
**Snemnča:** die Schöpfkelle für den Topfen (Quark)
**Mezde:** eine Gruppe der Milchmesser
**Pogoni:** der Hilfshirte
**Rate:** eine kleine Gruppe von Menschen
**Sounik:** der gesalzte Käse
**Prestaje:** die untere Alm

Nicht oder bisher nur unzureichend erklärbar sind slowenische Begriffe aus diesem Bereich. Dazu gehören – nach Auskunft meines Gewährsmannes aus Slowenien – die Ortsnamen *Nomen, Leben, Studor* und *Bochin.*

Der Nationalpark ermöglicht das Weiterleben alter Kultur. Der Massentourismus muß ferngehalten werden.

Der *Triglav* ist der *Heilige Berg Sloweniens.* Die Alpkultur dieser heiligen Bergwelt ist ein Schatz, der in anderen Teilen der Alpen schon längst unter Wucherern, Spekulanten und skrupellosen Vermarktern aufgeteilt wurde. Hier ist ein faszinierendes Kapitel ältester *Alp-Kultur* bewahrt und konserviert.

Ich danke meinen Gewährspersonen, allen voran Janez Bižjak von der Nationalparkverwaltung in Bled. Er hat mich eingeführt und begleitet.

◁ Der Schlußpunkt wird gesetzt. Das Schaf wird abgestochen, fachmännisch zerlegt und zubereitet. Lammspezialitäten gehören in vielen Teilen der Alpen zu den neuen, regionalen Hoffnungen der Schafhalter. Es haben sich eine Reihe von kleinen Vereinen und Genossenschaften zur Direktvermarktung gebildet, so zum Beispiel im Bereich des Nationalparks *Hohe Tauern* in Salzburg, im Osttiroler Villgratental oder im Kärntner Lesachtal.

# Alm und Alpe

*Der Älpler kennt keine getreue Scholle, er kennt den Kreislauf von Saat und Ernte nicht. Im Höhenwandern trifft er immer wieder auf einen neuen Frühling und ist immer bedroht vom ewig alten Winter… Verloren ist für den Bergler der Begriff des ständigen, schützenden Heims, jenes behaglichste und vertrauteste Erlebnis des Flachlandbauern…*[12]

E. RENNER

Am Beginn des Alpen-*Lebens* steht das Wandern. Am Anfang der Alpen-*Kultur* ergeben sich zwei Möglichkeiten. Zum einen folgte der Mensch den Schafherden auf deren Suche nach Sommerweideplätzen in die hochgelegenen Bergregionen.

Dort richtete sich der Mensch für mehrere Monate seine vorübergehende Behausung ein. Sein Leben war auf Gedeih und Verderb von seinen Tieren und von den Gewalten der Natur abhängig.

Zum anderen zog es den Menschen ins Unbekannte. Als Jäger und zur Nahrungsmittelbeschaffung zog er in die Berge. Dort aber mußte er sich keine feste Behausung einrichten, und er konnte rastlos herumziehen, wie er wollte.

Der Ursprung der *Alpen-Kultur* im engeren und im eigentlichen Sinn liegt in der *Alm-Wirtschaft*: Ich will daher diesen Bereich menschlicher Entwicklung besonders hervorheben:

## Alm oder Alpe?

Unter *Alm* verstehen wir die Sommerweiden in den Bergen von fast ganz Österreich und Bayern. Unter *Alpe* hingegen verstehen wir dasselbe im Westen Tirols, in Vorarlberg, der Schweiz und Frankreich. Im Französischen gibt es den Begriff *Alpage.*

Für die Italiener ist *Alpeggio* gebräuchlich, im Trentino auch *Malga.* Bei den Slowenen heißt diese Art von Sommerweide *Velika.*

*Alpe* ist weder alemannisch noch ist *Alm* keltisch, wie ich es bei *Hilde* und *Willi Senft* im Buch *Unsere Almen* las. Die Namensdeutung ist sehr kompliziert. Eine wirklich eindeutige, absolut sichere Interpretation ist noch nicht gelungen.

Es hat etwas für sich, was der Schweizer *Linus Brunner* bei seinen Versuchen zur Enträtselung der rätischen Sprache festgestellt hat: *alpi* ist im Rätischen die Rinderweide, *alpu* im Akkadischen das Rind.

Dieses akkadische, also alt-semitische Wort hat unserer *Alpe* und hat den gesamten *Alpen* den Namen gegeben. Wer will daran zweifeln?

Differenzierter ist die *Alp*-Deutung durch *Paul-Louis Rousset* in seinen *Ipotesi sulle radici preindoeuropee dei toponimi alpini.*

*Alp* stammt aus der Familie der altaischen

Sprachen (Tungusisch, Koreanisch, Japanisch, Mongolisch, Türkisch, Finnisch, teilweise Baskisch) und wurde gebildet aus Begriffen für hoch, erhoben, erhöht. Im übertragenen Sinn bedeutet das Wort auch tapfer, mutig, aber auch Herr und Gebieter. Im Baskischen hat *alpi* die Bedeutung von (Berg)-Hang bewahrt. Die altaischen Hirtenvölker, die in der Spätsteinzeit bis in die zentralen Alpen vorgedrungen sind, haben mit dem Ausdruck *Alp sowohl die hochgelegene Lage des Ortes als auch die Tätigkeit des Hinaufsteigens und die dafür nötige Mühe ausdrücken wollen…*[13]
Diese Hirtenvölker fanden in den Alpen genug, um ihre Viehherden weiden zu lassen, während sie die Wälder Mitteleuropas mieden.
Die *Alp*-Namen sind fast über den ganzen Alpenraum verteilt, mit Ausnahme der Julischen Alpen, in denen die Alp als *Velika* bezeichnet wird und in der Region Dolomiten/Trentino, in der der Begriff *Malga* überliefert wurde.

Ebenso wie bei den Hausformen und Hoftypen gibt es sehr unterschiedliche Alm- und Alp-Bauten. Hier ein Beispiel aus Ligurien in der dort typischen Steinbauweise (siehe auch die Abbildungen auf den Seiten 162 und 163).

Sicher ist, daß die *Alp*-Wirtschaft mit Rinderweide, mit Milch- und Käseerzeugung im Bereich der Alpen bis in die mittlere Steinzeit nachweisbar ist. Mehrmals ist in der Literatur berichtet, die Ligurer seien die Erfinder der Alpwirtschaft und der Käseherstellung. Wahrscheinlich waren die Ligurer Vermittler eines Wissens, das möglicherweise auf dem Weg über das Mittelmeer aus dem nahen und mittleren Osten stammt. Neben den Ligurern könnten auch die Griechen zu den Vermittlern des Wissens gehört haben.

Vor mehr als 2000 Jahren haben griechische Sänger die Verse der Odyssee vorgetragen. Im neunten Gesang läßt der Dichter den Helden Odysseus einen Besuch in der Höhle des Polyphem abstatten. Dieses riesenhafte Geschöpf ist Hirte und Senner in einer Person.

Es wird also im neunten Gesang, Vers 216 bis 257 die Geschichte auf diese poetische Weise erzählt:

Eilig wanderten wir zu der Felskluft, fanden ihn aber nicht daheim; er weidete schon auf der Weide die Herden. Und wir gingen hinein und besahen staunend die Höhle. Alle Körbe strotzten von Käse, Lämmer und Zicklein drängten sich in den Ställen, und jene waren besonders eingesperrt: die Frühen allein, allein auch die Mittlern, und die zarten Spätling' allein. Es schwammen in Molken alle Gefäße, die Wannen und Eimer, worinnen er melkte. Anfangs baten mich zwar die Freunde mit dringenden Worten, nur von den Käsen zu nehmen und wegzuschleichen, dann nachher, hurtig zu unserm Schiff' aus den Ställen die Lämmer und Zicklein wegzutreiben und über die salzigen Fluten zu steuern. Aber ich hörte nicht drauf: (ach! hätt' ich's getan!) denn ich wollte selber ihn sehn und vielleicht eine gastliche Gabe erwarten. Ach! er ward den Genossen ein unerfreulicher Anblick!

Und wir zündeten Feuer und opferten, nahmen dann selber von den Käsen, aßen und setzten uns voller Erwartung, bis er kam mit der Herde. Er trug eine mächtige Ladung trockenes Scheiterholz, das er zum Kochen gespalten. Und in der Höhle wirft er es hin, da krachte der Felsen, und wir erschraken und floh'n in den innersten Winkel der Höhle. Aber er trieb in die Kluft die fetten Ziegen und Schafe zum Melken herein, die Widder und bärtigen Böcke ließ er draußen zurück in des Vorhofs tiefem Gehege. Hochauf schwang er und setzte den mächtigen Block vor den Eingang, fürchterlich groß! die Gespanne von zweiundzwanzig starken und vierrädrigen Wagen, sie schleppten ihn nicht von der Stelle, jenen gewaltigen Fels, den das Ungeheuer emporhob. Setzte sich drauf und melkte die Schafe und meckernden Ziegen, alles, wie es der Brauch, und die Säuger legt' er ans Euter. Ließ von der weißen Milch die Hälfte gerinnen und setzte sie zum Trocknen hinweg in dichtgeflochtenen Körben, und die andere Hälfte verwahrt' er in weiten Gefäßen, daß er beim Abendschmause den Durst mit dem Tranke sich löschte.

Aber nachdem er hurtig beendet hatte die Arbeit, machte er Feuer an und sah uns stehen und fragte: Fremdlinge, sagt, wer seid ihr? Von wannen trägt euch die Woge? Habt ihr wo ein Geschäft oder kreuzt ihr ohne Bestimmung rund umher auf der See wie landumirrende Räuber, die das Leben wagen, um bei den Fremden zu plündern?

Also sprach der Kyklop. Uns brach das Herz vor Entsetzen über das rauhe Gebrüll und das schreckliche Ungeheuer.[14]

ODYSSEE
Deutsch von JOHANN HEINRICH VOSS

## Velika Planina

Ein alpenweites Phänomen innerhalb der Almen ist die *Velika Planina* in den Steiner Alpen Sloweniens. Eine Besonderheit ist sie wegen der einzigartigen Rund- und Ovalbauten. Der slowenische Forscher *Tone Cevc* hat diese Alp genau erforscht und im Buch *Velika Planina* dokumentiert.

Diese größte slowenische Alm ist zugleich eine der ältesten Almen und reicht in prähistorische Zeiten zurück. In den Jahren 1963 und 1973 wurden ein bronzenes Lappenbeil und ein Tüllenbeil gefunden.

Die Bauten reichen zumindest in die La-Tène-Zeit zurück. Die ovalförmige Sennhütte, die *Bajta,* hat sich bis zum heutigen Tag erhalten. Die Eigenart besteht unter anderem darin, daß sie aus einer Steinmauer mit ovalem Grundriß besteht, innerhalb dieser ist die aus Holz erbaute Wohnstube der Sennen errichtet. Der Raum rundherum ist als Viehstall bestimmt. Diese Bajta ist überaus funktionell und zweckmäßig.

Der Typus dieser Almhütte ist nicht aus den Kragkuppelbauten abzuleiten, sondern dürfte eher ein Zusammenwirken mediterraner und mitteleuropäisch-alpiner Kulturformen sein. Es ist ein Ein-Raum-Bau mit späterer Unterteilung. Mir ist im gesamten Alpenraum kein weiteres Denkmal bekannt, das eine ältere und interessantere Baukultur aufwiese als jenes auf der *Planina.*

Ich habe im Buch *Mythos und Kult in den Alpen* die Reste der Hüttenanlage auf der Kaser oberhalb von Vent mit dieser *Velika Planina* in Zusammenhang gebracht. Ich schließe diese Vergleichsmöglichkeit nicht aus, glaube aber aufgrund der Steinformen und Steinanlage eher an einen Steinkreis, in den später eine einfache Hütte hineingestellt wurde.

## Herr und Herrin der Tiere

Wilde Frauen und wilde Männer gehören zu den häufigsten Gestalten in den alpenländischen Sagen. Immer wieder und überall tauchen sie auf, meist als Ratgeber und Ratgeberinnen der Bauern, als Kräuterkundige, als Experten für Käseherstellung. Diese *Wilden* sind aber auch Rächer und Rächerinnen, wenn sich Älpler nicht den alten Bergordnungen fügen.

Wilde Frauen und wilde Männer sind in sehr vielen Sagen aus dem Alpenraum *Herr* und *Herrin* der Tiere. Es sind die *Saligen,* die *Fänggen,* die *Dialen;* es ist das *Bergfrauli,* das *Bergwybly,* in einigen Schweizersagen das *Alpmueterli.* Die weibliche Gottheit *Madrisa* kann genauso diese mütterliche Gestalt sein wie sie eine *Fängge* sein kann, eine Beschützerin und Rächerin der Tiere in den höchsten Bergregionen.

Wir stehen am Beginn der mythologischen Alpenforschung und wissen eigentlich nichts von den alten Zeiten und ihren Mythen. Zu diesen männlichen und weiblichen Gestalten der Berge gehören auch die *Margeritha,* die *Silvretta,* die *Wildfrauen* (zum Beispiel im Lungau/Salzburg), aber auch die *Holle* und *Hulda* oder die *Donna di Valnüglia.*

◁ Diese ehemalige kleine Bergsiedlung ist heute verlassen und wird nur noch als vorübergehende Sommerwohnung und als Alm genutzt. In dieser unwirtlichen, überaus trockenen Talschaft der Stura di Demonte im südlichen Teil des Piemont ist wie vielfach in den Bergtälern dieser Region das landwirtschaftliche Leben kurz vor dem Untergang. Hunderte von Dörfern stehen leer. Die ehemals gepflegte Kultur-Region der Bergtäler zerfällt. Wo gibt es Hoffnung und Chancen?

Wir beginnen – wieder einmal – ein wenig hineinzuleuchten in die Geheimnisse der überlieferten Sagen, Erzählungen, Mythen und Märchen. Der Alpenraum ist voll davon. In keiner Region der Alpen fehlen sie. Aber wir wissen nichts. Jetzt sollten die vielen tausend Sagen gesammelt und verglichen werden, es sollten vor allem die außeralpinen Mythen zum Vergleich herangezogen weden, es sollten besonders die Überlieferungen aus ältesten Zeiten aus dem Zwischenstromland, aus Palästina und aus Griechenland herangezogen werden. Hier soll der Versuch gewagt sein, ein klein wenig vergleichend und deutend einzugreifen.

Der Verunsicherung dient noch, daß beispielsweise die *Frau* in der geheimnisvollen Gestalt als *Magna Mater,* als *Hohe Frau,* als *Göttin* auftreten kann, gleichzeitig aber auch als *wilde Hure,* als *Sebastians-Hure,* die für den Abgang einer gefährlichen Lawine in Fließ (Tirol) *zuständig* ist. In der Sage von der *Clariden-Alpe* hält sich der Senner eine *leichtfertige Hure.* Es ist die *Hure Kathry,* die dann das Kraut verflucht, weil sie gerne zum Tanzen gegangen wäre. Unzucht und Buhlerei spielen genauso eine Rolle wie hehrer Mythos und das *Heilige.* Es ist eng beisammen.

Die Hirten und Senner schnitzen sich aus einem Stück Holz eine Puppe oder fertigen sie aus Fetzen an. Die Puppe wird lebendig, wird groß und immer gefräßiger. Im Herbst wird der Älpler beim Weggang von der Alpe noch einmal auf die Alpe zurückgedrängt, zurückgeholt. Dann wird er getötet. Es wird ihm die Haut abgezogen. Die Haut wird auf dem Dach der Hütte zum Dörren ausgebreitet. Die *Tuntschi* oder *Puppe* oder das *Toggeli* gehört zu den eindrucksvollsten Gestalten der Schweizer Sagen.

Die *Salige* als Beschützerin der Gemsen ist identisch oder vergleichbar mit der Göttinnen-Statuette von Çatal Hüyük, der frühneolitischen Stadt *Hügel am Scheideweg* am Rand der südanatolischen Hochebene.

*Die Ausgrabungen von Çatal Hüyük enthüllten eine ungeahnt komplexe Religion, in der bereits die meisten Leitmotive der späteren vorderasiatischen, mediterranen und osteuropäischen Kulte ausgeprägt erscheinen.*[15]

Das alles geschah ab 8000 v. Chr. Das ist eine Wiege unserer Kultur. Wenn *Sibylle von Reden* bei der Betrachtung der Megalith-Kulturen den ganzen Alpenraum ausklammert – obwohl dort zahlreiche Dokumente vorhanden sind –, so hat sie auch bei obiger Aufzählung den alpinen Raum nicht genannt.

Die Alpen, vor allem aber die schwer erreichbaren Regionen und Täler, sind die getreuesten und besten Bewahrer ältester Überlieferungen, Riten, Mythen und Glaubensvorstellungen. Deswegen sind die *Alpen* auch die nach wie vor reichste Fundgrube dafür. Am allerreichsten unter allen Bereichen sind die Hochregionen. Der größte Schatz ist in den Sagen und Märchen, in den Märlein und Überlieferungen, in den Glaubensvorstellungen rund um *Alm* und *Alpe* verborgen.

Der Schlüssel liegt oberhalb von 2000 Metern.

Die Wurzeln der zentral-alpinen Kultur und vor allem der Kulte sind keinesfalls im *Nordischen,* auch nicht im *Keltischen* und im *Indogermanischen* zu finden.

Das Kernland, gleichzeitig die *Mitte der Alpen,* liegt in diesem Gebiet, das wir heute mehr oder weniger präzise als *Rätien* verstehen und als Land der *Räter.* Diese Räter aber sind wichtig und zugleich geheimnisvoll, auf der einen Seite autochthon wie andererseits exotisch-fremdländisch. Immer wieder geben sie neue Rätsel auf. Nach dem Urteil ernstzunehmender Forscher sollen sie keinem der indogermanischen Völker zuzurechnen sein. Es seien direkte Nachkommen aus dem Zwischenstromland oder aus dem alten Palästina, Nachfahren der Bewohner von Çatal Hüyük oder von *Ur* oder von *Uruk.* Danach seien also im Herzland der Alpen weder Kelten noch irgendwelche Germanen oder Veneter oder irgendein altslawischer Volksstamm die ältesten Bewohner, auch nicht die legendären Illyrer oder Etrusker, sondern Alt-Semiten, Akkadier.

Immer mehr Spuren deuten darauf hin und belegen diese These. Neben den Experten der Ur- und Frühgeschichte, der Religionswissenschaft, der verschiedenen Sprachwissenschaften sollte wieder auf die älteste Überlieferung der Menschen in diesem Teil Europas gehört werden, sollten die alten Sagen, Mythen und Märchen erforscht und international, interdisziplinär verglichen werden. Es sollten die Volkskundler, die Völkerkundler, die Sagen-, Märchen- und Mythenforscher mit einbezogen werden.

*Leopold Schmidt,* der bekannte Wiener Volkskundler, der überaus verdienstvolle Sammler und langjährige Direktor des Volkskundemuseums in Wien, hat sich einmal an dieses große Thema herangewagt und dabei einen kleinen Detailbereich geschildert, verglichen und analysiert. Sein Aufsatz *Der Herr der Tiere in einigen Sagenlandschaften Europas und Eurasiens* erschien 1952 in der Zeitschrift *Anthropos.* Im nachhinein werden Schmidts Erkenntnisse aufgrund weiterer Forschungen und aufgrund faszinierender Untersuchungsergebnisse durch den mehr als 5000 Jahre alten Mann im Eis als absolut richtig belegt.

*Nur selten sind Gestalten der germanischen oder der keltischen Göttersage mit außereuropäischen oder auch nur randeuropäischen Erscheinungen konfrontiert worden... Dadurch geht aber der Volkskunde als der Erschließerin auch der europäischen Volkssage der Zusammenhang sowohl mit der Ethnologie wie der Prähistorie verloren.*[16]

Die im 19. und 20. Jahrhundert aufgezeichneten Sagen stellen nach *Leopold Schmidt* ein *reiches Material für die Beurteilung des Volksglaubens der verschiedenen Epochen dar, vermutlich bis weit in die Urgeschichte*

*hinein. Die Märchenforschung hat erfolgreich bis ins Megalithikum hinabgelotet.*
Jetzt schildert *Schmidt* am Beispiel der Sagen, die das Motiv vom geschlachteten und wiederbelebten Tier beinhalten, eine mögliche Verbindung bis in die Urgeschichte. Es sind Hirtensagen, die fast ausschließlich im Gebiet des alten Rätien gefunden wurden, im Kerngebiet *Engadin* und *Südtirol.* In diesen Sagen erkennen wir das uralte *Thor-* und *Pelops*-Motiv wieder (siehe Verbreitungskarte).
*Seit sich der Blick nach dem Osten, vor allem nach Vorder- und Nordasien auch für die europäische Volkskunde so beträchtlich geschärft hat, ist auch für dieses Motiv die Übereinstimmung mit Erzählungen weit außerhalb des alten Norden, nämlich im Kaukasus, in Armenien und darüber hinaus deutlich geworden.*
Im Eifischtal (Wallis) wird laut *Schmidt* eine Sage erzählt, die eine Kernfassung sein könnte:

> *Zu Mitternacht hielten dort Gespenster ein Mahl ab, bei dem die Kuh Rosine geschlachtet wurde. Dem Hirten wurde von den Gespenstern ein Stück davon angeboten, das er essen mußte. Dann legten die Gespenster die Knochen auf der Haut zusammen. Am Morgen war die Kuh wieder ganz und lebendig, nur das vom Hirten gegessene Stück fehlte ihr.*[17]

Vor allem die Fassungen aus Südtirol zeigen, daß es sich im Kerngebiet der Sage um eine Jäger-Gestalt handelt, in der eine Jagdtiergottheit als *Herr der Tiere* auftritt. Diese Gestalt kann männlich und weiblich sein. In einer Sage aus dem Passeiertal sind es *drei wilde Frauen,* die in einem großen Kessel ein Gemse braten. Im Kärntner Görtschitztal waren es die *Billeweiss,* die *Wilden* oder *Hadischen Frauen,* welche Gewalt über das Vieh hatten.
Wir sind an eine der drei Sagen aus dem Ötztal erinnert, in der das Verschwinden des Jägers (Mann, Hirte) im *hinteren Eis,* also in der Gletscherregion ganz oben, ganz hinten, geschildert wird. Der junge Hirt verschüttet versehentlich einen Teil der Speise. Eines der drei *Saligen* Fräulein gibt ihm für die verschüttete Speise eine andere, eine viel bessere und führt ihn dann in den Berg hinein. *Wie staunte da der arme Hirt! Wie da alles glänzte und glitzerte von Gold und Silber und Edelstein.* Diese drei *Saligen* halten Gemsen als ihre Haustiere. *Gegen die Leute waren sie freundlich, kamen ihnen in liebenswürdiger Gestalt entgegen und gaben ihnen allerlei weise Ratschläge.* Sie schützen die Gemsen vor den Jägern. Als dieser Hirt nach mehreren Monaten, von der alten Jagdleidenschaft gepackt, einen schönen Bock erlegen wollte, *stand auf einmal ein wildes Fräulein in verklärter Schönheit neben dem verfolgten Tier. Sie warf ihm einen zürnenden Blick zu. Er schwindelte und stürzte geblendet vom Glanz der Erscheinung in den schaurigen Abgrund.*[18]
An dieser Sage und den Varianten aus dem Ötztal, aus den Tälern rund um das Engadin, den Vintschgau, das Veltlin, das Montafon, das Passeier wird klar, daß viele oder

Auf den Seiten 40 und 41 vermitteln die steinernen Almbauten mit der rundum gepflegten Landschaft den Eindruck von Idylle und - vor allem - intakter Landwirtschaft. Alle Bilder zeigen das Gebiet um den Monte Rosa sowie den Simplon Paß (Seite 41 unten). Ohne intensive Bergbauernförderung und viel Idealismus der Bauern würden diese Almen verfallen. ▷

zumindest mehrere Motive zusammenfallen, daß sie sich vermischen und überall verändert werden.
Der Kern deutet auf *Klein-Tiere.* Spätere Fassungen handeln von Rindern. Die ältesten Fassungen sprechen vom *Jäger* (als *wilder* Jäger). Das ist wichtig wegen der Chronologie der *Alp*-Geschichte. Am Anfang stehen Schafe und Ziegen.
In mehreren Sagen sind es Frauen, die als *Dreiheit* auftreten, als die drei *Saligen.* Das erinnert an andere weibliche Dreiheiten, an *Borbeth-Ambet-Wilbet,* an die *heiligen drei Madln Katharina, Barbara und Margaretha.*
Nach Vergleichen mit anderen Regionen in Europa, speziell im Norden, mit Osteuropa und Westasien sowie mit Heiligenlegenden und nach einem sehr spannenden Exkurs zu *Thor* und *Awsaty* wagt *Leopold Schmidt* zum Thema *Herr* bzw. *Herrin der Tiere* seine Folgerungen:

*Ältere Schichten nennen nicht gezähmte Herdentiere, sondern Wild-Tiere, und nicht Hirten, sondern Jäger. Die größere Zahl der Sagen läßt die Geschichte im Hirtenmilieu spielen, der Stoff ist also »verhirtet«.*[19]

An der ältesten Tradition nehmen räumlich *nur das alte Rätien, also Tirol, Vorarlberg und die alpine Schweiz...*[20] teil. Die Verbreitung geht selten über das alte Rätergebiet hinaus.

*Als sagengeschichtliche Folgerung ergibt sich daraus, daß die Motiverzählungen nicht mit germanischer Besiedlung gekommen sein dürften, weder mit völkerwanderungszeitlicher noch mit bairischer oder alemannischer. Sie sind vielmehr in Rätien schon vorhanden gewesen und von den Jägern und Hirten der Altbevölkerung an die germanisch-deutschen Neusiedler weitergegeben worden...*[21]

Der Blick muß sich ganz eindeutig auf die Gegenstücke etwa im Kaukasus richten. Es gäbe hier zwei Wege der Wanderung, einmal den *Kimmerischen Weg* und den *Thyrsenischen Weg.*
Eine Verbindung *Alpen-Kaukasus* ergibt sich schlüssig. Es überwiegt in Nord- und Westeuropa schon früh der Hirten- und Bauerngott:

*Der alpine Herr der Tiere ist in seinen Spuren als Herr der Gemsen älter als Thor, der Herr der Ziegen, aber gleich alt mit Sabazios-Awsaty. Und die alpine Herrin der Tiere ist als weibliche Seite des Wildgottes, als geschlechtswechselnde Lunargestalt wiederum älter als der rein männliche Thor, aber gleich alt wie die Wildfeen in Dardistan. Und die einen wie die anderen Gestalten gehören zeitlich in die frühe ostkleinasiatische Kultur.*[22]

In diesen uralten Sagen ist ein Teil der Schöpfungsmythen überliefert:

*Aber die geprägten Motive sind doch erhalten geblieben und bilden heute den vielleicht ältesten Grundstock des alpinen Sagenschatzes überhaupt, soweit er sich schon kulturhistorisch aufschließen läßt.*[23]

Mit der Betrachtung dieses Teiles unserer *Alpen*-Sagen haben wir einen der Schlüssel gefunden, haben eines der Glieder einer langen Kette entdeckt, die vielleicht mithelfen können, das Geheimnis der *Räter* zu entschlüsseln. Damit ergründen wir einen Teil der *Alpen-Kultur* aus dem immateriellen Schatz der Sagen, Mythen und Überlieferungen. Jetzt sollten noch die bereits erwähnten Ur- und Frühgeschichtsforscher mit ihren materiellen Forschungsprodukten dazukommen. Beim *Mann im Eis* ist es ja wieder höchstpersönlich ein *Mensch* und kein gewöhnliches *Ding.*

# Das Alp-Mueterli Toggeli und die Hure Kathry

Diese extremen Positionen gehören offenbar eng zusammen. Die Erforschung der *Alpen*-Kultur ist spannend und voller Kontraste. Die *Alpen*-Mutter ist hilfreiche Person, wärmende Gestalt, Urbegriff von Geborgenheit und Mütterlichkeit. Dieselbe *Alpen*-Mutter ist schreckliche Rächerin. Ähnliches gilt ja auch von den *Saligen* Fräulein. Das *Alp-Mueterli,* auch *Bergfraueli* und *Bergwybli* ist vor allem in Sankt Gallen, Graubünden und Vorarlberg anzutreffen, könnte also bei den Walsern zu Hause sein. *Auf der Alpe Laguz hat sie einmal ein Jäger in einer Alphütte belauscht. Es war ein altes, buckliges Weiblein, am Herde kochend, umtanzt von dienenden Kobolden in Tiergestalt. Eines der Tierchen rief sie an ›Hans-Chasperle chotz mer Schmalz‹, worauf dasselbe das Gewünschte in Menge von sich gab.*[24]

Die Sagensammlungen der Schweiz berichten im Zusammenhang mit der Alpe hundertfach von der merkwürdigen Gestalt der Puppe, die zuerst leblos ist und dann lebendig wird. Hier handelt es sich wieder um eines der wahrscheinlich ältesten Sagenmotive, weit zurückreichend in die älteste Mythologie um Tod und Auferweckung, um die Mythologie von der Wiederbelebung der toten Materie. Auch dieses Sagenmotiv könnte ein Schlüssel sein. In den Schweizer Sagen ist die Puppe das *Toggeli* oder das *Tuntschi,* konkreter das *Sennentuntschi.* Sowohl in der vielleicht gründlichsten regionalen Sammlung *Sagen aus Uri* (von *Josef Müller*, siehe weiterführende Literatur) als auch bei *Dietrich Jecklin: Volkstümliches aus Graubünden,* bei *Singers Schweizer Märchen,* und in der großartigen Sammlung von *Arnold Büchli* über *Mythologische Landeskunde von Graubünden* wird klar, welche Bedeutung die Puppe in der schweizerischen Mythologie hat. Stellvertretend für diesen Typus sei die Fassung von der Alp Valesa vorgestellt:

Auf der Alp Scharti oberhalb von Kerns im schweizerischen Kanton Obwalden haben wir 1985 über Vermittlung unseres Freundes und Gewährsmannes *Karl Imfeld* aus Kerns Gelegenheit bekommen, in die Alphütte einkehren und die Zubereitung des dort typischen Raclette-Käses (Seite 44 unten) beobachten zu können, auch davon verkosten zu dürfen. Das große, nachhaltige Erlebnis war der Betruf des alten Alplers (vergleiche dazu den Betruf aus dem Kanton Uri Seite 68 und weitere Hinweise auf Seite 66). Herr *Blatter* war zum Zeitpunkt der Aufnahme stark gehbehindert. Deswegen hat er nicht von einem freien Platz oberhalb der Hütte gerufen, sondern von der Bank vor dem Haus. ▷

Laurentius

## Die lebendig gewordene Puppe

Auf der Alp Valésa in Somvir machten einst die übermüthigen Hirten eine Puppe aus Käsmasse und behandelten und hätschelten dieselbe wie ein lebendes Kind. – Als nun die Alpentladung kam und der Tag der Abfahrt ins Thal da war, richtete sich die Puppe plötzlich auf und rief mit unheimlich drohender, befehlender Stimme den erschrockenen Hirten und Sennen zu: »Einer von Euch muß bei mir bleiben, wo nicht, geht's Euch Allen übel.« Begreiflich wollte aber Keiner der Auserkorene sein, und das Loos mußte entscheiden. – Der Zurückbleibende nahm schweren Muthes Abschied von seinen Genossen und sah sie mit schrecklicher Ahnung thalabwärts ziehen; mit furchtbarem Beben sah er die Puppe an, die ihn, gräßlich grinsend, anglotzte und mit den Zähnen fletschte.
Die Sennen waren bereits eine Strecke weit heimwärts gegangen, als der Zu-Senne bemerkte, daß er sein Taschenmesser in der Alphütte vergessen hatte. Er kehrte zurück, um dasselbe zu holen und ging durch eine Nebenthüre in die Hütte, fand aber weder Senne noch Puppe in derselben und wollte durch die vordere Thüre wieder den Heimweg antreten. Als er noch einmal umschaute, sah er plötzlich die Puppe, die zu einem Ungeheuer, mit weißer Kappe angethan, herangewachsen war, beschäftigt, die frische Haut des zurückgebliebenen Sennen auf das Hüttendach auszulegen und zu schaben; am Boden lagen große blutige Stücke Fleisch. Er war zum Opfer geworden für die Missethat seiner Genossen an den Gottesgaben. – Der Zu-Senne mochte aber dem Geschäfte des Ungethüms nicht lange zusehen; er kam schweißtriefend bei den Kameraden an und erzählte das Geschehene. Kaum heimgekehrt, packte ihn ein heftiges Fieber, an dem er lange Zeit krank lag, stets wähnend, die Puppe komme, um auch ihn zu holen.[25]

Auf dem *Stabele* oberhalb von Längenfeld im Tiroler Ötztal haben wir im Sommer 1975 *Alban Steinmüller* besucht, uns von ihm die Zubereitung des Käses erklären lassen, auch Tonbandaufnahmen gemacht und somit vieles aus dem sommerlichen, dem archaisch anmutenden Leben dieses Mannes erfahren. Seite 67 zeigt zwei Gebäude, in denen er gewohnt, gekocht, geschlafen, gekäst und über vieles nachgedacht hat. Er hat eine Art Zieger hergestellt, der in einem bestimmten Stadium der Reife in ein Glas abgefüllt, dort dickflüssig und braun wurde. Eine Messerspitze davon genügte, um Speisen wie Suppen oder Käsenudeln hervorragend zu würzen. Diese dickflüssige, sehr intensiv riechende Masse war eine besondere Methode der Konservierung über viele Monate. ▷

Nach *Aurel Schmidt* (*Die Alpen*) kommt ein Drittel der bekannten Varianten aus dem Kanton *Uri,* ein weiteres Drittel aus dem Kanton *Graubünden* und das andere Drittel aus anderen Gegenden der Schweiz. Die meisten hat der Urner Spitalpfarrer *Josef Müller* gesammelt. Neben dem Mythos nimmt selbstverständlich die Sexualität eine dominierende Rolle ein. Die Sennen waren wochenlang in männlicher Gesellschaft unter sich. Homosexualität und Verkehr mit Tieren spielen bei der männlich geprägten Alp-Kultur eine sehr große Rolle. Das wird immer heruntergespielt. Es ist durchaus verständlich, wenn beispielsweise sagensammelnde Pfarrer und fromme Dorfschullehrer solche Texte unberücksichtigt ließen. *Josef Müller* hat von seinen Gewährsleuten offen alles gesagt bekommen. Diese *Puppe,* also *Tuntschi,* ist nur in der Schweiz und bei anderen Männergesellschaften weiblich. Die Puppe stellt einen Ersatz für den fehlenden Partner dar. Besonders intensiv hat sich *Eduard Renner* (*Goldener Ring über Uri*) mit diesem Stoff und dem Mythos seiner Landsleute auseinandergesetzt. Dem Arzt *Renner* gewährten aufgrund seiner besonderen Feinfühligkeit, die er entwickelte, die Menschen Einblicke in intimste Bereiche.

Die Älpler schaffen sich wie Prometiden ein neues Wesen ganz nach ihrem Bild und Gleichnis. Das erinnert an Verbote des Alten Testaments und des Islam, die eine Darstellung von Mensch und Tier im Bilde untersagen.

Das Herstellen der Menschen- bzw. Sennerinnen-Puppe ist Frevel, arger und kaum vergleichbarer Frevel. Gerade im Bereich der *Alp*-Wirtschaft werden keine Vergehen so grausam gerächt wie *Frevel.* Also kommt es auch zur Rache am Senner. Wenn beispielsweise der Senner oder der Hirt schlußendlich die Puppe unter die Kühe legt und ihr vom Euter weg die Milch in das Maul hineinmelkt, so ist das eine der schrecklichsten Taten, die er vollbringen kann und die dem Bergbewohner unfaßbar bleibt, ja bleiben muß. Die Gemeinheit dieses Frevels ruft nach grausamster Vergeltung. Die Strafe muß daher magisch sein. *Eduard Renner* ist aufgefallen, daß diese Geschichten meist großzügiger und großartiger erzählt werden als andere Sagen, *fast frei von späterem Beiwerk. Ein jeder scheint zu merken, daß er hier etwas Gewaltiges berichtet und daß die Gestalten seiner Sage aus Urtiefen steigen. Müller* und *Renner* lassen uns tief hineinblicken in eine archaische und zugleich sexual-brutale Welt vom *Alp-Leben:*

Golzer war vor alten Zeiten eine Alp. Im jetzigen Metzgerberg stand eine Hütte, und da walteten drei Alpknechte oder drei Brüder, ein Senn, ein Küher und ein Dinner. Sie hatten wenig Arbeit, denn das Vieh brauchte auf der Weide fast gar nicht gehütet zu werden und wurde nie gestallt. Einst, da sie vor Übermut und vor Langerweile nicht mehr wußten, was anfangen, gingen sie hin, schnitzten aus einem Stück Holz einen rohen Kopf, kleideten denselben in Lumpen und stellten die so entstandene Figur hinter den Tisch. Sie hatten ihr Gespött mit diesem Toggel oder Tunsch (auch Tunggel genannt) und nannten ihn »Häusäli«; mein Gewährsmann meint, daß heiße Hanseli. Wenn sie geschwungene Nidel aßen, fragten sie: »Häusäli, magsch äu?« und warfen ihm einen Schläck zu; wenn sie ihren Nidelreisbrei verzehrten, fragten sie wieder: »Häusäli, magsch äu ä Bitz?« und strichen ihm einen Chleippis unter die Nase und ums Maul. Nach und

Inzwischen ist der *Easchn* Alban längst nicht mehr auf der Alm. Er ruht im Friedhof und rastet sich aus von der vielen Müh und Plag sein Leben lang.

nach gaben sie ihm den Löffel in die Krallen und zeigten ihm, wie er dazu tun müsse, wenn er fressen wolle. Und bigoscht hindärä! Der Toggel fing an zu fressen! Da erschraken sie zuerst, gewöhnten sich aber für und für daran und trieben wieder ihre Späße. Als sie einmal Karten spielten, fragte der Senn: »Häusäli, wettisch äu spilä?« und gab ihm die Karten in die Taapen. Zuerst mußte er nur die Karten halten, und sein Partner schaute sie selber auf und spielte sie aus. Nach und nach aber hielt der Tunsch die Karten fest und spielte selber. Das war ein Spaß! Von nun an spielte er jedesmal mit, und wer's mit ihm hatte, der gewann immer.

Der Balg nährte sich gut und gedieh. Alle Sonntage mußten sie ihn auf den benachbarten Chrottäbiel an die Sonne hinübertragen, und er war so fett, daß alle drei Alpknechte miteinander ihn kaum zu tragen vermochten. Als sie in den Oberstafel fuhren, nahmen sie ihn mit und ebenso wieder, als sie im Herbst nach Golzer zurückkehrten. Am buntesten mit ihm trieb's halt doch der Senn.

Der Sommer war dahin; die Alptriften erbleichten, und der Winter hatte schon die ersten Vorposten auf die Bergspitzen gestellt. Da hieß es abfahren von der Alp. Als die Kühe zusammengetrieben waren und alles bereit stand, stellte sich auch Häusäli ein, aber nicht um einen rührenden Abschied zu feiern. Mit ernster und fester Geberde gebot der Toggel dem Senn, als dem Oberhaupt der Alp, zu bleiben, den andern erlaubte er, abzufahren, aber ja nicht zurückzuschauen, bis sie das Egg erreicht hätten. So geschah es, der Senn blieb, die andern zogen mit dem Vieh ab, und als sie die Egg erreicht hatten, schauten sie zurück und sahen mit Zittern und Schrecken, wie der Toggel des Senns blutige Haut auf dem Hüttendach ausspreitete. Seitdem heißt der Ort Metzgerberg.[26]

Josef Müller

## Daneben gibt es noch folgende gewichtige Versionen

In der Alp Ort machte einer der zwei Knechte einen Tolgg und schüttete ihm Fenz ein, bis er anfing, selber zu fressen. Also eine Vertiefung des Frevels von der Speise her. (Fenz ist nach der Meinung der Älpler das teuerste und beste, was es gibt. Es ist eine Speise aus Mehl und Nidel.)

Zu Oberplatti gaben sie ihm Reis.

Die Knechte in der Voralp machten einen Tolgg und machten ihm auch ein Maul, legten ihn unter die Kühe und molken ihm direkt ins Maul.

Sie machten aus Chäsbudärä einen Tolgg.

In Surenen setzten sie den Tolgg an den Tisch und strichen ihm Reisbrei und Nidel an, nach und nach fing er an zu fressen, da erschraken sie und zerrissen ihn. Aber als sie am Abend zum Tische saßen, war der Tolgg auch wieder dabei und begehrte zu essen. Er wurde furchtbar plumpig, sie mußten ihn an den Sonnenschein tragen.

In Ursern machten sie aus Lumpen ein Titti, und dieses Titti haben sie getauft und ihm den Namen Maria gegeben. Und dann haben sie dem Titti Brei gekocht und wollten anfangen, ihm zu essen zu geben.

Auf einer Alp lebten Senn, Hirt und Handbub. Ihnen wurde es zu wohl und aus lauter Geilheit machten sie mit Lumpen und alten Bauernkitteln ein Wybervolch, setzten es in eine Hüttendecke und stopften es mit Reisbrei und Alpspeisen, wenn sie aßen, sie machten stets den Lümmel mit ihm. Nach und nach wurde es lebendig und fraß selber.

Innärä-n Alp hennt si uss Blätzä-n und Hudlä n-ä Toggel gmacht und der Toggel hennt-si gliëbet und hennt züe-nn-ä-n-i i ds Nischt gnu und hennt – ja, ich darf schiër nit sägä, weder mier sind ja beed afigs elter Lytt – und hennd de ihrä Gluscht anem 'bietzt (ihre Gelüste befriedigt). Speeter

syg är läbigä wordä, und i dr Alp häig äs vill Unglick g'gä underm Veh.
In Gornern ging einer, als der Senn nicht nachkam, zurück, fand ihn tot, geschunden, mit dem Kopf nach unten, an der Hüttenwand aufgehängt. Der Toggel packte auch ihn und machte es ihm ebenso und auf die nämliche Art dem dritten Älpler, als er zurückkehrte, um zu sehen, was los sei. Als am nächsten Tage Leute vom Tale her in die Alp kamen, waren die Felle der drei Älpler auf dem Hüttendach ausgebreitet.[27]

Es ist nicht erstaunlich, daß sich mehrere Schriftsteller des Stoffes angenommen haben. Vom Schweizer Theaterschriftsteller *Hansjörg Schneider* kennen wir das Stück *Sennentuntschi,* und der Stoff *Die wilde Frau* wurde von *Felix Mitterer* – umgelegt auf die Holzknechte und deren Milieu – behandelt.
Auf der graubündnerischen Alpe *Drusen* trieben es die mutwilligen Knechte und der ruchlose Senne noch um eine Spur frevelhafter – zumindest für das religiös-ethische Empfinden der Einheimischen. Der Senn kam auf den Gedanken, die Puppe sogar zu taufen.
Mit der größten Glocke wurde zu dieser Taufe geläutet.
Auf einen Scheiterstock wurde ein flaches Holzgeschirr gestellt, und das waren Taufstein und Taufbecken. Die Sennen waren die Paten, und der Senn selber war der Pfarrer, *der die sündhafte Taufhandlung vollzog.*[28] Auch hier folgte die *gerechte* Strafe:

*Als sie aber vom dritten Tobel aus nach dem Stafel zurückschauten, breitete die Puppe eben die Haut des Sennen auf dem großen Steine beim Stafel aus, welche sie dem Frevler bei lebendigem Leibe abgezogen hatte.*[29]

Hier wird die Stelle, an der sich das alles ereignete, auch noch auf andere Weise mythisch festgelegt mit dem besonderen *Stein.* Man darf annehmen, daß es sich um einen der vielen Menhire oder um ein menhirähnliches Steindenkmal handelt.
Was ist an dieser *Taufe* so frevelhaft? Hat sich die katholische Kirche auf diese Weise gegen die Entehrung *ihres* Sakramentes gewehrt? Oder gehört nicht gerade dieses Tauf-Ritual zur Vollendung der archaischen Handlung von Wiedererweckung und der Möglichkeit, aus leblosen Elementen Leben zu erzeugen?
Der geradezu mythisch-göttliche Vorgang ist nicht auf die *Alpe* beschränkt. Es gibt auch Sagen, in denen der Müller eine Puppe macht. Dem sehr verdienstvollen Forscher *Walter Kainz* aus der Weststeiermark verdanke ich viele Hinweise auf weststeirische Erzählungen, Überlieferungen, vor allem auf Sagen. In seiner Sammlung *Weststeirische Sagen, Märchen und Schwänke* überliefert er in größtmöglicher Authentizität, also möglichst getreu nach dem Originalton des Erzählers das *Märchen* vom *Erlenhans.*
Im Dialekt ist es der *Öidlhons,* und die ganze Erzählung ist im weststeirischen Dialekt in der ursprünglich anmutenden Weise, wie eben die Leute früher erzählt haben, wie sie Ereignisse in knappen Sätzen, sich wiederholend, mitunter recht weitschweifig, geschildert haben. Hier ist es ein altes, kinderloses Ehepaar, das aus dem Erlenbaum eine Puppe geschnitzt hat:

# Da Öidlhons (Erlenhans)

Es amol a Baua gwöidn. A Keischla und a weni a Zimmamo(nn). Er und sei Weib hand sih scha die längsti Zeit a Kin(d) gwunschn, ös owa koans kemm. – Sogg a za sein Weib: »Schneidn ma insan Öidlbam um und schnitzl mar uns an Buam!«
Sands aussi und hant richti söian Öidlbam umgschnittn.
Sogg er, da Keischla: »Mochn ma'n glei groaß, 'n Buam, brauchn man net lonk aufzügl'.«
Oft hombs söian Buam schean aussagschnekert ausn Zwiesl van Öidlbam. 'n Schädl hot da Vota extra gmocht, einigschtemmb und vakalt.
Jo, alsa hiatztn; da Bua waar so weit firti gwöidn, owa a Wiagn muaß da a hobn. – Hants aus die Öidläst a Wiagn gmocht und 'n Öidlhons einiglegg. Und die Wiagn hants zwischn söiari Betten aufgschtellt, an Schtrick ongmocht boarndseitn und gwiagg, doß da hinwiedakemmat.
»Muaßt scha du ziachn,« sogg sie und da Vota ziagg und wiagg richti sou lonk, bis doß a lewendi gwattn is, da Öidlhons.
Klewa woar er ba eahm, hot a scha höllliacht dreingschaut und hot sih a g'hebb möldn. – »Er wött humari sein« sogg da Vota. Schneid er a Schtuck Brot owa van Loab und gibs eahm. Hots zommg'essn wia nix.
In da Fruah wor er scha gschtöllt. Zan Orbatn hantsn nouh net recht brauchn miegn, owa gessn hot a scha für nein Drescha.
Es'n Keischla da Schiach ongong. Sogg a zan Öidlhons: »Mia kinn dih net gholtn. Mia han net sou vül z'essn. Geahst za den und den Bauan, der hot groaße Gründ und a fümpf a söix Knecht der wött dih scha aufnemm.«
Es a gong, da Öidlhons, za den Bauan und Knecht gwattn.
Die Leit hant grod Mist außigführt van Schtoll. Homs 'n Öidlhons a a Mistgobbl gebn. Dos waar nix, sogg der, dos waar grod a Gobbl zan Kraut essn.
Sölba a Gobbl gmocht. – Oft es a eini ba da Schtolltü und 'n Mist und die Leit sommb die Viecha aufgfoßt und außiglaart aufn Misthaufn.
»Met den kinn ma net hausn«, sogg da Baua. »Owa wos toan? – Vajeikn kinn ma net, sist schlogg a uns olls krump und kloan und zan gholtn es a erscht recht net.« Es 'n Bauan in Sinn kemm, doß im Wold draußen Wölf und Tiger und Löwn sand und hot'n Öidlhons ghoaßn in Wol außifohn Hulz auflegn. Waar scha grechtlt as Hulz. Brauchats a gleih auffischmeissn af'n Wogn.
Da Öidlhons schponnt ein(n) und foht außi in Wol. Suacht und suacht und kimmb koa Hulz on. »Laar wiar ih net hoamfohn« denkt a und hebb on die Bam ausz'reißn und in Wogn vullonlegn damet.

◁ Alte Alp-Kultur: Das Wasserrad zerfällt, die Rinne verfault. Fein säuberlich sind die sorgfältig gewaschenen Schalen nach dem Zentrifugieren zum Trocknen an die Hüttenwand gehängt.
Einen Einblick in die altertümliche Käserei des Alban Steinmüller geben die ganz und gar nicht modernen Milchhygienevorschriften. (Siehe auch Bilder Seite 53).

Sand die wüldn Viecha dahekemm und hant seini Rösser gfressn.
Es a schichti gwattn und hot die Tiga, die Löwn und die Wölf z'sommgfong und 'n Wogn üwawarts vullonglegg. Oft hot a 'n Wogn pockt und sölwa hoamzogn.
Wia a in Houf einifoahrt, kriagg a die Reih net und reißt 'n holbaten Schtodl um.
Sand 'n Bauan die Grulln kemm. Hot a wiera nochdenkt, wia er 'n lous wurd, 'n Öidlhons. Hot er'n ausgschickt, sei Tochter suachn, sie waar g'schtarbn.
Es da Öidlhons die Bauantochta suachn gong. In Wol draußn is ers net onkemm, es er in Himml auffi. In Himml woar sie a net, »witts in da Höll sein« und geaht owi in die Höll.
Wia'n die Teifl dasechnt, lafens ollsomb zar Hölltü und hobens zua. Sou fest hants zuaghobb, doß söiari Finganägl durchigschtondn sand.
Kloupft da on, da Hons und frogg, wou da net in Bauan sei Tochta außakriagat. – O wuhl, moanant die Teifl, owa vüll Göld müad er hoban.
Af dos wött a wüld, da Öidlhons, pockt an Schtoan und schlogg olli Fingernägl va die Teifl krump.
Hants gröhrt, die Teifl und gsogg, sie gabaten die Bauerntochta scha außa, wonn a na söi wieda lousmochat.
Und richti woh(r) hants as eahm oft außagebn. – Und da Öidlhons die Bauantochta pockt und hoamzua zu ihrn Vota – und noha hants Hoazat gmocht und da Öidlhons öis Baua g'watt'n.[30]

Der Tatbestand des *Frevels* fehlt hier im Gegensatz zu den schweizerischen Sagen vom Tuntschi. Dementsprechend ist die Strafe harmlos und der Ausgang versöhnlich. Immerhin gibt es eine Hochzeit. Von der Kraft und Wucht der Älpler-Puppe und von sexuellem Notstand ist hier keine Rede mehr.

## Ur-Uri-Uruk-Chur und der Uri-Stier

*Durch das Schnauben des Himmelsstiers*
*wurde eine Grube geöffnet:*
*Einhundert Männer von Uruk fielen in sie hinein.*
*Durch sein zweites Schnauben*
*wurde eine Grube geöffnet:*
*Zweihundert Männer von Uruk fielen in sie hinein.*
*Durch sein drittes Schnauben wurde*
*eine Grube geöffnet,*
*Und nun fiel Enkidu bis zu seiner Hüfte in sie hinein.*
*Herauf aus ihr sprang Enkidu,*
*packte am Horn den Himmelsstier.*
*Der Himmelsstier warf nach vorn den Geifer aus.*
*Mit des Schweifes Dicke schleuderte er seinen Mist.*
*Enkidu tat zum Reden den Mund auf*
*Und sprach zu Gilgamesch:*
*Wir rühmten uns, Freund…*[31]

So also geschah nach der sechsten Tafel des *Gilgamesch-Epos* (Vers 124 bis 137) das Kämpfen mit dem Himmelsstier. Zwischen Nacken und Hörnern packten sie ihn, Gilgamesch der Held und sein starker Freund Enkidu. Sie packten ihn beim Schweif. Wie ein kundiger Schlachter trat Gilgamesch auf. Inana hatte An dringend gebeten, ihr den Stier zum Kampf gegen Gilgamesch zur Verfügung zu stellen.
Die Tötung des Himmelsstiers ist eine der großen Taten des Gilgamesch, der wahrscheinlich im dritten Jahrtausend vor Christus als König von *Uruk* regiert hat. Ein Dichter hat um 1200 v. Chr. in akkadischer Sprache daraus eines der großen Epen der Weltliteratur geschaffen.

In Fachkreisen ist die einzigartige Almanlage der Javornik auf der Pokljuka in Slowenien mit den Rundbauten berühmt. Dieser Bautypus reicht in die La-Tène Zeit zurück. Die Almhütte heißt hier *Bajta* (vgl. dazu die Beschreibung auf Seite 36). Δ
Eine andere Altartigkeit vermittelt der Ziehbrunnen auf der Alm Javornik auf der Pokljuka in Slowenien (siehe auch Seite 57 oben). ▷

Dieses Motiv des Stiers, des Inbegriffs für (männliche) Kraft, lernen wir in mehreren Sagen und Überlieferungen der Alpen kennen. Es gilt, hineinzubohren in die allerältesten Überlieferungen und Mythen. Der Zusammenhang mit dem uralten Kulturland zwischen den Strömen Euphrat und Tigris zum Alpenraum ist mehrfach herzustellen.

Noch einmal erklingt der Lobgesang des Gilgamesch-Epos:

> *Es rühmten die Meistersöhne der Hörner Umfang.*
> *Aus dreißig Pfund Lasurstein sind sie gebildet,*
> *Zwei Zoll beträgt ihrer Schalen Dicke. –*
> *Sechs Kor Öl, den Inhalt der beiden,*
> *schenkt er als Salbe seinem Schutzgott Lugalbanda;*
> *er hängte sie hinein ins Schlafgemach des Hausherren.*
> *Im Euphrat wuschen sie sich die Hände,*
> *sie faßten einander und zogen dahin,*
> *fahrend auf der Straße von Uruk.*
> *Sie zu schauen, scharen sich Uruks Leute.*
> *Gilgamesch spricht zu den Dienerinnen seines Palastes die Worte:*
> *»Wer ist der herrlichste unter den Mannen?*
> *Wer ist der gewaltigste unter den Helden?*
> *Gilgamesch ist der herrlichste unter den Mannen!*
> *Gilgamesch ist der gewaltigste unter den Helden!*
> *Sie, der wir des Himmelsstiers Keule hinwarfen in unserem Grimm...«*[32]
>
> Verse 170 –187

Und weit weg in den Alpen, mitten in der Schweiz, wird die großartige und vielfältige Sage vom *Uristier* erzählt. Es wird die Heldentat überliefert von der reinen Jungfrau, die weißgekleidet war und die dem wilden Stier beikommen sollte. Sonst unbezähmt, sollte er sich ihr ohne Widerstreben fügen.
Ich will diese Textstelle nicht aus dem Zusammenhang reißen, sondern will hier den gesamten Wortlaut der Sage vom *Uri*-Stier folgen lassen. In der Sage werden eine Reihe von alten Sagenmotiven ineinander verschränkt, werden Frevel und uralte Kultvorstellungen mit neueren, christlichen Motiven verbunden, wird vor allem der bezwungene Stier gegen das noch schrecklichere Ungeheuer *das Greiss* eingesetzt. Ist es Zufall? Die Sage handelt im Kanton *Uri.* Welcher Zusammenhang besteht zwischen *Ur, Uruk* und *Uri?*

# Die Sage vom Uristier

Viele hundert Jahre sind es seitdem. Ein Knabe hirtete in der Alp Surenen die Schafe. Damals gehörte die Alp den Engelbergern. Der Knabe, wenn es ihm an Speise gebrach, schlachtete ein Schaf, und als er dann mehrere Häute beisammen hatte, trug er sie in der Nacht nach Ursern zum Vertausch um Käs und Zieger. Eben war dies geschehen, als eine Truppe Lämmer und Schafe aus Wälschland her anlangte. Die gefielen ihm ungemein, viel mehr als die seinigen. In seiner ganzen Hirte besaß er keine solche, noch hatte er je dergleichen gesehen. Er begann um ein junges Lamm inständig zu bitten und flehen. Man hielt ihm vor, er habe ja kein Geld zu bezahlen und sei nur ein Bettelbub. Aber der Surenenhirt gab nicht nach, sondern bettelte fort. Endlich verhießen sie ihm das Lämmchen, wenn er aufknien und einen Rosenkranz beten wolle. Denselben habe er von der Mutter gelernt, aber wenig geübt, gab er zur Antwort, erfüllte dann diese Bedingung und erhielt den Lohn.

Im Jubel kehrte der Knabe über Surenenecke nach der Alpe dort zurück. Seine Liebe zu dem erworbenen Tierlein war über alle Maßen groß. Es mußte mit ihm essen, schlafen und immer um ihn sein. Endlich dachte er, es sollte auch getauft werden, er sei es ja auch. Ging deshalb über Surenenecke hinab nach Attinghausen in die Kirche, allwo er den Taufstein erbrach und Taufwasser nahm. Auf dem gleichen Wege heimgekehrt, taufte er das Lamm nach dem christlichen Glauben. O hätt er das doch um Gottes Willen nicht gefrevelt! Kaum war es geschehen, erbrauste ein furchtbarer Sturm in den Lüften, das lieblichste niedliche Lamm verwandelte sich in ein furchtbares Ungeheuer, das sogleich seinem Meister, dem Hirtenbub, durch ein grauenvolles Ungewitter die Hütte zerschmetterte, dann über ihn herstürzend die Sakramentenschändung in seinem Blute rächte. Weder Menschen noch Vieh verschonte und duldete das Gespenst mehr auf Surenen. Die Leute nannten den schrecklichen Unhold fortan »das Greiss«.

Den Engelbergern verleidete die Alp, und sie gaben sie den Urneren wohlfeil um ein Viertel Bensch, will sagen Zweischilliger, hin. Den Urnern tat sie ebenso wenig gut, und sie waren übelfeil daran wie die früheren Besitzer. Einmal nun, als der wohlweise Rat von Uri beisammen saß im Wirtshaus zum Löwen, welches, beinebens gesagt, das älteste sei im Dorfe, und sie von der Surenen-Geschichte erzählten, da lauschte ein fremdes Männlein zu. Selbiges mischte sich bald auch in die Sache und sprach, es könne ihnen helfen, wenn sie ihm seinen kleinen Becher zweimal mit Wein füllten. Gerne stillten sie ihm den Durst. Das Männlein riet alsdann, ein silberweißes Stierkalb sieben Jahre lang und jegliches Jahr an einer Kuh mehr als im vorigen Jahr saugen zu lassen, bis also sieben Kühe seien und das Stierkalb sieben Jahre alt. Dann sei es fähig, das Greiss zu töten. Jetzt hatten sie Not, ein solches zu bekommen. Endlich fanden sie eines bei einem Schächentaler, dem sie es gut bezahlen wollten; jedoch er verlangte nichts dafür. So gut genährt, ward das junge Tier zum Erstaunen stark und groß. Wie es vierjährig war, durfte niemand mehr bei und mit ihm sein wegen seiner Wildheit und Unbändigkeit. Sie schafften darum den Stier nach der Alp Waldnacht gegen die Surenen hin. Noch immer zeigt man allda den »Stierengaden«, wo die sieben Jahre voll wurden.

Nun sollte nach des weisen Männleins Rat ihn eine reine Jungfrau, die edelste des Landes, von da dem Greiss entgegenführen. Sie waren wieder übel dran, bis die rechte in Attinghausen gefunden war. Sie wollte es wagen, reinigte sich vorher im Kloster zu Seedorf und rüstete sich auf den Tod.

Von der Kirche zu Attinghausen ging in Prozession viel Volk mit der Jungfrau, die weißgekleidet war, bis zum Stierengaden. Hier mußte die reine Maid den wilden Stier an ihre Haarbänder knüpfen und dann über die Egge nach Surenen lenken. Sonst unbezähmt, fügte er sich ohne Widerstreben. Der Jungfrau ward nach des Männleins Bedeuten weiter gesagt: Der Stier, in die Nähe des Greiss gekommen, werde dasselbe wittern und ihr davon ein merksames Zeichen geben, worauf er loszubinden sei. Schnellen Fußes habe sie, wenn dies geschehen, den Rückzug zu betreten und dürfe unter keinen Umständen umschauen, sie möge hören, was sie wolle. Alles, der letzte Punkt ausgenommen, verlief in dieser Weise. Von der nötigen Ferne her schaute das Volk höchst gespannt nach jener Gegend, wo man den Kampfplatz vermutete, und wartete den Ausgang ab. Schreckliches Gebrülle ward vernommen, und eine die Sonne verfinsternde Rauchsäule stieg auf, dann sah man die weißen Gewande der Jungfrau an einem Felsen herumfliegen. Nun tiefe Stille, während der Rauch verschwindet. Da sprechen sie: »Jetzt ist der Kampf aus, wir wollen hin und schauen, was geschehen ist.« Von der Jungfrau sahen sie nichts mehr. Das Greiss, übel zugerichtet, war getötet. Der sieghafte Riesenstier lag ebenfalls tot im Alpbache da, wohl deshalb, weil er nach der Kampfeshitze allzu gierig aus demselben getrunken. Davon ward das Wasser Stierenbach geheißen. An einem Felsen zeigt man seine Fußspuren, die er im Streite geschlagen. Vom Greiss war die Gegend befreit.[33]

Wir erkennen in dieser Sage – wie im Gilgameschepos – die Bedeutung der Stiertötung. Ist es ein und dieselbe kultische Handlung im alten Zwischenstromland und in den Alpen? Ist beides mehr als viertausend oder fünftausend Jahre alt?

Wir sollten es wagen, klare Parallelen herzustellen. Der Deutung sind keine Grenzen gesetzt. Voller Achtung respektieren wir die alten Geschichten. Was haben die Älpler direkt und was haben sie indirekt aus dem Zweistromland am Euphrat und Tigris bezogen?

- *Ur* ist der *bos primigenius,* eine ausgestorbene Rinderart mit einer Widerristhöhe von bis zu 200 cm. Unsere Kühe haben etwa 120 cm. Welch gewaltiges Tier war der *Ur!*
- *Ur* war eine großartige Stadt, das älteste Handelsimperium Chaldäas. Ur lag am Euphrat und hatte vermutlich seine Bedeutung als erste Handels- und Getreidebörse mitten im Weizenland. Ur ist seit dem vierten Jahrtausend v. Chr. besiedelt. Dort wurde die Mondgöttin *Nanna* (= sumerisch) bzw. *Sin* verehrt. *Ur* (hebräisch: *Ur* Kardim, die Stadt der Chaldäer, assyrisch: *Uru*) liegt in Mesopotamien. Von hier zog Abraham nach Ka-

Älteste Darstellung der Milchwirtschaft nach einem Fries aus dem Tempel der Ninchuranga vom 28. Jhdt. in Obed.

naan. Die Ruinen der Stadt wurden von *Rawlinson* entdeckt und sind seit 1919 freigelegt worden.

- In *Uruk,* unweit von Ur, gründete *Sargon* (Shargino-Skar Ali), König von Agade, um 3800 v. Chr. eine wissenschaftliche, hauptsächlich astronomische Bibliothek. Deshalb erhielt diese Stadt den Ehrennamen *Stadt der Bücher.* Gilgamesch war König von *Uruk.*
- Stiere und Ur-Rinder, ähnlich dem Ur, wurden zwischen 20000 und 10000 v. Chr. auf die berühmten Höhlen von *Lascaux* in Frankreich gemalt.
- Bereits ab 5000 v. Chr. ist die Verehrung eines Stiergottes als Partner der *Magna Mater* überliefert und zwar in *Çatal Hüyük* in Palästina. Die Herrin über Leben und Tod verbündet sich mit dem Stiergott. Später breitet sich dieser Kult im ganzen Mittelmeer-Raum aus.
  Sicher gelangte er auch in die Alpen. Der berühmte Magier auf dem Felsbild am Monte *Bego* erinnert daran. Eine Verbindung zu den alten Kulturen des Ostens bestand sicher. Das ist besonders im Zusammenhang mit der Entwicklung des Alphabets interessant. Unser A beispielsweise geht ebenso wie der erste Buchstabe des arabischen Alphabets, das Alif, und das große griechische Alpha (A) auf das altphönizische Schriftzeichen Aleph zurück. Dieses ist aber dem Rindersymbol vom Monte Bego sehr ähnlich. Und tatsächlich heißt Aleph im Altphönizischen und im Hebräischen zugleich Stier. Die Stierzeichen des heiligen Bergs in den Seealpen waren also nichts anderes als frühe Vorläufer einer Bilderschrift.[34]
- Das *Stierzeitalter* soll von etwa 4400 bis 2300 v. Chr. gedauert haben.

Von den Seealpen und dem Monte Bego sind wir unvermittelt wieder in den zentralschweizerischen Alpen und gelangen über den Kanton Uri in den Kanton Graubünden. Auf unserer Uralt-Wurzelsuche sind wir auf erstaunlichste Weise fündig geworden. Bei einiger Fantasie und bei mutigen Deutungen (die erst zu widerlegen wären) läßt sich behaupten:

Die alte Räterstadt *Chur,* die Hauptstadt des Kantons Graubünden, ist vom Namen her identisch mit Ur und Uruk in Mesopotamien.

Der Volksstamm der *Churiter* (8000 v. Chr. in Indien) ist möglicherweise identisch mit *Chur-Rätien.* Vom Namen her besteht Übereinstimmung. Wir werden noch eine weitere Entdeckung machen dürfen: Die *Räter* sind Alt-Semiten. Die rätische Sprache, die hier um 500 v. Chr. gesprochen wurde, war eine alt-semitische Sprache. Es war akkadisch. Vorerst handelt es sich dabei um einigermaßen gesicherte Fakten.

*Ulrich* und *Greti Büchi* haben in überaus verdienstvoller Wiese, teilweise sogar im Eigenverlag, bisher sieben Bände der Reihe *Die Megalithe der Surselva. Graubünden* herausgebracht. Ihre Forschungen gelten bzw. galten den geheimnisvollen Steinen in diesem Teil der Schweiz. Sie fanden Hunderte, haben genau vermessen, gezeichnet und verglichen. Im Band VII schreibt *Francois Lombard* über *Die Sonnenscheibe in der Mondsichel.* Anhand der Menhire aus der Surselva analysiert er Motive wie Kreis, Halbkreis, Hörnerpaar und den sakralen Bereich. Daraus läßt sich ableiten, daß der Tierkopf-Stein von Pardi/Falera das Stierkopf-Motiv vertritt. Solche Funde von Stier/Rind-Motiven hat der Erforscher der Felszeichnungen, *A. Priuli* am Monte Bego, in Salvan (Schweiz) sowie im Veltlin, der Valcamonica und in Südtirol feststellen können. Diese Funde stammen teilweise aus der Bronzezeit.

Es läßt sich sicher feststellen, daß zu dieser Zeit bereits ein *umfangreicher, gut organisierter Handel zu Land und zu Wasser bestand. Die Einwanderung von Volksgruppen in die Alpentäler, welche das Wissen der Erzsuche und der Metallbearbeitung beherrschten, brachten auch die Kunst der astronomischen Messungen und deren kalendarische Anwendung im Blick auf Ackerbau, Viehzucht usf.*

> *Auch die bronzezeitlichen Priesterastronomen und die führenden Persönlichkeiten in der Surselva verfügten über einen hohen Bildungsstand und große künstlerische Fähigkeiten. Die zum Teil raffinierten astronomischen Meßsysteme und die uns überlieferten bronzenen Kunstwerke sagen mehr als viele Worte.*[35]

Die hohe Kultur kommt vor mehr als viertausend Jahren in die innersten Alpentäler. Wir finden den Beweis für diese hohe Entwicklungsstufe vor und haben Respekt vor den Künstlern und Steinsetzern, vor den *Astronomen* und Priestern, vor den Handwerkern und Hirten. Und wir haben großen Respekt vor der Stärke der Tradition und der Überlieferung. Durch mehrere tausend Jahre sind wenige Alpenbewohner dazu ausersehen, unscheinbare Schätze zu verwalten und zu verwahren.

> Bis die Giganten mit Baggern und roher Gewalt kamen.
> Bis Transitschneisen in die ehemals stillen Bergtäler geschlagen wurden.

Wie ist das nun mit den *Semiten* mitten im Alpenland?
Sind die *Räter* eines der geheimnisvollsten *Völker* der Alpen oder sind es *nur* Anhänger der *Raetia?*

Auf der Alm *Za Skalo* in Slowenien hat die wohl einzige gemeinschaftliche Schafmilchverwertung der Alpen überlebt. Der Senner markiert auf einem Stäbchen die Zahl der gemolkenen Schafe (Seite 62); die Senner und die Bauern machen dies am ersten Almtag (Seite 63). Die Aufnahmen stammen aus dem Jahre 1973. Der erste Melktag ist der Meßtag für den ganzen Sommer.

Felszeichnungen am Monte *Bego* in den französischen Seealpen: Ochsen- oder Stierkopf, Pflügeszene und ein *Magier.*

## Der Hirteneid

Es muß alles seine Ordnung haben. Wo die Dörfer in Bergtälern auf besondere Weise den Lawinen ausgesetzt sind, dort gelten seit Jahrhunderten die strengsten Vorschriften zum Schutz der Wälder, die auf keinen Fall geschlagen werden dürfen. Diese Wälder sind unter anderem durch die alten *Weistümer* in besonderer Weise als Bannwälder geschützt.

Wo im Hochgebirge die Almweiden knapp sind, wo sie steinig und felsig sind und wo eine Überweidung katastrophale Auswirkungen haben könnte, haben sich die Bauern durch eine Selbstzensur geschützt.

Auf die Alp darf also nur so viel Vieh getrieben werden, wie im Heimgut auf eigenen Flächen Vieh überwintert werden kann. Ein kleines Bergbauerngütl mit drei Hektar landwirtschaftlicher Nutzfläche, oben, auf über 1500 Metern, kann nicht mehr als drei Großvieheinheiten und vielleicht zehn Schafe überwintern. Also kann der Bauer – das für den Sommer auf dem Hof notwendige Vieh abgerechnet, etwa eine Kuh für die Milch – die beiden Rinder und die zehn Schafe oder ein Rind und fast zwanzig Schafe auftreiben.

Wo die Almen auf diese Weise behutsam und fürsorglich genutzt werden, hat sich der Bergbauer sehr strenge Alm-Rechte gegeben. Zum eigenen Schutz und vorausdenkend für Generationen.

Kein Bereich bäuerlichen Wirtschaftens in den Bergen ist so stark reglementiert, durch alte Rechte und Pflichten bestimmt, wie die *Alp* und die *Alm.* Also gibt es beispielsweise im Tiroler Ötztal zur Alp-Regelung den Alm-Meister, den Berg-Meister. Dieser ist in rechtlichen Dingen die oberste Dorf-Instanz. Im Bereich der Alm sind jahrhundertealte, meist ungeschrieben gebliebene *Alp*-Ordnungen überliefert.

Eines der genauesten Dokumente dieser Art ist der *Hirteneid* aus dem *Urner* Landbuch, Artikel 281. Das Verhalten des Sennen ist bei irgendwelchen Zufällen auf Stunde und Minute genau geregelt. Es wird vorgeschrieben, wann der Senn bei Schneefall von der Alp zu fahren hat, wo er das Vieh weiden kann. Es wird sogar vorgeschrieben, wann und wie er das Vieh zur Tränke führen soll

und daß er es dabei z. B. nicht weiden lassen darf. Mit heiligen Eiden ist er zu seinen Dienstleistungen verpflichtet.
Im speziellen *Hirteneid* erfolgen die folgenden Regelungen:

Der Hirt von Surenen, Fisseten, Seen-Alp, Matten, Alplen und Ruosalp solle zu Gott und den Heiligen schwören: den ihm übertragenen Hirtendienst getreu und fleißig zu versehen, ein unparteiischer Hirt zu sein, das ihm anvertraute Vieh gut zu besorgen und selbes nach bestem Vermögen vor Schaden zu hüten, das Salz unter das Hirtevieh zu verteilen und hierin niemanden zu begünstigen, seine Alpknechte zu genauer Pflichterfüllung anzuhalten, auch die zur Unterhaltung ihm obliegenden Gebäude, Häge, Mauern und Gräben in gutem Stande zu erhalten, und dafür zu sorgen, daß beständig ein Vorrat von Heu für krankes Vieh vorhanden sei. In Ansehung der Annahme des Viehes, des Auf- und Abfahrens von Hirti, in betreff der Schafe sich pünktlich nach Vorschrift der Hirtenordnung zu benehmen, auch daß er dem Jagen nicht nachgehen, keinerlei Gemeinschaft oder Einverständnis mit Fremden habe und auch allen übrigen ihm auferlegten Hirtepflichten getreulich nachkommen wolle. Frevel und Fehlbare sogleich an Behörden anzuzeigen, die Anordnung des Alpvogtes gehörig zu vollziehen. Unsern Herrn und Obern weitere Befehle zu gewärtigen und denselben gehorsam zu sein, den Nutzen der Alp und der Hirti angelegentlichst zu befördern und Schaden oder Gefahr abzuwenden. – Alles getreulich und ohne Gefährde.[36]

Die Alp ist nicht der einzige Ort der Gemeinnutzung. Das ist z. B. auch die Hutweide und der Wald. Auf der Alp und für die Alm sind, außer beim Bannwald, die genauesten und strengsten Regelungen getroffen worden.

## Bann und Frevel

Traditionell mutet es an. Aus einer Zeit, die für uns sehr sehr weit zurückliegt. Mit *Sprüchen* werden Krankheiten gebannt. Der *Labgesang* bringt die Molke zum Brechen. Es entsteht der Käse.
Der *Schrei* löst Lawinen. Das Jauchzen löst den Bann und kann selbst Bannschrei sein. Die höchste Bannform aber ist der Betruf. Der Schrei der Sebastians-Hure reißt die Lawinen los. Der Bann um die Alm herum geschieht durch den Betruf.
Diese *grandioseste Äußerung des Ringes* (Renner) zwingt das Böse zum Draußenbleiben außerhalb des Bann-Ringes. Innerhalb des geschützten Ringes lebt das Vieh, melkt der Senner, verarbeitet er Milch zu Käse, stellt er den Kessel auf, schabt den Käse vom heißen Feuer, streicht ihn aufs Brot, empfängt den verchristlichten Alp-Segen, steckt verschämt das Holzpüppchen unter den Tisch, betet und flucht er. Das Vieh ist eingezäunt, innerhalb von Ring und Kreis. Der Bannkreis ist gezogen, hier und auf dieser Alpe. Damit ist ein Symbol geschaffen und durch das Symbol ein sicherer Grenzwall, *der um ein sehr reales, sichtbares und abschreitbares Gebiet gezogen wird, nämlich um die Alp…* (Renner)
Es ist nach Renner eine *pontifikale* Form der Banngebärde. Die Handlung ist einfach, schlicht: der Senne stellt sich bei Dunkelwerden oberhalb der Alphütte hin, nimmt den Seihtrichter vor den Mund, megaphonartig, wie wir es von spontanen Aktionen, von Demonstrationen kennen, schreit in den Trichter hinein, ruft, beschwört, betet.

Das ist *Magie*.
Bann ist *Magie*.
Wer entzieht sich?

Es ist so traditionell und ergreifend wie kaum eine andere Handlung. Ganz sicher weist sie zurück in die allerältesten Zeiten

menschlicher Kultur, zumindest in den Alpen.
*Magie* setzt *Eduard Renner* in seinem Werk *Goldener Ring über Uri* in diese älteste Kulturphase des Älplerischen, bis zurück in die Altsteinzeit. Nach *Herbert Kühn* ist *Magie* das älteste Weltbild der Menschheit. Renner beruft sich auf den Ur- und Frühgeschichtsforscher Kühn. Renner deutet diese rituellen Handlungen frei und aus sicherem Gefühl, richtigem Gespür, dank seiner intensiven Forschungen und Erfahrungen über etliche Jahrzehnte, immer mit den Menschen auf Berghöfen in seinem Kanton verbunden: als Arzt, als Erkunder, als Zuhörer, als sensibles Instrument beim Hören der Erzählungen. So gelang ihm dieses Schlüssel-Werk mit dem goldenen Ring, und es gibt nichts Vergleichbares.
Selbstverständlich haben sich rational recherchierende Experten über den Nicht-Experten mokiert.
*Magie* ist – nach den frühsteinzeitlichen Felsbildern – das Bannen der Tiere. *Magie* ist *niemals eine Kultform oder Religion* (Renner). Was ist sie dann?
*Sie ist ein Erlebnis, das letzten Endes in der Tätigkeit der Sinne und in den Wahrnehmungen begründet ist.*[37]
Im Schweizerischen *Betruf,* der noch immer von Zentralschweizer Alpen in den Kantonen Obwalden, Nidwalden, Uri usw. gerufen wird, der also sehr lebendig geblieben ist, die Jahrhunderte überdauert hat, der Jahrtausende zurückweist, der somit eine der ältesten menschlichen *Kult*-Handlungen bei uns darstellt, kommen wir auch ohne Sachen und ohne konkrete Gegenstände, ohne sichtbare, handgreifliche Artefakten, ohne Tonscherben, Steinwerkzeuge, Schaber, Ritzer, ohne jede Handgreiflichkeit dennoch in die ältesten Zeiten zurück. Das Erstaunlichste dabei ist aber, daß wir es mit einem lebendigen Kultur-Gut höchster Qualität zu tun haben.
Freilich: weil es später christlich zurechtgereimt, für die passende Religion zurechtgeschliffen wurde, weil es in den markanten Teilen verchristlicht wurde, konnte es überleben. Der alte Kern von Bann und Kreis blieb. Dort drinnen sitzt jetzt die Mutter Maria mit ihrem herzallerliebsten Kind. So nett und volkstümlich ist die neue Version gelungen. Und da kommen die beliebten Tierheiligen, die Patrone gegen Viehkrankheiten. Sie werden gerufen, der Heilige Wendelin, der Heilige Martin. Sie werden sicherheitshalber in großer Schar gerufen, *alle Heiligen Gottes* mitsamt dem Lokal-Heiligen, dem Bruder Klaus.
Aber mittendrin steht der goldige Thron. Rundherum geht der Kreis. Ich habe selbst ein solches Ereignis des Betrufes oberhalb von Kerns miterlebt.
In meinem Buch *Mythos und Kult in den Alpen* aber auch schon im Buch *Vom alten Leben* habe ich davon berichtet. Das Thema läßt mich nicht mehr los. Immer wieder kommen neue Aspekte hinzu, ergeben sich aus neuen Zusammenhängen weitere Erkenntnisse, Einsichten. Josef *Blatter* von der Alp Scharti oberhalb von Kerns im Obwaldner Land ist inzwischen verstorben. Mittlerweile übernahm sein Sohn das Rufen. Es rufen wieder junge Senner und Hirten. Die *Magie* ist noch nicht völlig durch Ausflügler, Racletteverkoster, Touristikmanager und Kulturvermarkter zerstört. Im folgenden einer der Betrufe:

Die Almgebäude der Schafalm *Za Skalo* in Slowenien ▷ im Bereich des Nationalparks Triglav. Die Hütten sind stufenförmig übereinander angeordnet.

*Har Chuoli zuo lobä,*
*All Schritt und Tritt i Gottes Namä lobä!*
*Und in aller Heiligä Gottes Namä lobä.*
*Hier auf dieser Alp ist ein goldener Ring,*
*Darın wohnt die lieb Muetter Gottes mit ihrem herzallerliebsten Kind.*
*Ave Maria! Ave Maria! Ave Maria!*
*Jesus! Jesus! Jesus!*
*O du herzallerliebster Herr Jesus Christ!*
*Wir bitten Dich, b'hiet uns die Alp und alles was dazue gheert und ist.*

*Das walt Gott und der lieb heilig Sant Antoni,*
*Das walt Gott und der lieb heilig Sant Wendel,*
*Das walt Gott und der lieb heilig Sant Jakob,*
*Der well is alläsämä ä güeti glickhaftigi Nachtherbrig haltä.*

*Das walt Gott und der lieb heilig Sant Josef.*
*Der well is zu Trost und Hilf cho ufem Todbett.*
*Das walt Gott und der lieb heilig Sant Galli,*
*Und diä andärä liebä Heilige und Userwähltä Gottes alli.*
*Das walt Gott und das lieb heelig Chryz, Amä.*
*Gelobt sei Jesus Christ! Gelobt sei Jesus Christ! Gelobt sei Jesus Christ!*[38]

So erklingt der *Betruf* im Kanton *Uri.* Wie verhält sich der Älpler zu diesem Ruf, wollte man ihm etwas von der *großartigen Äußerung des Ringes* erklären wollen? Er würde wohl erstaunt sein. Er braucht das für ihn Allgegenwärtige, Selbstverständliche nicht kritisch zu hinterfragen oder es nach irgendeiner Weise in ein volkskundliches, angelesenes, durch Kalender vermitteltes *Wissen* einzuordnen.

So also ist es gerade im Februar 1992 mit den vielen Bräuchen geschehen, die unter anderem in Tirol, in den Orten Imst als *Schemenlaufen,* in Nassereith als *Schellerlaufen,* in Thaur als *Mullerlaufen,* in Axams als *Wampelerreiten* zigtausend Zuschauer angelockt haben. Die Schaubräuche sind mittlerweile spektakuläre Massenansammlungen, die in höchst vereinfachender Form laufend durch Presse und Rundfunk mit Winteraustreibung, mit Kampf *Winter gegen Frühling* dargestellt werden, weil es Volkskundler in populären, gar nicht einmal populärwissenschaftlichen Büchern so vorgebetet haben und etliche brauchtumsbewußte Fasnachter diese einfachen Weisheiten fromm nachgebetet haben. So kommt etliches an Wissen auf dem Umweg über die Forscher, die ehemals Selbstverständliches befragt haben, stark angereichert wieder zurück. Die Basis reflektiert, und der Brauch ist hin. Basta!

*Magie* ist *Kampf zwischen Winter und Frühjahr.* So einfach wird es dann. Aber die Sache ist höchst kompliziert und vielfältig, ist überaus differenziert und in der heutigen Ausprägung die Summe vieler Glaubenselemente, alter Magie, angereichert durch Schaustellung, Maskenfreiheit, Spott, Lust an der Gauklerei. Ein einziger dieser großartigen Fasnachtsbräuche ist die Summe von Dutzenden von Brauchtumselementen.

In einer Presseaussendung der *Tirol*-Werbung, also der amtlichen Tourismusvermarktung von Land, Landschaft, Menschen, Brauchtum, Kult, Berg und *Snow* wurde

Die Almsiedlung *Laz* oberhalb von Bohinj auf der Pokljuka in den slowenischen Alpen. Panorama oberhalb von Bohinj. ▻

schließlich das *Keltische Mittwinterbrauchtum zur Winteraustreibung.* Mißbrauchter Brauch! *Magie* zur Gästebannung?
Soll Kultisch-*Keltisches* dem esoterischen Anbiederungsspektakel der neuesten Marketingleitbilder angepaßt werden? So jedenfalls liest es sich im neuesten, derzeit gültigen *Marketing-Leitbild* des *Heiligen* Landes, worunter manche noch immer und schon wieder Tirol verstehen. Gut, daß es dort keinen *Betruf* gibt. Sonst würde er dem Betten- und Geldvermehrungszeremoniell geopfert. Esoterisch auf dem Altar von *Snow* und *Geld-Kult* geopfert:

Die Massentourismusgesellschaft sollte sich marketingleitbildgerecht zur *Transzendenz der Religionen* hinbewegen. Neuestes Anbieten der Berge, Gletscher, Heiligtümer, Bräuche, der Kulte und der alten Religio gipfelt in *esoterischen Orientierungen.* Die Invasion des schlechten Geschmacks, die Pervertierung der vollendeten Ausbeutung hat ein Ende. Ist der Höhepunkt erreicht?

## Alp-Druck

*Alp* = Koboldhaftes, gespenstisches Wesen, das sich nachts auf die Brust des Schlafenden setzt und bei ihm ein bedrückendes Gefühl der Angst hervorruft.[39]
*Alp = Alm*

*Der ALPTRAUM hebt sich aus der Masse der gewöhnlichen Träume durch eine gewisse Typik seines Inhalts und seiner Form heraus: der vom Alptraum befallene Schläfer glaubt meistens, daß ein Wesen tierischer oder menschlicher Gestalt sich auf seiner Brust niederlasse und ihn bis zur Erstickungsgefahr drücke...*[40]

Das Handwörterbuch des deutschen Aberglaubens läßt hier offen, ob der *Alp*-Traum mit dem Begriff *Alp* für Alm irgendeinen Zusammenhang hat.
In der Schweiz ist das *Toggi,* auch *Tuntschi* die geschnitzte Puppe, die dann lebendig wird und den auf der Alp zurückgebliebenen Senner umbringt, häutet und die Haut zum Trocknen auf das Dach der Hütte legt (vgl. S. 51). Es ist aber auch Ausdruck für den *Alpdruck.* Vor allem in den bayrisch-österreichischen Alpen ist dafür *Drud, Trud* oder *Trudd* gebräuchlich.
Zur Abwehr von Unheil, vor allem von Haus und Hof werden *Abwehrzeichen* angebracht. Stier- und Widderhörner, aber auch Ziegenhörner und Hörner von erlegtem Wild werden an der Tür zum Stall angebracht. Schon 400 v. Chr. wurde dieser Brauch geübt. Es kann eine magische Handlung sein. Es kann aber auch das Herzeigen der Trophäe sein.
Eine besondere Bedeutung für Abwehr und Magie hat das *Ei.* Es genoß – und genießt – in vielen Regionen und Kulten besondere Verehrung. Im obersten Teil des Val Varaita im südlichen Piemont werden auf Hausdächern und Kaminen weiße Steine aufgesetzt. In einigen Fällen sind es weiße Steine, die zur Eiform bearbeitet sind. Es diene magischen Zwecken und der Sicherung gegen Wind und Sturm.
Wer hat recht? Auf sehr vielen Häusern, auch auf Neubauten, fanden sich diese Steine in großer Zahl. Viele davon haben überhaupt keine sichtbare, keine erkennbare Funktion zum Beschweren des Daches.

# Milch – Butter – Käse

Die Ligurer gelten zwar als *Erfinder* der Milchverarbeitung zu Butter und Käse, jedoch kann dies durch ältere Zeugnisse widerlegt werden. Es ist freilich sehr wahrscheinlich, daß die Ligurer diese Kenntnisse weitervermittelt haben. Über das Mittelmeer und entlang der Küsten kam die Kenntnis wohl aus Mesopotamien.

Die älteste Darstellung der Milchwirtschaft findet sich um 2800 v. Chr. auf einem Fries im Tempel der mesopotamischen Muttergöttin *Ninchursanga* aus dem Ort Obed, nur 6 km von Ur in Chaldäa entfernt. Danach befanden sich neben dem Tempel Kuhställe. Hirten melken Kühe der *Rem*-Rasse; das ist ein Wildrind, aus dem unser Hausrind gezüchtet wurde. Ein Hirt verrührt Milch in einem meterhohen, spitz zulaufenden Krug. Zwei weitere Hirten sieben die Milch. Einer rollt einen dickbauchigen Butterkrug zwischen den Knien.

Gemolken wurden jedoch in erster Linie die Ziegen. Auf eine uns heute fremde, in alten Zeiten aber gebräuchliche Weise wurde und wird noch immer Milch bei den Nomaden konserviert.

> *Sie schütten Molke in ein mit einem Leinenbeutel ausgelegtes Erdloch. Immer wenn das Wasser abgesickert ist, schlagen sie mehr und mehr Milch dazu, bis zuletzt ein steinharter Klumpen entsteht, den sie in Salzlauge beizen. Das ist eiserne Ration für Notzeiten. Bricht der Nomade ein Stück davon ab und rührt es in Wasser an, kann er mit einem angenehm erfrischenden Getränk seinen Durst stillen.*[41]

Stammt die erste Darstellung der Milchwirtschaft aus der Zeit um 2800 v. Chr., so kann mit Sicherheit angenommen werden, daß schon Jahrtausende früher gemolken wurde.

Jetzt geht es um die Weiterverarbeitung zu Butter und Käse. Der Hirt von Obed bei Ur rollt den dickbauchigen Krug hin und her. Er stellt auf diese Weise Butter her.

Noch bis in die heutige Zeit stellen Beduinen ihren Ziegenkäse nach alter Weise her. Schon das Buch Ijob in der Bibel weiß von *Ziegenkäse* als Nahrung.

> *An den Türpfosten hängen poröse Säcke, aus denen das Wasser der Molke tropft; was zurückbleibt, ist ein fester Quark, den sie zu kleinen Fladen formen und in der Sonne beinhart trocknen lassen.*[42]

Dieser Magerkäse ist eine wichtige, beinahe unentbehrliche Konserve. Der Magerkäse hält sich das ganze Jahr über. Das gelbe Lab, das Gerinnungsmittel für die Käsezubereitung, wird aus dem Magen neugeborener Ziegen und Lämmer genommen. Das Lab wird in der Sonne getrocknet und in Beuteln aufbewahrt. Wir können aufgrund von Funden, unter anderem in Ägypten, annehmen, daß bereits um 3000 vor Christus auf diese Weise Käse hergestellt wurde.

Kaum anders, nur geringfügig verbessert und modernisiert, stellen vereinzelt Älpler auf unseren Almen den Käse auf diese Weise her. Der harte Käse wird dann in feste Behälter gegeben. Dort wird er im Laufe der Jahre und Monate weich und zerrann. Eine Messerspitze davon kann eine Suppe oder eine andere Speise auf höchst eigentümliche, aber sehr wirksame Weise würzen. Überhaupt haben sich auf nicht modernisierten Almen und Alpen vereinzelt die allerältesten Zubereitungsarten bewahrt, wie sie im Zwischenstromland vor 5000 Jahren üblich waren.

Wieder ergibt sich ein interessanter Zusammenhang zwischen unserer heutigen Alp-Kultur und dem Zwischenstromland. Es ist möglich, daß der berühmte *Magier vom Monte Bego* ein Vorfahr der Sennen ist. Wer sich auf die Kunst des Verarbeitens von

Milch verstand, war ein Zauberer. Könnte der *Magier* der erste Senner gewesen sein? Nach *Felix R. Paturi* (*Zeugen der Vorzeit*) lassen sich interessante Zusammenhänge erahnen.

Zuerst erkannte der Mensch, daß er Milch von Tieren für sich nutzen konnte. Also begann er Ziegen, Schafe und Rinder zu melken. Offenbar gelang dem Menschen der Urzeit, aus der Milch zuerst Käse zu gewinnen. Vielleicht *gelang* ihm erst ganz zuletzt die Butterherstellung. *Feste Butter war Sumerern und Ägyptern so unbekannt wie später noch Griechen und Römern.*[43]

Die Ägypter kannten nur Butterfett. Das aßen sie aber nicht, sondern verwendeten es zu Heilzwecken. Aus der Darstellung von 2800 v. Chr. wissen wir bereits, daß der Hirte die Butter in einem Krug herstellte.

Findige Senner und Hirten in den Alpen haben sich zur Herstellung der Butter mehrfach die Wasserkraft zunutze gemacht. Es ist relativ einfach, das Drehbutterfaß durch Wasserkraft drehen zu lassen. Das ist auch die gebräuchlichste Art der Wasserkraftnutzung für die Butterherstellung. Auf wenigen Almen konnte ich bisher die scheinbar einfache, in Wirklichkeit aber sehr komplizierte Art feststellen, daß auch das Stoßbutterfaß mit Wasserkraft angetrieben wurde. Ein solches Verfahren erfordert kompliziertes Umsetzen der Hebelwirkung. Der Stößel im Faß muß ja senkrecht und gleichmäßig im Faß auf und ab gehen. Auf der Alpe *Horlach* im Ötztal wurde dieses Verfahren sehr wirksam angewendet.

Wie kam es überhaupt zum sehr unterschiedlichen Verfahren der Buttergewinnung durch Drehen und durch Stoßen? In älteren Berichten konnte ich nichts darüber finden. Erfolgten die beiden Erfindungen nebeneinander oder hintereinander?

In Urzeiten ist die Milch von Ziegen und Wildschafen in Tiermägen aufbewahrt worden. Also entdeckten die Menschen der Steinzeit das wunderbare *Lab,* mit dessen Hilfe die Käseherstellung verbessert werden konnte. Die geronnene Milch wurde in durchlöcherte Tongefäße zum Abtropfen gegeben oder in den Ziegenbalg. Aus dem Ziegenbalg entwickelte sich der Dudelsack und die älteste Alpenmusik.

Solche durchlöcherten Tongefäße wurden bei Ausgrabungen aus der Jungsteinzeit in oberitalienischen Siedlungen, aber auch im Unterengadin gefunden.

Alte Volkssagen bezeugen, daß die Gegend des Oberinntals und des Engadins von einem asiatischen Hirtenvolk besiedelt wurde. Es kann sich die wunderbare Geschichte ereignet haben, daß sich aus dem Urschrei der Älpler das heutige Jodeln entwickelte und daß diese Urschreie anstelle eines Gebetes zu Ehren der Göttin *Senna* auf den Alpen des Engadin ertönten. Wie es die Göttin *Alpina* gegeben hat und die Madrisa, die Silvretta und Matreia, so kann auch die *Senna* ein Stück bis in unsere Tage gerettete Erinnerung an große *Alp-Mütter* sein.

Beweisbare Nachrichten allerdings fehlen. Die alpine Sagen- und Mythenwelt birgt Kostbarkeiten und Geheimnisse von allergrößter Schönheit und Poesie.

Mit dieser Alp-Geschichte will ich mich ein Stück weiter den Geheimnissen der Alpen-Kultur nähern. Es ist gut so, daß viele dieser ältesten Geheimnisse wohl für alle Zeiten verborgen bleiben. Also dürfen wir weiterhin deuten, forschen und die ältesten Wurzelstränge freilegen.

Geräte und Gefäße zur Herstellung von Käse. Es muß vor allem darauf geachtet werden, daß nach Gebrauch alle Geräte sauber gereinigt werden (aus einer Käserei in Friaul im Resia - Tal). ▷

# Entwicklung der Almwirtschaft

Mindestens seit der frühen Bronzezeit ist bereits Almwirtschaft nachweisbar. Wahrscheinlich begann die organisierte Almwirtschaft bereits in der Steinzeit. Für *Werner Bätzing,* dem profunden Kenner der alpenländischen Kulturlandschaft (vergleiche *Die Alpen*), begann zumindest die Schafhaltung in der Almregion ab etwa 4000 v. Chr., also vor circa 6000 Jahren.

*Es spricht alles dafür, daß die gesamten an den Mittelmeerraum angrenzenden Alpengebiete, die südlichen Westalpen und die Südabdachung der Alpen*[44] auf diese Weise genutzt wurden. Der innere und höher gelegene Alpenraum erwies sich sehr früh als geeignet für die Beweidung. Vor allem die weiträumigen waldfreien und sanften Almregionen eignen sich vorzüglich.

Die Zeit der paläolithischen Sammler und Jäger wurde durch die sogenannte *Neolithische Revolution* abgelöst. In dieser wichtigen Phase der Kulturentwicklung wurde die Fähigkeit entwickelt, Getreide anzubauen, Haustiere zu züchten, seßhaft zu werden, Vorräte anzuschaffen, Keramik herzustellen. Die *neolithische Revolution* vollzog sich im Nahen Osten ab dem fünften Jahrtausend vor Christi und gilt als die vielleicht revolutionärste Epoche unserer Geschichte. Auf dem Weg über das Mittelmeer und die Küstenregionen wurden mit einiger Verspätung die äußeren und dann die inneren Regionen des Alpenbogens erreicht.

Es war noch ein weiter Weg von der alten Wanderschafhaltung und dem Nomadenleben der Hirten bis zur Autarkiewirtschaft. Als früheste Dauersiedlungsplätze in den *Alpen* kommen vor allem die inneralpinen Trockenzonen in Frage. Werner *Bätzing* nennt das Etschtal, das Tessin-Tal oder das Ossola-Tal. Aufgrund von Forschungen und Funden läßt sich annehmen, daß diese Art der Nutzung – beispielsweise auch im Vintschgau – in die Zeit um 4000 bis 3500 v. Chr. anzusetzen wäre.[45]

*Reimo Lunz*, der verdiente Südtiroler Urgeschichtsforscher, ist fest davon überzeugt, daß erste Nachweise seßhafter, jungsteinzeitlicher Bauernkulturen ab der zweiten Hälfte des fünften Jahrtausends, also ab etwa 4500 v. Chr. im Gebiet des heutigen Südtirol anzusetzen wären. Solche Siedlungsplätze befinden sich in Villanders und auch am Tartscherbühel im oberen Vintschgau.[46] Siedlungsreste, die noch älter sind, wurden in *Plan de Frea* in Gröden auf 1900 Meter Höhe, knapp unterhalb des Grödnerjochs gefunden. Waren es nur Unterstände für mesolithische Jäger?

Der Hinweis auf den Tartscherbühel in Südtirol als eine der ältesten Stätten jungsteinzeitlicher Bauernkultur hat für uns noch ganz besondere Bedeutung. Aus dieser Region erfolgte sicher und zweifellos auch die Wanderung der Schafe in die Weideflächen des hinteren Ötztales, hinter den Schafen her, bis hin zur ersten Besiedlung von Vent im hinteren Ötztal. Der *Mann im Eis:* kam er vielleicht vom Tartscher Kult-Bühel und hatte dort geopfert oder wollte dorthin gehen? War er mit Amulett und Tätowierung nicht der *Hirt* und *Senner* als *Magier?*

◁ Hohe Qualität erfordert Fachkenntnis und Hygiene: Qualität hat ihren Preis. Das hilft den Bauern. In diesen Käsereien von Morasio (Friaul) - Seite 74 oben, Seite 75 oben und unten - und von der Soy-Alm im Südtiroler Martell-Tal wird zeitgemäß gekäst.

## Wilde Frau: Heilige und Hure

### Gilgamesch und die Älpler

Die *Wilde Frau* ist die Heilige oder die Hure, die Hilfreiche oder die Rächerin. Im Bereich der Alp-Kultur kommt es mehrmals zur Begegnung mit dieser Gestalt. Völlig unbekannt in allen publizierten Sagensammlungen Tirols blieb bisher die Geschichte von der unbekannten Frau auf Luibis. Ich habe diese Sage, die, um 1845 handschriftlich niedergeschrieben, lange Zeit im Pfarrarchiv von Längenfeld aufbewahrt und jetzt verschollen ist, um 1964 maschinschriftlich festgehalten. Sie lautet in meiner Sammlung (Nummer 16, wörtlich) wie folgt:

### Die unbekannte Frau von Luibis

Der Hirte auf der Alpe Innerberg war allein auf der Alm, da sein Kamerad nach Längenfeld hinuntergegangen war. Er hatte das Vieh in das Felderkar getrieben und setzte sich auf einem erhöhten Platz zur Ruhe nieder.

Da erblickte er gegenüber, unter den Felsen, eine weibliche Gestalt. Er sah genau hin und erkannte, daß sie strickte. Sie trug ein weißes Fürtuch, einen runden, zugespitzten Hut und Ohrringe. Sie war sehr schön. »Wie kommt eine weibliche Person in diese abgelegene Gegend?« sagte er zu sich.

Es erfaßte ihn ein durchdringender Schauder. Es wurde ihm ganz unheimlich zumute. Kaum neigte sich der Tag, da eilte er mit der Herde der Hütte zu.

Auf der Alphütte im Inneren Berg hielt es ihn jedoch nicht lange allein. So eilte er, sobald die wichtigsten Arbeiten getan waren und so schnell ihn seine Füße trugen, zur Alphütte auf der Leck. Der Hirt auf der Leck hatte ein gewaltiges Feuer in seiner Hütte und einen gewaltigen Stock an seiner Seite. Ganz aufgeregt empfing er den Hirten vom Innerberg. »Heute triffst du mich, Nachbar, in einem kuriosen Zustand an. Ich bin heute allein. Diese Einsamkeit wünsche ich aber nicht mehr.« Auf die Frage des Innerberger Hirten, was denn los sei, erzählte er: »Vor kurzer Zeit kam eine Weibsperson hierher, welche sich sehr frech und zudringlich gegen mich benahm. All mein Lärmen, Schreien, Abweisen, Fluchen und andere Grobheiten halfen nichts. Endlich ergriff ich diesen massiven Stock allda, und abwehrend flüchtete ich in die Hütte und machte Feuer an. Hierher folgte sie nicht. Ach, wie froh bin ich, daß du hierher zu mir gekommen bist.« Daraufhin erzählte der Hirt vom Inneren Berg sein Erlebnis. Beiden erschien es unmöglich, daß dieses Weibsbild in dieser kurzen Zeit und dazu auf einem anderen Wege zur Leck habe kommen können. Das könnte nichts Rechtes sein, urteilten die beiden Männer.

Diese unbekannte Frau wurde noch von anderen Leuten in diesem Gebirge gesehen. So sah sie ein Hirt aus Umhausen auf der Wurzbergalm. Sie saß am Stege und beschäftigte sich mit Stricken. Jener redete sie an: »Woher bist du?« Sie antwortete: »Weither.« Den Hirten packte ein Schauder, und er entfernte sich eilends. Die unbekannte, schöne Frau war noch lange im Gerede der Leute…[47]

Reste einer sehr alten Überlieferung sind erhalten geblieben. Die hochgelegenen und abgelegenen Regionen sind letzte Reste der Überlieferung. Wie ist diese fremde, zudringliche, freche Person hoch im Almgebiet zu verstehen? Die Heilige und die Hure, die Salige und die Wilde sind nebeneinander da; sie leben.

Dem Kern der Überlieferung kommen wir mit der Sage von der Clariden-Alm im Kanton Uri näher. Im Vergleich zur Luibis-Frau spielt dort das Weibliche eine andere Rolle. Die unbekannte Frau auf Luibis ist der aktive, offenbar auch der stärkere Teil. Handelt es sich dabei um matriarchale Reste? Insofern könnte die Luibis-Frau traditioneller sein als die fremdartige Bewohnerin der Clariden-Alm. Sie hat einen Namen: Kathry. Es ist – nach Josef Müller – die *Hure Kathry* oder die *leichtfertige Hure.* Als *Dienerin* oder Sklavin oder eben als Hure dient doch auch die Sennenpuppe, das Tuntschi. Die fremde Frau, die Unbekannte, die Salige, die magna mater, die Kathry sind immer schön. Sie sind für den Älpler, den in sexueller Frustration durch Wochen und Monate dahinlebenden Mann auf der Alp, die Erfüllung schlechthin, die Erfüllung eines Traumes. Deswegen sind die Frauen schön, wild, deswegen haben sie langes Haar, erscheinen in weißen Gewändern und mit all den Attributen angetan, die beim Älpler Sehnsucht erwecken, Träume erfüllen und vielleicht auch die Erlösung bringen. Ansonsten hilft sich der Senner mit dem Hirtenknaben. Das Männeralpen-Sexualleben wird kaum beschrieben. Es gibt immer nur Andeutungen. Deswegen sind solche Alp-Sagen, wie von der Clariden-Alm, so interessant.

Ein Senn hat sich *eine leichtfertige Hure unterhalten.* Er hat den ärgsten Frevel an den wertvollen Lebensmitteln begangen. Darauf folgt die schlimmste Strafe. Und es folgt – wie hundertfach im gesamten Alpenraum – das Verfluchen der ehemals fruchtbaren Alpe. Eine ganze Kette von Ereignissen ist in die Sage verpackt:

> In den Clarider Alpen erzählen die Anwohner eine seltsame Geschichte, welche der geehrte Leser nach seinem Gefallen unter die wahrhaften Begebnisse oder in den Rodel der Mährlein einschreiben kann. Es soll daselbst vor Zeiten ein Senn eine leichtfertige Hur unterhalten und in so hohen Ehren gehalten haben, daß er ihr von der Wohn- oder Sennhütte bis zum Käsgaden den sonst kotichten, unflätigen Weg mit Käsen bespreitet, damit sie ihre Schuhe oder Füße nicht besudelte. Auf eine Zeit sei seine arme Mutter zu ihm gekommen, um ihren hungrigen Bauch mit Milch und Suffy zu füllen, der gottlose Sohn aber habe ihr Pferdeharn unter die Milchspeisen gemischt und mit so schlimmen Traktament wiederum abgefertigt. Worauf dieses arme Weib ihrem verschwenderischen und verruchten Sohn alles Unglück über den Hals gewünscht und Gott gebeten, an ihm seine gerechte Rachhand zu zeigen, welches auch geschehen, also daß die Erde ihren Mund aufgetan und diesen unnützen Erdenlast mit seiner leichtfertigen Dirne verschlungen, zugleich aber auch seien die obern Firn und Felsen eingefallen und die vorher grasreichen, fetten Alpen damit überleget, daß sie nun seit der Zeit ganz unfruchtbar seien und nichts tragen.[48]

Bereits 1705 hat der Zürcher Naturforscher *Scheuchzer* diese Sage aufgezeichnet. Moralisierend fügt er dieser Sage an:

Die einfachen Dinge des bäuerlichen Lebens: ▷
Kuhkette, Selbsttränke, Milchkannen und Käse.
Sonst nichts. Und das genügt.

*Ob nun diese Geschichte sich in der Tat zugetragen habe oder dieselbe von der frommen Klerisei ersonnen worden, um das gemeine Volk, absonderlich die Sennen, von dem Laster der Hurerei und des Ungehorsams gegenüber den Eltern aufzuhalten, will ich nicht erörtern...*[49]

Ich wills auch nicht erörtern. Moral und Kirche haben zur Gestaltung der Sagen nicht wenig beigetragen. Durch ihr geschicktes Verhalten im Überlagern ältester Mythen und Glaubensvorstellungen haben sie diese in Wirklichkeit gerettet. Unter der christlichen Zurechtbiegung läßt sich fast immer der ältere Kern freilegen.

Also wird in der Clariden-Sage nach einer sehr alten Vorstellung nicht das Unterhalten einer schönen Frau, einer Partnerin (oder *Gespielin?*) so verwerflich sein, sondern der Frevel beim Vergeuden der Käselaibe und die Behandlung der leiblichen Mutter. Der Sohn gibt ihr statt der Milch Pferdeharn.

Nach einer Variante war Clariden einst eine prachtvolle Alpe. Die Kühe gaben unglaublich viel Milch, so daß sie dreimal am Tag gemolken werden mußten. Es wuchs nämlich auf der Alpe das Milchkraut, und das war voller Milch. *Die Hure Kathry hat das Kraut verflucht, weil sie gerne zum Tanz gegangen wäre.*[50] In einer weiteren Variante der Sage ist nicht die Rede von der Hure, sondern es heißt *seine schöne Kathry.*

Wenn sich der Senner auf der Alpe diese Hure *hält,* so sind wir erinnert an ganz alte und weit entfernte Geschichten. Der Herr auf der Alp ist der Senner. Der Herrscher von *Uruk* war Gilgamesch. Auf der ersten Tafel im Gilgamesch-Epos und immer wieder in dieser großen Geschichte, die im dritten Jahrtausend vor Christi spielt, sind den Helden dienende Frauen, Huren, zur Seite gestellt. Der Senn ist der starke Mann auf der Alp. Der Herr:

*Der Stärkste im Land ist er, Kraft hat er.*
*Gleich der Feste des Anu gewaltig ist seine Stärke...*[51]

Das kann genauso vom Senner gelten. Stark wie Gilgamesch ist sein Gefährte und Freund, ist

*Enkidu, der dem Steppenland entsprossen ist. Er verzehrt auch mit den Gazellen das Gras,*
*Trinkt mit dem Wild an der Tränke.*
*Ward wohl seinem Herzen am Wasser mit dem Getier...*

Es kommt der Herr der Alpe. Überall und zu allen Zeiten des Sommers gebietet er über Tiere und Herden, er versteht die Kunst des Melkens und fertigt daraus Butter und Käse. Er kennt die Geheimnisse der Kräuter. Er durchforscht die höchsten Höhen. Der Älpler ist der Privilegierte beim Ersteigen der Heiligen Berghöhen auf der Suche nach versprengtem Getier. Mit Kräutern und Bannsprüchen beherrscht er die Alpe, mächtig und stark.

Aber über ihm ist wieder ein Wesen: nirgendwo sonst wie in den Sagen der Alpen sind diese dem ältesten Erzählgut der Menschheit entsprungenen Geschichten, Mythen und Begebenheiten so verwandt und so lebendig überliefert. Manchem mag es eine Zumutung für die wissenschaftliche Ernsthaftigkeit sein, die Alp-Sage vom Senner und der Hure Kathry in einem Atemzug mit dem Gilgamesch-Epos zu nennen. Aber lesen und hören wir dennoch weiter:

*Die Dirne sprach zu ihm, zu Enkidu:*
*Weise bist du, Enkidu, bist wie ein Gott!*
*Warum läufst du in die Steppe mit dem Getier?*
*Komm, ich führ dich hinein nach* Uruk-*Gart,*
*zum strahlenden Tempel, dem Wohnsitz von Anu und Ischtar!*
*Wo Gilgamesch ist, vollkommen an Stärke, und wie ein Wildstier seine überragende Kraft erprobt an den Mannen!*[52]

Erste Tafel, 33–39

Da kommt in der Ötztaler Sage zum *Jäger im Hintereis eine wunderschöne, lichte Gestalt mit bis an die Knie reichenden goldenen Haaren und einem wie Kristall glitzernden Gewand* und *so sitzen sie beim Spiel tief drinnen im Berg in gold- und diamantglänzenden Hallen.* Die Saligen hegen, pflegen und umsorgen den Jäger, den Hirten, wenn er zu ihnen auf die höchsten Höhen kommt und wenn er das Wild verschont, wenn er den *Saligen*, als den Hüterinnen der Gemsen, gehorcht. Und wieder sind es die strahlenden Wohnsitze der Saligen, wie sie in der weiteren Ötztaler Sage *Die drei wilden Fräulein am Ferner* geschildert werden, die dem Hirten und Jäger geöffnet werden. Der Held ist der kühne Jäger. Der strahlende Tempel liegt weit unter dem Eis:

> *Er wurde der kühnste Jäger weitum. Doch einmal verstieg er sich am Rande des Ferners im wilden Gewände, daß er nicht mehr vor noch rückwärts kam. Er rutschte auf der eisbedeckten Platte aus und stürzte ab. Er wußte von nichts mehr. Doch als er aufwachte, lag er auf Speik und Edelweiß gebettet im Kristallpalast der seligen Fräulein ... Er durfte das schönste Leben führen und alles stand ihm zur Verfügung bei seinen lieblichen Retterinnen...*[53]

In dieser Region wurde am 19. September 1991 der *Mann im Eis* gefunden. Und ebenfalls in dieser Gegend liegt die alte Kultstätte auf der Kaser und oben auf dem Niederjoch, eine knappe halbe Stunde vom *Mann im Eis* entfernt, hausen nach der alten Volkssage aus dem Ötztal die *Niederjöchler.*
Auch damit lassen sich faszinierende Zusammenhänge herstellen, bekommen wir tiefen Einblick in die reichhaltigen Sagenmotive. Der Zusammenhang mit der inzwischen berühmten Gletschermumie überrascht, über die *Niederjöchler* vgl. das Kapitel *Der Mann im Eis* S. 143.

Die wundersamen Geschichten um schöne Frauen, um *Salige*, wilde Männer, um Tuntschi, Puppen, Huren und Heilige lassen sich weitererzählen. Überreich ist die Welt der Sagen von Almen und Alpen. Diese ältesten Zeugnisse der *Kultur über 2000 Meter* gehören zu den wertvollsten Schätzen der Alpen-Kultur, sie sind ehrwürdig und erhaben, uralt, bis in die Jahrtausende vor der Zeitenwende zurückreichend.
Jetzt wird diese reiche mündliche Überlieferung mehr und mehr durch Funde und durch die emsige Tätigkeit der Ur- und Frühgeschichtsforscher bestätigt.
Fast überall in den Alpen sind diese geheimnisvollen Frauen wichtiger Teil der Volksüberlieferung, der Sagen und Legenden. In Osttirol heißen sie *Holden* und *Diagne,* wie z. B. in Prägraten. Mehrfach tragen sie den Namen *Lawoeres.*
*Theresia Köll,* die Kerschbaumer-Bäuerin aus Matrei hat in ihren *Gschichten und Erzählungen aus den Hohen Tauern* Nachrichten dieser geheimnisvollen Frauen niedergeschrieben. Bei einem Bauern war eine fremde Magd in Dienst getreten. Auf geheimnisvolle Weise gelang es der *Holden,* das ausgebreitete Heu vor dem herannahenden Gewitter zu retten. Der Bauer

> *sah das fremde Mädchen bei der Schupfe auf einem Stein stehen und mit beiden Händen das Heu zu sich heranwinken. Auf einmal, wie auf Befehl, fingen die Heuflächen am Boden an zu rutschen. Und wie eine graugrüne Wolke wälzte sich das Heu herab, dem Wink der Dirn folgend, verschwand es in der weiten offenen Lucke der Hütte. Auch bei der zweiten Schupfe gebot sie dem Heu mit ihren Händen, bis der letzte ›Hawutzl‹ darin geborgen war. Dann brach das Wetter los...*[54]

Weil der Bauer sie für eine Hexe hielt, mußte sie vom Hof verschwinden. Dies geschah auf eigentümlich grausame Weise:

*Die Fensterluke an der Hüttenwand war offen, daraus wehte das lange blonde Haar der Holden im Spiel des Morgenwindes. Die Leute schlichen näher, sie ergriffen die Sense, die an der Hüttenwand angelehnt war. Mit einem groben Griff, einem schnellen Schnitt waren die blonden Haare abgeschnitten. Mit einem lauten Schrei stürzte die Schöne aus der Schupfe. Traurig blickte sie in die bösen Gesichter der Bauersleute, senkte den Kopf und stieg weinend bergwärts der Zunig zu. Nie mehr kam eine von den Holden in diese Gegend.*[55]

Die helfende *fremde Frau* mit ihren außergewöhnlichen Kräften zieht auch hier als wichtiges, als prägendes Sagenmotiv durch die Sage. Ebenso außergewöhnlich ist die Rache oder Strafe. Das lange Haar wird abgeschnitten. Es geschieht mit der Sense. Ohne ihre Haare ist sie entehrt.

Helfende, weise, besonders geschickte Frauen heißen in Osttirol auch *Lawoeres.* In der Sage *Der Glocknerbauer* bringt sie dem Bauern zwei Kinder zur Welt *halb Tier, halb Mensch,* nennt sie Wolf und Wolflinde. Die Kinder leben im Wald. Und sie selbst geht auch dorthin zurück. Damit gingen aber auch Freude und Segen vom Hof. Zur Erlösung der *Holdenseelen* baute der Spöttlingbauer in der Nähe seines Hauses eine Kapelle.

Hügel im Laworeswald heißen *Hullengräber.*[56] Welche merkwürdigen, geheimnisvollen Namen und Geschichten verbergen sich dahinter?

Es ist erstaunlich, daß es in der Volksüberlieferung bis heute diese lebendigen Erinnerungen gibt, dieses Wissen älterer Leute um diese vielleicht jahrtausendealte Geschichte ihres Tales.

Eine weitere wundersame *Alpengeschichte* sei angefügt und damit ein würdiger Schlußpunkt hinter dieses Kapitel gesetzt.

◁ Die Almsiedlung *Zajamniki.* Panorama oberhalb von Bohinj in Slowenien. Im Bereich des Nationalparks Triglav werden diese Almen weiterhin genutzt, werden die Almgebäude instand gesetzt, werden die Bauern mit Hilfe der Nationalparkverwaltung ermutigt, weiterzumachen. Wie lange noch? In der Schweiz, in Tirol oder in Frankreich, gäbe es hier Feriensiedlungen, Bungalows oder Hotels. Hier jedoch leben noch die alten Almkulturen, die weißen Frauen und die alten Sagen.

# Žalžene – Salige – Weiße Frau

Der reiche Kulturbestand, die überaus reiche Sagenwelt der slowenischen Alpen ist im deutschen Sprachraum kaum bekannt. Derzeit sind alle slowenischen Sagensammlungen, die in den letzten Jahrzehnten herausgebracht wurden, vergriffen. Dankenswerterweise hat mir *Janez Bizjak* aus Bled eine Reihe älterer Sagensammlungen überlassen. Daraus ließ ich mir einige ins Deutsche übersetzen.

Allein in der Sammlung *Savinjske Alpe,* herausgegeben im Jahre 1926 von *Fran Kocbek* beschäftigen sich fast zwanzig Sagen mit der weißen Frau, der *Žalžene,* und das ist niemand anderes als die *Salige.*

Einige Verwandschaft mit der Osttiroler Sage von der *Holden,* die wie durch Zauberkraft das Heu zusammenführen kann, hat die slowenische Sage

## Die weißen Frauen in Cirkunci

Seinerzeit haben die weißen Frauen in Cirkunci in einer Grotte gelebt, zu welcher man vom Haus Javorsk kommen kann. In der Nähe der genannten Grotte gibt es die *Felder des Rados,* wo die weißen Frauen gemäht haben, während die Mäherinnen gejausnet haben. Sie haben viel mehr gemäht als alle Mäherinnen zusammen. Dafür haben sie Topfenstrudel auf die Felder bringen müssen. Gemäht haben sie nur mit solchen Sensen, bei denen die Mäherinnen nicht in die Hände gespuckt haben.

## Žalžene v Cirkunci

Te so prebivale nekdaj v »Cirkunci« (Cerkvenici, zijalki na Radohi), h kateri se pride od Javorskega stana. V bhžini omenjene zijalke so »Radoške njive«, kamor so hodile žalžene žet, ko so žanjice južinale. Požele so mnogo več kakor vse zanjice skupaj. Zato pa so jim morali prinesti štruklje na njivo. Žele so le s takimi srpi, katerih žanjica si ni pljuvala na dlan.[57]

Daß die *Weiße Frau* nur mit solchen Sensen gemäht hat, bei denen sie nicht in die Hände gespuckt hat, ist ein hintergründiges Motiv, das geheimnisvoll bleibt. Um solche und ähnliche interessante Sagenmotive haben sich viele Volkskundler zeitlebens vergleichend und forschend bemüht. Ich will dem fundiert-spezialisierten Wissen dieser Fachkollegen nicht vorgreifen oder mir anmaßen, die Sagen deuten zu können. Als weiteres Beispiel mag dieses Sagenmotiv dienen:

### Die weiße Frau auf Ravnica

*In Ravnica neben Ljubno haben sie gegen den Hagel geschossen. Einmal haben sie eine weiße Frau heruntergeschossen. Sie haben sie dann auf einem Felsen leben lassen und ihr auch zum Essen gegeben. Sie hat sehr sonderbar ausgesehen. Sie hat den Leuten vom Dorf aber Glück gebracht.*[58]

In mehreren dieser Sagen haben die *weißen Frauen* einen Hirten zu sich genommen. Sie haben ihn eingefangen und eingesperrt. Sie haben Macht über den Hirten gehabt. Er mußte ihnen gefügig sein. Es könnte also in diesen Sagen die Erinnerung an eine alte Zeit lebendig werden, in denen die Frauen die Gesellschaft dominierten, in denen es das Matriarchat gab. Immer wieder stehen diese Sagen in Zusammenhang mit ältestem bergbäuerlichem Leben. Voll Ehrfurcht sollten wir wieder darangehen, diesen Schatz zu heben und zu bewahren.

Aus Alagna/Lombardei. Eine einfache Hirtenhütte, in den Felsen hineingebaut. ▷

## Sadra und der Alpina

Das Erforschen, Vergleichen und das immer intensivere, jetzt fast schon leidenschaftliche Suchen nach ältesten Sagen, nach den geheimnisvollen wilden Frauen und Männern wird zusehends spannender: neue Funde, neue Überraschungen! Besonders aufregend sind Funde in der sogenannten *grauen* Literatur, also nicht allgemein, z. B. gedruckt, zugängliche Texte.
Ein solcher Fund gelang im Dezember 1991 beim Lesen einer schweizerischen Zeitschrift, die sich der Alpwirtschaft im besonderen und der Berglandwirtschaft im allgemeinen annimmt. Die Zeitschrift *Montagna* setzt sich aus Monatsberichten des Schweizerischen Alpwirtschaftlichen Vereins und der Schweizerischen Arbeitsgemeinschaft für die Berggebiete zusammen.
In der Dezembernummer 1991 erschien ein längerer Bericht über eine für die Schweiz typische Alp-Sanierung. Diese *Alpmelioration* wurde um den beträchtlichen Betrag von über einer Million Schweizer Franken durchgeführt. Darin hat *U. Darnuzer* eigens für diesen Anlaß die *Sage um den Namen Sadra* aus mündlicher Überlieferung zusammengestellt. Wie kam es zum Namen *Sadra* für diese neu adaptierte und von Grund auf sanierte Alpe im *Müstair-Tal* des Kantons Graubünden, die in der Gemeinde Fuldera liegt? Hier zunächst die Sage im vollen Wortlaut und anschließend mein Kommentar:

## Die Sage um den Namen Sadra

Im Jahre 1011, zu einer Zeit, als die meisten Alpen im Val Müstair noch dem Kloster St. Johann gehörten, hirtete ein Vater mit seinen Söhnen und der 18jährigen Tochter auf diesen Alpweiden die Kühe seines eigenen Viehbestandes sowie die von einigen Bauern aus Valchava. Zu jener Zeit wurde diese Alp hier allgemein Alp Funtauna genannt. Sadra, so hiess das Mädchen, war sehr fleissig und sittsam und verstand sich gut auf die Zubereitung von Butter und Käse. Neben der Verarbeitung der Milch oblag Sadra auch noch die Pflicht, für das leibliche Wohl der Männer zu sorgen. Eines Tages, es ging gegen Mitte Sommer, entlud sich über der Alp ein kräftiges Gewitter. Sadra war in der Küche beim Käsen beschäftigt, als der Blitz in die Hütte schlug. Kurze Zeit später trat der Vater mit seinen Söhnen in die Sennhütte, wo sie das Mädchen bewusstlos am Boden liegend fanden.
Als man sie auf ihr Lager getragen hatte, erwachte Sadra aus ihrer Bewusstlosigkeit, doch mit Schrecken stellte man fest, dass beide Beine und der linke Arm des Mädchens gelähmt waren. Mit allerlei Kräutern und Wurzeln machte man der Gelähmten Umschläge, doch wollte sich keine Besserung einstellen. So beschloss man, aus dem Kloster St. Johann einen

Mönch zu holen, der als Heilpraktiker in der Umgebung einen guten Ruf genoss. Ärzte gab es in der damaligen Zeit noch keine in dieser Gegend. Zwei Tage nach dem Unfall traf der Mönch auf der Alp ein, um sich seiner Patientin anzunehmen. »Es wird schwierig sein«, äusserte sich der Sachkundige, »hier eine völlige Heilung der durch den Blitz verursachten Lähmung zu erzielen.« Mit Mitteln, die er für solche Fälle angezeigt hielt, versuchte der Mönch eine Woche lang seine Heilkunst. Leider stellte sich aber keine Besserung der Verunfallten ein. Eines Tages sagte der Vater zu seiner gelähmten Tochter: »Es wird besser sein, wenn wir dich ins Tal hinab zur Mutter bringen, wo du eine bessere Pflege hast als bei uns hier auf der Alp.« Sadra aber bestand darauf, auf der Alp zu bleiben. Sie erzählte, wie ihr in der vergangenen Nacht *die Alpenkönigin Alpina* erschienen sei und ihr eine völlige Heilung versprochen habe, wenn sie an diese Heilung glaube. Die Heilung würde eintreffen, bevor der erste Schnee auf der Alp fallen werde. *»Alpina, die Alpenkönigin,* ist mir wirklich erschienen«, fuhr das Mädchen fort, *»denn sie trug eine Krone aus Bergkristall und Edelweiss.«* »Ja, mein liebes Kind«, meinte der Vater, »dir hat es wohl von der Alpenkönigin geträumt, aber auf Träume kann man sich nicht verlassen!« Sadra bestand darauf, zu bleiben, da eines Tages die Alpenkönigin kommen würde, um sie zu heilen.

So wurde der Kranken ihr Wille gelassen. Vater wie Brüder gaben sich alle Mühe, das Mädchen so gut wie möglich zu pflegen. Als die Alpzeit zu Ende ging, war immer noch kein Wunder geschehen. Der Vater versuchte, seine gelähmte Tochter zu bewegen, mit ihnen nach Hause zu gehen. Aber das Mädchen wollte davon nichts wissen. »Noch ist der erste Schnee nicht gefallen. Meine Retterin wird sich bestimmt einstellen.« Wenige Tage später zog der Vater mit zwei seiner Söhne und den Kühen ins Tal hinunter. Der jüngste Sohn Jon musste auf der Alp bleiben, denn man konnte Sadra nicht allein lassen.

Neben der Betreuung seiner Schwester vertrieb sich Jon seine Zeit mit Holzrüsten im Alpwald. An schönen, sonnigen und warmen Tagen trug er seine kranke Schwester ins Freie, wo sie sich an der Schönheit der herbstlichen Natur erfreuen konnte. Herrlich zeigten sich die Wälder an den Berglehnen in ihrem bunten Farbenschmuck, doch Alpina, die Königin der Alpen, liess noch immer auf sich warten.

Der Bruder hatte Holz genug gerüstet für die nächste Alpzeit. Eines Tages, gegen Mitte Dezember, ging der Jüngling ins Tal hinab, um Lebensmittel für sich und die Schwester zu holen. Auf Rat der Eltern nahm er ein Pferd mit sich auf die Alp, einesteils, um das Holz aus dem Alpwald hinauf zur Hütte zu führen und andernteils, um die Gelähmte nach Eintreffen des ersten Schnees ins Tal zu transportieren. Er, die Eltern und Brüder glaubten an kein Wunder.

Herrlich waren die vorweihnachtlichen Tage auf der Alp. Während im Tale unten Nebelschleier sich zu einem weissen Teppich formten, genoss man da oben noch die wärmenden Strahlen der Sonne.

»Glaubst du eigentlich immer noch an das Wunder?« fragte Jon eines Abends seine Schwester. »Ich bin davon überzeugt wie am ersten Tage, nachdem mir Alpina erschienen ist«, gab ihm seine Schwester zur Antwort.

Am andern Morgen stand er früher auf als sonst und begab sich zur *Quelle* oberhalb der Alp, denn er hatte festgestellt, dass das Wasser nur noch spärlich floss und das Brünneli nicht mehr zu füllen vermochte. Er wollte versuchen, die Quelle besser freizulegen und damit mehr Wasser zu gewinnen. Mitten in seiner geschäftigen Tätigkeit hörte er plötzlich hinter sich eine

freundliche Mädchenstimme sagen: »Was tust du hier, Jon?« Erschrocken drehte er sich um. Vor ihm stand eine *wunderschöne Frau. Ihr Kopf war geschmückt mit einer Krone aus Bergkristall und Edelweiss.* In der rechten Hand trug sie ein Krüglein aus Ton, während die linke Hand einen Stab hielt, der, wie es Jon schien, vergoldet war.
Erschrocken über diese Erscheinung brachte er zuerst kein Wort heraus. Er konnte sich auch nicht erinnern, diese Frau schon irgendwo gesehen zu haben. »Ich komme, um deiner Schwester Sadra zu helfen«, fuhr die Frau fort, »weil sie den Glauben an mich nicht verloren hat. Wenn du tust, was ich dir sage, wird Sadra wieder gesund!« Nach diesen Worten klopfte die Frau mit dem vergoldeten Stab dreimal *ob der Quelle* auf den Boden, und siehe, da kam nicht mehr kristallklares, sondern goldfarbiges Wasser heraus. Sie füllte das Krüglein mit dem Goldwasser, klopfte abermals dreimal mit dem Zauberstab auf den Boden, worauf wieder gewöhnliches Wasser aus der Quelle floss. »Das goldene Krüglein nimmst du mit dir nach Hause, pass aber auf, dass du davon nichts verschüttest oder gar das Krüglein zerbrichst, denn ein zweites Mal kann ich dir den Krug nicht mehr füllen. Dieses Goldwasser gibst du deiner Schwester heute abend zu trinken, worauf sie wieder gesund sein wird.« Herzlich bedankte sich Jon bei der Frau, doch wie sie gekommen war, so war sie verschwunden. Sorgfältig, wie ihm aufgetragen war, brachte er das Goldwasser zur Hütte und erzählte seiner Schwester von dem, was er heute erlebt und mitgebracht hatte.
»Alpenkönigin, liebe Alpenkönigin, du bist also gekommen!« rief Sadra erfreut und trank das Goldwasser, das ihr ihr Bruder mitgebracht hatte. Kaum hatte sie das Krüglein ausgetrunken, erhob sie sich von ihrem Lager, als ob nie zuvor eine Lähmung bestanden hätte. Mit sicheren Schritten lief sie zur Hüttentür, öffnete dieselbe und bedankte sich unter Freudentränen bei der Alpenkönigin, die in helles Licht eingehüllt vor der Hütte stand, für die wunderbare Heilung. *Alpina aber wehrte ab und sprach: »Zu Ehren von dir soll diese Alp fortan Sadra heissen.«* Kaum hatte sie diese Worte gesprochen, war die wunderbare Erscheinung verschwunden. Es ertönte aber mit hundertfachem Echo dreimal der Ruf »Sadra« über die stille Alp.[59]

Wir sind mitten im Kernland *Rätiens.* Wohl einzigartig ist der Name der geheimnisvollen, mächtigen, weisen, schönen Frau. Keine *Salige,* keine Madrisa, Silvretta, kein Alpmueterli, sondern die *Alpina.* Es ist *die* Alpina, die identisch ist mit dem Namen für die Alp (Alm) und die identisch ist mit dem Namen *Alpen.* Wie läßt sich das mit der Deutung aus dem *Akkadischen* aus *alpu* (=Rind) zusammenfügen?
Ein Weiteres gibt Rätsel auf. Die Alp muß unmittelbar nach dem Alp-Abtrieb verlassen werden. So bekunden es zahlreiche Sagen. So gilt es nach der Auffassung der Bergbewohner. Warum kann das gelähmte Mädchen mit ihrem Bruder trotzdem bis Weihnachten auf der Alp bleiben? Wieso entgehen die beiden Geschwister dem Frevel?
Beinahe selbstverständlich scheint es, daß wiederum eine offenbar besondere Quelle eine Rolle spielt. Aus dem Wasser wird Gold. Was mag dies bedeuten?
Das in Volkssagen immer wieder anzutreffende Motiv vom Vergeuden und das seltenere Motiv des Speise- und Trankverschüttens findet sich auch hier wieder. Es darf kein Tropfen verschüttet werden. Ein zweites Mal gelingt es nicht mehr, das besondere Wasser aus dem Felsen zu schlagen.
Ein weiteres Motiv bringt höchst interessante Zusammenhänge mit christlichen Wall-

fahrtsorten. Die Madonna erscheint. Es geschehen Wunder. Mit dem heiligen Wasser von *Lourdes* werden Tausende Menschen geheilt. Es geschehen durch das Wasser Wunder. Die *Heilige,* die *Magna Mater* macht es möglich.
Welche Geschicklichkeit und Sensibilität hat doch die katholische Kirche angewandt bei der Umformung und Verchristlichung ältester Kultvorstellungen, tiefeingewurzelter Glaubensvorstellungen!
Der Kontrast dazu ist in der Sage von der *Alp Sadra* enthalten. Hier wird bewiesen, daß das *Katholische* nur darübergelegt wurde und daß darunter das Ältere viel kräftiger und vor allem wirksamer blieb. Es ist geradezu eine Blamage für die katholische Kirche und ihre Umerziehungstaktiken, daß der Pater aus dem Kloster St. Johann im Münstertal nichts ausrichten konnte mit seinen Beschwörungen und seinem Segen, vielleicht auch mit seinen Kräutern und Wässerlein, mit seinen Auflegungen und seinem weitum berühmten Können. Als Heilpraktiker genoß er weitum guten Ruf. Um so höher ist also einzuschätzen, daß die *Alpina* mit ihrem Wasser die Gelähmte wieder gesund machen konnte. Es verstärkt die Kraft dieser geheimnisvollen Frau.

◁ Reste und Fragmente alter und ältester Formen menschlicher Behausung. Im Val Lys (Seite 90 oben) und in Mezzalutza (Seite 90 unten) überleben diese alten Kultur-Spuren. Auch hier ist zu fragen: Wie lange noch?

Es sind Begebenheiten von ungeheuerlicher Aussagekraft, die uns hier in der Geschichte von der *Alp Sadra* begegnen. Ganz sicher können wir diese Sagenmotive in die allerältesten Zeiten der Besiedelung unserer Alpen zurückdatieren, vielleicht sogar in die Jungsteinzeit oder die Bronzezeit.
Wir haben das *Herz* der Alpen gefunden. Im Mittelpunkt stehen ein vom Blitz gelähmtes Mädchen und diese wundervolle und mächtige *Alpina.*
Der heilkundige Mönch ist ein hilfloser Geselle. Der Bruder des Mädchens ist nur Helfer. Dem jungen Mädchen *Sadra* oblag, wie es in der Sage geschildert ist, die Verarbeitung der Milch. In diesem Teil der Alpen ist es aber üblich und festgeschrieben, daß dafür der erwachsene Mann, der *Senner,* zuständig ist. Fast wie überall in der Schweiz, in Westtirol und in Italien. Diese *Sadra* ist selbst schon eine wichtige weibliche Kult-Figur.
Zweifellos haben wir wieder einen kleinen Schlüssel gefunden, der uns helfen soll, in kleine Teilbereiche der geheimnisvollen Alpenwelt einzudringen. Es ist ein kleiner Lichtstrahl, nicht mehr.
So kam es, daß die Alpe jetzt nach der Sadra benannt wurde und daß im Jahre 1991 im Zuge der Sanierung der Alpe diese wundervolle Geschichte dokumentiert wurde.
In die Alpe kehrt neues Leben ein. Die altertümlichen Wirtschaftsformen haben ausgedient. Die alten, dunklen Ställe werden durch neue Ställe ersetzt. Das Äußere wandelt sich. Die erneuerte Alpe wird für die Bauern attraktiv. Sie machen weiter, weil sie auch auf der Alpe modern oder besser: zeitgemäß leben können.

Es gehört zum *Alp-Leben* und zur *Alp-Kultur,* daß die Entwicklung weitergeht. So auch auf der *Alp Sadra,* die hier stellvertretend für das neue Alp-Leben beschrieben wird. Die Alp im Besitz der Gemeinde Fuldera ist jetzt zweckmäßig eingerichtet. Der

gesamte Stallbau verfügt über eine Rohrmelkanlage, eine Selbsttränke sowie eine Schwemmentmistung. Der Jauchekasten faßt 165m$^3$. Vom Stall führen festverlegte Boden- und Freileitungen auf die Weide. Mit Hilfe einer Drehkolbenpumpe wird die Jauche auf die Weiden gepumpt.
Im 700 Liter fassenden Milchbassin kann die Milch sauber und hygienisch gelagert werden. Die Milch geht in einer 1750 Meter langen Milchleitung ohne Muffen nach Fuldera.
Das moderne Leben ist also eingekehrt. Was wird sich in der Einstellung der Alp-Leute ändern? Werden die schönen, uralten Geschichten der *Sadra* und *Alpina* lebendig bleiben?
Viele Beispiele aus dem Alpenraum beweisen, daß die alten Glaubens- und Kultvorstellungen neuerdings nicht abnehmen. Junge Menschen wählen sich diese Art des Lebens auf den Almen bzw. Alpen. Die Wurzeln gehen sehr tief.

## Der Labgesang

Es ist kein *Lob-Gesang.* Es ist der Gesang beim Käsen. *Lab* ist die Zauberformel beim Käsemachen. Dank der vielen Kontakte, die ich persönlich und über *Pro Vita Alpina* zu vielen interessanten Menschen und Initiativen im ganzen Alpenraum herstellen konnte und der Zusammenarbeit mit ihnen, erhalte ich mitunter höchst erfreuliche, überaus seltene oder besonders ermutigende Nachrichten vom *Alten* und *Neuen Leben* in den Alpen. Über junge Schweizer Freunde erhielt ich im Juni 1990 Nachricht vom *Labgesang zu Jakobi.*
Seitdem suche ich nach weiteren Nachweisen. Vorerst sollen die mir vorliegenden Nachrichten genügen. Es ist eine der schönsten Geschichten in den Alpen. Sie ist so wunderschön und unbegreiflich, daß wir alle voll Staunen und Ehrfurcht diese wunderlichen Geschichten vernehmen dürfen.
Anno 1739 notiert die Mutter eines Sennen von der Alp *Louckhellen:*

> *Bi miner lib Frouw, der Bruch zu Jacobi will nicht mehr gelingen, es fehlen Stimmen...*

In der Abschrift einer Nachricht aus dem 16. Jahrhundert lesen wir:

> *...der appenzellische Labgesang wird bis weit eine halbe Stunde mit beständigen Veränderungen gesungen...*

Und aus derselben Nachricht:

> *...Dieser Gesang ist so alt wie die Hirten selbst.*[60]

Ein anonymer Chronist zu Chur notiert um 1610:

> *Daher sieht man bei diesem Gesang gar keine Bewegung des Kinnladens und ihrer Muskeln. Daher haben diese Töne fast nichts Ähnliches mit denen, welche man sonst aus der menschlichen Kehle zu hören gewohnt ist.*[61]

Das allein sind in ihrer Art einzigartige Dokumente eines Gesanges aus der Vorzeit, eines Gesanges, der in den Alpen einstmals verbreitet, aber seit Jahrhunderten schon verschwunden ist. Die Botschaft ist so unglaublich, daß ich sofort musikwissenschaftlichen Rat eingeholt habe. Es fand sich nichts, was dieses Singen bestätigen könnte. Also bleiben vorerst diese Nachrichten.
Jetzt kommt die Frage, wozu denn dieser merkwürdige Gesang, den sie den *Labgesang* nennen, gedient haben mag.
Wir müssen auch noch nachfragen, welche Bedeutung hinter dem Namen der *Alp Louckhellen* in der Innerschweiz stecken mag. Die Schweizer Freunde geben den Hinweis:

> *Das Louckhellen, heute Leuggeln leitet sich von dem gall. Leuka, die Weiße ab, (romanisiert durch die Kelten – Leucellas). ...Ein der weißen Göttin (vgl. ›la da-*

*me blanche‹) geweihter Ort also, ein Umstand, der uns erst später klar wurde.*[62]

Weiter müssen wir nachfragen, was der Termin zu Jakobi, also der 25. Juli, zu bedeuten hat und warum dieser Tag ausgewählt wurde für den archaischen Gesang. *Der Tag scheint ein vom Christentum überdeckter, uralter Feiertag zu sein, zu Ehren eben der weißen Frau, der Schutzgöttin der Alpen.*

Die jungen Schweizer Forscher haben eventuell recht, vielleicht nur zum Teil. Es kann auch sein, daß der *Labgesang* am Vorabend des in den ganzen Alpen und für die gesamte Alpenkultur wichtigen *Anna-Tages* ertönt. Dann hätten wir den Bezug zur *weißen Göttin* oder zur *magna mater* oder wer auch immer aus dem alten Reich der Mütter herangezogen werden kann.

Der Termin hat größte Bedeutung. Der Ort ist nicht zufällig diese Alp. Der Hinweis auf das Alter sagt aus, daß es sich um einen Gesang handelt, der so alt ist wie die Hirten-Kultur, also sehr alt. Bis vor knapp dreihundert Jahren war der Gesang noch lebendig.

Wir fragen, wie dieser Gesang mit dem Namen *Labgesang* vollzogen wurde und was der Gesang bewirkte. Wenn alles so stimmt, wie es bruchstückhaft überliefert ist, haben wir es mit einer Art *Urschrei* oder mit einer besonders intensiven Form des *Bannes* zu tun. Beinahe außermenschlich.

Am *Jakobi-Tag* wurde ein besonderer Käse hergestellt. Er wurde während der Jahreswende, an den *dreizehn wilden Tagen* genossen. Der Käse muß brechen. Dieser Bruch geschieht hier in einzigartiger Weise durch den Gesang. Deswegen nennen ihn die Älpler den *Labgesang.* Dazu berichten meine Gewährsleute:

*Von Anfang an, beim ersten Aufflammen des Feuers, bis zum Eindicken erklangen diese meditativen Klänge in den verrauchten Sennten. Den überraschen Schluß fand das Jakobikäsen mit einem kurzen, höchst konzentrierten, schrillen Schrei, ähnlich dem japanischen Ki-ai. – Bei diesem Schrei zerbrach die Masse zur richtigen Korngröße und konnte gleich ausgezogen werden.*[63]

Der Schrei löst den Bruch aus. Der Gesang ist eine Vorbereitung. Es wird überliefert, daß der menschliche Schrei eine Lawine auslösen kann. Durch den Schrei kann die Mure zum Losbrechen gebracht werden. Der *Betruf* vermag die Geister zu bannen. Der *Almschrei* des Salzkammergutes bannt Unheil und reißende Wildtiere. Wie mannigfaltig die Handlung des Bannens sein kann, erklärt uns *Eduard Renner.* Zu den Banngebärden zählt er auch das Jodeln, das Alphornblasen und das Herdengeläute. Sehr eingehend schildert er den *Betruf.*

Was wissen wir vom *Jauchzen* und *Jodeln?* In einer Schweizer Sage erfahren wir davon Merkwürdiges und Starkes. Daraus erkennen wir, welche Kraft in den Tönen steckt. *Dietrich Jecklin* hat in seinen Sammlungen *Volkstümliches aus Graubünden,* Teil I, folgende Begebenheit überliefert:

Die Auflösung, der Zerfall haben eingesetzt. In den ▷ beiden südpiemontesischen Bergtälern, im Val Maira und Val Varaita gehen die alten Steinzeugen zugrunde. Wir müssen die Tatsache zur Kenntnis nehmen. Eine andere *Einsamkeit* ist eingekehrt.

## Wie der Handbub das Jauchzen und Jodeln lernte

Als man einst bei der Entladung der Alp vom *Compadiels* einen Melkstuhl vergessen hatte, sollte der Handbub hinauf, denselben zu holen. Er ging, kam aber erst am Abend spät zur Alphütte und blieb dort übernacht; er konnte aber nicht recht einschlafen.

Um die Zwölfe erwachte er vom leichten Schlummer, und erblickte zu seiner großen Verwunderung um den Feuerherd drei Sennen, von denen Einer auf dem Melkstuhle saß, den er heim holen sollte.

Diese drei thaten nun Milch in den Kessel, und gaben davon dem Handbuben; er trank, und so gut hatte noch nie die Milch ihm geschmeckt. Sie ließen ihm auch die Wahl zwischen drei Künsten: »gut singen, gut jauchzen und jodeln, oder gut pfeiffen« zu können. – Er wollte gut jauchzen können.

Am Morgen nun, als er mit dem Melkstuhle bergab sprang, wollte er seine Kunst probieren, und wirklich konnte er jauchzen, daß er sich selber gern hörte und immer zujauchzte. – Als er nun drunten im Thale so schön jauchzte und jodelte, verwunderten sich seine Kameraden sehr, und er mußte ihnen erzählen, wie er es erlernt habe. – Der Senn wollte auch so schön jauchzen können, und ging an einem Frühlingsabend in die Alphütte hinauf, um von den drei fremden Käsern das Jauchzen und Jodeln zu lernen. – Es ging ihm Anfangs wie dem Handbuben, aber zu ihm sagten die drei Sennen, als sie ihn auf dem Lager im Winkel erblickten: »Dich hat Niemand geheißen.« – Sie zerrissen ihn in Stücke.[64]

## Schöne Sennin, noch einmal

Schöne Sennin, noch einmal
singe deinen Ruf ins Tal,
daß die frohe Felsensprache
deinem hellen Ruf erwache.

Horch, o Mädchen, wie dein Sang
in die Brust den Bergen drang,
wie dein Wort die Felsenseelen
freudig fort und fort erzählen!

Aber einst, wie alles flieht,
scheidest du mit deinem Lied,
wenn dich Liebe fortbewogen,
oder dich der Tod entzogen.

Und verlassen werden stehn,
traurig stumm herüber sehn
dort die grauen Felsenzinnen
und auf deine Lieder sinnen.[65]

Nikolaus Lenau

## Verlassene Alphütte

Das Gatter ächzt
unter den Ellbogenstößen
des Winds.
Von der Traufe fällt
träge die Zeit.

Schneeflocken
in den Stapfen der Rinder.
Verloren irren die Fliegen.

Was knarrt hinter der Tür,
wenn du anklopfst?[66]

Andri Peer

## Alpabfahrt

Die Kühe riechen nach Fell,
nach Milch und Bronze,
und Sträuße duften nach Herbst.

Der Mann riecht nach Tuch,
nach Feuer und Heimweh –
Die Alp, die er läßt,
die Schelle, die läutet,
nieder steigt das Jahr.[67]

Andri Peer

*Andri Peer*, der vor etlichen Jahren verstorbene Dichter, hat viele Gedichte in rätoromanischer Sprache über die alte Kultur geschrieben. Er hat den Abgesang auf verlassene Alphütten, auf touristische Massenzerstörung angestimmt. Der alte *Lenau* macht es romantisch.

# NEUES ALP-LEBEN

Sind die Menschen in den Alpen Vorreiter der ökologischen Entwicklung? Was ist dran am riesigen, in ungeahnten Ausmaßen sich vermehrenden Bergbauernsterben? *Alm & Alpe* als Wasserreservoir, als Alpin-look-Jodelsepp-Parkplatz? Original Kräuterkäse und Alpennepp? Bauernsterben, Gletschersterben, erblindete Schafherden durch *Ozon?* – Klimakatastrophe und Permafrostabschmelzung? Wer wehrt sich? Wer kann sich wehren? *Alp-* und *Alm-Kultur* an vier *Alm-* und *Alp-Beispielen:*

Dann geschah ein kleines Wunder. Überall in den Alpen vermehrten sich die sensiblen Älplerinnen und Älpler. Sie begannen sich zu wehren. Die Formen ihres Widerstandes wurden immer intensiver, aber auch lustiger, witziger und mutiger. So entstand jetzt eine kleine Alpen-Bewegung: *Mit Mut Witz und Widerstand.*

früher floß das wasser
aus den bergen ins tal,
dann kamen einige herren,
kauften das wasser und
ließen es hinter mauern stauen...[68]

Und somit haben wir ein neues Kapitel der *Alpen-Kultur* begonnen. Wir haben mitgeplant. Jetzt ist es viel schöner, weil auch der *Witz* und die *Poesie* dazugekommen sind. Wie in den schönsten Geschichten der alten Sagen und Märchen:

...ein wunder geschah: es floß strom aus dem wasser. der strom floß in die maschinen der herren. die maschinen machten mehr maschinen, und mehr maschinen brauchten mehr strom. aber es gab kein wasser mehr. da kauften die herren gefährliche atome und ließen sie spalten. ein wunder geschah: es floß strom aus den atomen. es floß sogar mehr strom, als die maschinen fressen konnten. da ließen die herren den strom zurückfließen zum wasser. und wieder geschah ein wunder: das wasser floß vom tal hinauf in die berge. die mauern wurden zu klein für all das eingesperrte wasser. da ließen die herren neue planen: die pumpspeicherwerke. hier sind wir nun. wir haben genug von diesen wundern und diesen herren. wir brauchen sie nicht. wir wollen keine atomkraft auf den alpen weder im val madris noch anderswo.[69]

Pli baud curriva l'aua da las muntognas giu en la val. lura èn vegnids insaquants signurs, han cumprà l'aua e l'han circundada da rempars. in miracul è succedì: or da l'aua hai dà electricitad. l'electricitad culava en las maschinas dagls signurs. las maschinas han fatg ulteriuras maschinas, e dapli maschinas han duvrà dapli electricitad. ma i nun aveva pli aua. qua han ils signurs cumprà atoms privlus ed als han laschà fender. igl ha dà in miracul: or dals atoms vegniva electricitad. bler' electricitad. perfin dapli eletricitad che quai che las maschinas pudevan tragutta. sinaquai han ils signurs fatg cular l'electricitad enavos en l'aua. e puspè è capità in macul: l'aua curriva da la val si en las muntognas. ils rempars eran memia pitschens per tut quell'aua. qua han ils signurs laschà planisar novs: las ovras d'accumulaziun a pumpa. ed uschè lunsch essan nus ussa. nus avain avunda da quests miraculs e da quests signurs. quels na duvrain nus betg. nus na vulain nagina forza atomara sin las alps, ni en la val madris ni insanu 'utrò.[70]

Gezeichnet für das Alpen-Theater im Val Madris, gegeben aus dem feierlichen Anlaß: *Feuer auf allen Alpen.* Und so geschieht es seit 1986, und es werden immer mehr. Dahinter stehen junge Älplerinnen und Älpler. Der Aufruf ergeht an alle Hirtinnen, Hirten, Sennerinnen, Senner, Alpvögte, Melkerbuben, Kräutersammlerinnen. Anno 1991 brannten mehr als tausend Feuer auf den Almen & Alpen der Schweiz und in Tirol.

Das Wasser fließt bergauf. Das machen die Herren möglich. Nicht nur in der Schweiz durch Pumpspeicherwerke mittels Atom unter dem schönen Namen *Stromveredelung.*

Das hinaufgepumpte Wasser vermag sich auf dem Wege wundersamer Vermehrung in *Spitzenstrom* zu verwandeln, und dafür dürfen die Herren mehr kassieren, sogenannte Spitzenpreise, Spitzenlöhne. Die Großen machen es möglich. Bundesdeutsches Großkapital winkt mit fetten Angeboten.
*Älpler*strom ist gut. Vermehrung ist besser. Sie inserieren frech in den großen Medien, auch in *Die Zeit.* Sie zeigen uns den Weg nach Europa. Sie schließen das kleine Österreich wieder einmal an. Mit Geld und Strom: *Wenn die Deutschen Dampf machen, fließt in Österreich das Wasser bergauf.*
Es fließt dank billigem Franzosenatom. *Was ist die frischeste Ware der Welt: Strom!* Und was ist die frischeste Anschlußlüge? Sie machen Dampf, und wir *Älpler* müssen weichen.

Um so mutiger sind die Aktionen, ausgehend von der Schweiz, von der *Initiativa da las Alps (Alpen-Initiative)* in Brig, von der *Arbeitsgruppe Val Madris-Curciusa* in Avers-Juf.

Werte Freundinnen und Freunde,
überall in den Alpen regt sich Widerstand. Widerstand für die Erhaltung der Alpen als vielfältigem Lebensraum für Menschen, Tiere und Pflanzen. Widerstand gegen die Schändung der Alpen durch Massentourismus, Wasserkraftwerke, Militär und Transitverkehr.[71]

Im April 1991 erging einer der Aufrufe an alle befreundeten Organisationen im Alpenraum. *Pro vita alpina* hat sich angeschlossen. Die Arbeitsgruppen Val Madris, der Grimselverein, Pro Bernina-Palü und die Alpeninitiative haben sich zusammengetan. Die Idee der *Widerstandsfeuer* wird durch die ganzen Alpen getragen. Jeweils am zweiten Samstag im August brennen die *Feuer in den Alpen.*
Sie brennen auf den Almen bzw. den *Alp*en. Verbündete sind Hirtinnen, Hirten und Senner.

Die schweizerische *Iniziativa da las Alps* ▷ (Alpeninitiative) mit Sitz in Brig/Wallis engagiert sich mit anderen Gruppen für die Erhaltung des Berggebietes. Besonders stark ist der Einsatz gegen die inzwischen schrecklichen Folgen des Transitverkehrs. Diese eindrucksvolle Demonstration fand am 1. September 1990 in Altdorf statt.

und mit 40 Tonnen geht es weiter
Strassenverkehrsgesetz NEIN

Die *Alpen* sollen von den großen Energiekonzernen Europas ausgepreßt werden wie Zitronen.
Die *Alpen* sollen als einzigartige Erholungslandschaft Europas
von der weltweit agierenden Tourismuslobby ausgequetscht werden.
Die *Alpen* sollen von den unermeßlich dreckigen Transitkolonnen Europas
überrollt und zerstampft werden.
*Disneyland mit Alpenglühen?*
Ein richtiger, ein besonnener, vernünftiger Tourismus ja!
Das *Alpenglühen* hat wieder einmal eingesetzt.
Mit *Witz und Mut* gehts an den organisierten *Widerstand.*
Und so wurde im Jahre 1991 widerständig gefeiert.
Katharina von Steiger vom Grimselverein schildert das Fest gegen das größte schweizerische Pumpspeicherprogramm vom 10. auf 11. August 1991:

In der Nähe von Guttannen, da, wo jedes Jahr die Chilbi des lokalen Skiclubs stattfindet, fanden sich am Sonntag bei sonnigem Wetter ungefähr 200 Gäste aus nah und fern ein. Sie zeigten auf heitere Art ihren festen Willen, Landschaft und Wasser vor weiterer Zerstörung durch den geplanten Kraftwerkausbau zu schützen.
Zu den Höhepunkten des Fests gehörten die ermutigende Rede von Prof. Alfred Kölz, Zürich, Pantomime und Musik der Kolumbianer Juan Carlos und Leonardo sowie die fröhlichen bis ernsten Lieder von Gustl Pollak. Daneben wurde gespielt, gesungen, Kinder konnten unter kundiger Leitung Seilbahn fahren über die Aare (oder was davon übriggeblieben ist) und erste Kletterversuche machen. Für's leibliche Wohl sorgten ausgezeichnet Projektgegnerinnen aus der Standortgemeinde Guttannen.
Am Vorabend ist in Anwesenheit von etwa 120 marschtüchtigen Gästen auf dem Sidelhorn (2764 m), mit großartiger Aussicht über die gefährdete Gebirgslandschaft, ein mächtiges Mahnfeuer entzündet worden – eins von über 700 Feuern in den Alpen übrigens, die warnen sollten vor der Übernutzung des ganzen Alpenbogens durch Transitverkehr, Tourismus und Kraftwerkbau: von Wien bis Nizza setzten sich Leute ein für die Erhaltung ihres Lebens- und Kulturraums.
Gebetsfahnen sind auf dem Sidelhorn errichtet worden, zur Bewahrung von Natur und Landschaft, Adolf Urweider, Präsident des Grimselvereins redete kurz und überzeugend. Grußworte der nationalen Umweltorganisationen, Alphorn- und Hornklänge und eine Geigen-Gipfelserenade bereicherten den Abend. Spät in der Nacht bewegte sich eine lange Lichterkette, die Gäste trugen Fackeln, dem Grimsel-Paß zu.
Dieses farbenfrohe Fest hat einmal mehr die Breite der Widerstandsbewegung gezeigt und alle, die sich wehren für Landschaft und Bevölkerung im Haslital, ermutigt und gestärkt.[72]

Ein einzigartiger Arvenwald, also Zirbenwald, wird im gigantischen Pumpspeichersee ersäuft.

Am 21. September 1991 führten Bündner Älplerinnen und Älpler einen Demonstrations-Alpabzug durch ihre Kantonshauptstadt *Chur* durch. Mit Spruchbändern und Megaphon. Dabei erklang zum ersten Mal der *Alp-Fluch* anstelle des alten, ehrwürdigen *Bet*-Rufs.[73] Der liebe Gott wurde inzwischen mit neuen Aufgaben betraut. Er soll nicht mehr vor wilden Tieren und bösen anonymen Mächten schützen, sondern vor der maßlosen Geldgier, vor der Zerstörungswut. Neue Raubtiere überfallen die Alp. Neue Gefahren ergießen sich über die Matten:

Solche und vergleichbare Kulturdenkmäler müssen erhalten bleiben. Dieses Ensemble aus dem Val Malenco im Tessin mit den typischen Steindächern kann nur in Funktion überleben. Also muß alles daran gesetzt werden, daß dort nach wie vor Bauern ihre Wiesen mähen, daß sie das Heu in die Städel bringen, daß dort zumindest im Sommer Familien wohnen. Neues Leben soll aus den einfachen, schönen, funktionell bewährten Bauformen erblühen.

Junge Initiativen in mehreren Teilen der Alpen beschäftigen sich mit der Restaurierung und Sanierung. Eine davon im Val Varaita/Piemont, die *Lou Viol*, ist auf die Sanierung von Steinbauten spezialisiert. Aus dieser Eigeninitiative - ohne jegliche öffentliche Förderung - haben *Cecco Dematteis* und Freunde neue Arbeitsplätze im Tal geschaffen.

Verfluecht sigsch,
Du dräckiges Gäld, du goldiger Mischt,
Der du hier und überall ume bischt;
Du hilfsch üns nüt und nüt ünsen Alpe,
Du hilfsch nume dene, wo dich tüend verwalte.

Mir schtutzend däm Panzer där Schnabel
Und rupfend däm Bagger där Zahn;
Mir klauend däm Maschte die Kabel
Und trutzend däne Herren ihrem Wahn.

Verfluecht sigender,
Ihr miese Bandite vo Schtromdiräktore,
Mit Bläch in den Augen und Chies in den Ohre.
Ihr schluckend das Wasser und vergiftend üns alli
Mit euäräm tödlichen Atomdräckvälly.

Mir schtutzend däm Panzer där Schnabel
Und rupfend däm Bagger där Zahn;
Mir klauend däm Maschte die Kabel
Und trutzend däne Härren ihrem Wahn[74]

Es kann sein, daß sich der neue Bann-Spruch durchsetzen wird, daß er von den Alpen gerufen wird. Das legitime Mittel des Widerstandes ist hier erprobt. Die Macht der Poesie könnte noch kräftiger über die bedrohten Alp-Weiden tönen, noch lauter und aus vielen tausend Kehlen. Die widerständigen Älplerinnen und Älpler setzen nicht mehr so sehr auf Gottes Hilfe, sondern auf eigene Kraft und eine breite Solidarität von außen.

> Ob sich der Alpfluch soweit durchzusetzen vermag, daß er im nächsten Sommer über die Bündner Täler erschallt, wie einst der Betruf im Sarganserland, bleibt abzuwarten. Sicher ist jedoch, daß die Älplerinnen und Älpler, die nun statt auf Gott auf die eigenen Kräfte setzen, im Kampf gegen so große Gegner keine Chance haben, wenn sie nicht anderweitig Unterstützung finden. Die Alpwirtschaft ist nach wie vor auf Hilfe von außen angewiesen.[75]

Die Schweizer sprechen eine andere Sprache als die Österreicher oder die Bayern. Ihr Selbstbewußtsein äußert sich in der Sprache. In ihrem Selbstverständnis sind die Hirtinnen, Hirten, Senner, Melkerbuben, aber auch die am Alp-Wesen Interessierten mitsamt den Sympathisanten die *Älplerinnen und Älpler.*
Diesem Sprachgebrauch schließe ich mich gern an.
Das sind einige der Schweizer Aktivistinnen und Aktivisten: *Kaspar Schuler, Katharina von Steiger, Rita Huwiler, Andreas Weissen* (auch als Redakteur der Zeitschrift *Echo,* herausgegeben von der Initiativa da las Alps-Alpeninitiative). Das sind die *neuen* Älplerinnen und Älpler. Andere *Älplerinnen und Älpler* haben zusammen ein bemerkenswertes Archiv in Zürich gegründet und ausgebaut, das *Alparchiv.*

> Das Alparchiv wurde im Februar 1989 im Anschluß an das erste Churer Alptreffen gegründet. Es gibt Älplerinnen und Älplern die Möglichkeit zur Weiterbildung und stellt allen Interessierten Informationen über die Alpen zur Verfügung.
> Das Alparchiv dokumentiert in seiner Bibliothek die Geschichte und Situation der Alpen, der Alpwirtschaft und ihrer Umgebung; es sammelt alle Publikationen, die die Alpen berühren, vom Bericht über eine Weidesanierung im Wadtländer Jura bis zum Band mit Alpensagen aus Slowenien, vom Flugblatt gegen ein Stauseeprojekt bis zur landwirtschaftlichen Fachzeitschrift…“[76]

Sie haben eine kleine Zeitschrift: *Z'Alp* (auf der Alp), die Zeitung *der Unorganisierten… für den Geissenpeter… für s'Heidi und den*

*Oehni... zum Lesen am Kessi, auf der Weide, beim Kerzenlicht...*[77]
Die Alp lebt also weiter. Die alten und neuen Feuer brennen. Der Käse mundet. Die Lieder und der *Betruf* schallen weit über die *Alp.* Gott erhalt's. Und Sankt Wendelin. Nach wie vor.
Nach den beiden Schweizerischen Projekten, dem *Alparchiv* und der *Initiativa da las Alps (Alpeninitiative)* will ich zwei weitere Initiativen vorstellen, die sich um die Erhaltung von *Alm, Alpen* und des *Alpenraums* in besonderer Weise verdient machen.

In den *Niederlanden* ist seit 1982, also seit zehn Jahren, *NMGA* tätig. Das ist die Abkürzung aus *Nederlandse Mileigroep Alpen.*
Reisende kümmern sich um die Alpen. Besorgt um Niedergang, Ausverkauf und Zerstörung der Alpen haben sich um diese einmalige Erholungslandschaft besorgte Bürgerinnen, Bürger und Organisationen aus den Niederlanden zusammengetan. Jetzt sind sie eine mächtige Gruppe. Großes Aufsehen haben sie durch ihren Prospekt über die Alpen erregt. Auf der einen Seite wird das überwiegend verlogene Prospektbild gezeigt, wie sich die Älpler geben und zeigen. Auf der Rückseite stehen Abschreckungsbilder der Alpen, wie sie in einigen Teilen bereits aussehen: verbaut, verschandelt, verparkt, zerstört. Und es gibt in diesem Prospekt Anleitungen für Reisende in die Alpen, wie sie sich dort verhalten sollen. Der Prospekt wird von Autofahrerorganisationen, Reisebüros, dem Niederländischen Alpenverein und anderen Mitträgern verteilt.
Hier ist viel von außen geleistet worden zum *Schutz der Alpen.* Die Älplerinnen und Älpler danken den Niederländerinnen und Niederländern rund um *NMGA* und ihre Zeitschrift *Alpijn.*

het hoogseizoen afgestemd. De rest van het jaar staat de accommodatie voor een groot deel leeg en zijn liften buiten gebruik.

*De meeste toeristen komen per auto.*

Toeristen vervuilen de omgeving.
Vaak niet zozeer bewust, maar uit gemakzucht.
En uit onwetendheid. Rondom berghutten en restaurants groeien vuilnisbelten.

*Vuilnisbelten rondom berghutten.*

Teil A des neuartigen und vorbildlichen Prospektes über die Alpen: die niederländische Initiative NMGA zeigt auf der einen Seite den Zustand der Alpen mit riesigen Müllhalden und verparkten Hochgebirgslandschaften...

# TOERISTEN, EGOÏSTEN?

Nee, toeristen zijn geen egoïsten.
Maar dikwijls wel wat onzorgvuldig als gevolg van de zorgeloze vakantiestemming.
Begrijpelijk: maar gevaarlijk.
In de meeste alpenlanden zijn nu natuurreservaten en nationale parken aanwezig. Het toenemend milieubesef zorgt ervoor dat bouwvergunningen voor wegen, hotels, appartementen en kabelbanen, tegenwoordig minder vlot worden afgegeven.
Ook de toeristenindustrie heeft hierbij een eigen verantwoordelijkheid.

*Natuurreservaten en nationale parken moeten het kwetsbare alpenlandschap beschermen.*

Het beleid verschilt echter van land tot land, zelfs van gebied tot gebied. Waardoor er nog steeds kostbare natuurgebieden en door toeristen geliefde landschappen vogelvrij zijn.
Dit hoeft niet te betekenen dat die plekken verloren zijn. Als u voldoende discipline opbrengt, kan er nog veel gered worden. In uw eigen belang.

RECREËER BEWUST, RESPECTEER DE ALPENRUST

## Dit is een uitgave van het Nederlands Alpenplatform:

**Stichting Nederlandse Milieugroep Alpen,**
Sweelincklaan 17, 5707 RJ Helmond.
Tel. 04920 - 54011

**Nederlandse Ski Vereniging,**
Joh. v. Oldenbarneveltlaan 9, 2582 NE 's-Gravenhage.
Tel. 070 - 3525800

**Koninklijke Nederlandse Toeristenbond ANWB,**
Wassenaarseweg 220, 2596 EC 's-Gravenhage.
Tel. 070 - 3146435

**Koninklijke Nederlandse Alpenvereniging,**
Catharijnesingel 56, 3511 GE Utrecht.
Tel. 030 - 334080

**Nederlandse Bergsportvereniging,**
Van Aerssenstraat 178, 2582 JT 's-Gravenhage.
Tel. 070 - 3500991

## De campagne DE ALPEN, OOK ONZE ZORG ! wordt financieel gesteund door:

**Ministerie van Landbouw, Natuurbeheer en Visserij**
Directie Natuur, Milieu en Faunabeheer

**De Jong Intra Vakanties**

**Wereld Natuur Fonds**

**Nederlandse Spoorwegen**

**ALP ACTION, Bellerive Foundation, Zwitserland**

Colofon
Tekst: H. Schollaardt
Vormgeving: Ted Steenbergen
Fotografie: Met dank aan:
Nationaal Zwitsers Verkeersbureau, pag. 1, 3 en 8/M. Viëtor, pag. 5 (boven), 6, 9 en 11/P. Beukenkamp, pag. 7/Info Dienst Wildbiologie, pag. 10 (onder)/ANWB, pag. 10 (boven)/NMGA, pag. 4 en 5 (onder).
Druk: Chevalier, Hendrik Ido Ambacht.

# TransALPedes

# Wanderroute

## Wien – Nizza 92: Zu Fuß durch den Lebensraum Alpen

*Ein Projekt zur Darstellung der ökologischen, sozialen und kulturellen Probleme des Alpenraumes und zur Förderung und Vernetzung lokaler Initiativen und Gruppen.*
*Zeitraum: Juni – September 1992*
Diese internationale Aktion wurde von Organisationen und Gruppen aus Frankreich, Italien, der Schweiz und Österreich getragen. Vier Monate, vom 4. Juni bis 3. Oktober 1992, geht es per pedes trans*alp* von Wien nach Nizza.
*Zu Fuß durch den Lebensraum Alpen,* vorbei an einigen wichtigen Stationen, so in Mariazell, Windischgarsten, Ennstal, Badgastein, Prägraten, Zillertal, Innsbruck, Stubaital, Passeiertal, Meran, Ultental, Poschlav, Maloja, Nufenen, Sustenpaß, Grimselpaß, Brig, Courmayeur, Bonneval, Frejus, Stroppo im Val Maira, Sant Anna di Vinadio, Nizza. Bei dieser Fußwanderung durch die Alpen sollen die Themenbereiche *Ökologie, Verkehr, Tourismus, Energie, Landwirtschaft* und *Kultur* sichtbar gemacht werden. An Öffentlichkeitswirkung darf es nicht fehlen. Diese einmalige Bewußtmachungs-Aktion verdient großen Erfolg.
Unterwegs werden auch Initiativen vorgestellt und Projekte besucht, die ich in meinem Buch *Vom neuen Leben* beschrieben habe, so in Osttirol (Kals, Matrei, Prägraten), im Poschlav (*Pro Bernina Palü*), Maloja (*Stiftung Salecina*), Ernen/Binn (Tourismus-Modelle), Bonneval sur Arc (Modelldorf für *sanften* Tourismus), Stroppo/San Martino (*centro culturale Borgata*). Auch dies ist ein Beitrag der gegenseitigen *Alpen*-Initiative und zur besseren Vernetzung.

*Inhaltliche Kriterien für die Routenwahl*

- Die Route wird so angelegt, daß möglichst viele Orte, an denen es Aktivitäten zur Bewahrung des Lebensraumes Alpen gibt, besucht werden. Damit soll Öffentlichkeit geschaffen werden über die Tätigkeit von Bürgerinitiativen und Organisationen, aber auch von Behörden, die der fortlaufenden Zerstörung ihres Lebensraumes eigene Ideen und Projekte entgegensetzen, d. h. Alternativen verfolgen, die sowohl ökologisch wie regionalpolitisch vertretbar sind.
- Alle wichtigen Probleme sollen dabei unterwegs und in direkter Anschauung erlebt werden können. Dabei sind in erster Linie die Themenkreise Verkehr, Tourismus, Energie, Landwirtschaft und Kultur angesprochen. Doch soll die Route nicht masochistisch vor allem kaputte Gegenden berühren – im Gegenteil: die meisten Wanderwege führen durch schöne Landschaften und halten damit auch die Vorzüge und die Schönheit der Alpen vor Augen.
- Um dem Anspruch gerecht zu werden, zu einer neuen Identität der Alpenregionen beizutragen, wollen wir auch historische Wurzeln aufzeigen (Regional- und Tourismusgeschichte, Traditionen regionaler Autonomie).
- Die Wanderroute ist – bedingt durch unsere inhaltliche Ausrichtung – so angelegt, daß neue Wegkombinationen begangen werden. Sie kann aber durchaus Abschnitte von bestehenden Routen, die unseren Absichten entsprechen, miteinbeziehen (z. B. den GTA – die *Grande Traversata delle Alpi* – im italienischen Alpenraum oder die alten Walserrouten).

*Technische Kriterien für die Routenwahl*

• Die Route soll allgemein begehbar und damit möglichst breit empfehlbar sein, also in der Regel über bestehende Wanderwege führen. Auf alpinistische Hilfsmittel (Steigeisen, Pickel, Seil) wird deshalb verzichtet.

• Die Tagesleistungen liegen in der Regel zwischen 6 und 8 Stunden. Pro Woche sind ein bis zwei Ruhetage vorgesehen. Die Wahl dieser Ruheorte ist stark von inhaltlichen Kriterien abhängig.

• Die Absicht, unterwegs möglichst viel Öffentlichkeit herzustellen, verlangt einen fixen Fahrplan. Die Ruhetage sind damit auch Reserve für Verzögerungen infolge außergewöhnlich schlechten Wetters.

• Die Übernachtungen werden, wenn möglich, im Tal eingeplant, um Öffentlichkeitsarbeit und Kontaktnahme leichter zu gestalten.

• Aufwendige Logistik, wie Begleitfahrzeuge und Transporte, kommen nicht zum Einsatz. Nur so kann die Route ohne größere Schwierigkeiten von einem breiteren Publikum nachvollzogen werden.[78]

Val Madris, Graubünden: Die Ballone markieren die Höhe des geplanten Staudammes, der mit 163 Metern Höhe und 630 Metern Länge einer der größten Europas werden soll. Wenn sich die Mächtigen durchsetzen können, werden in den Fluten des neuen Pumpspeichersees eine der bedeutendsten Bündneralpen und wichtige Feuchtgebiete mit Tausenden von Amphibien ertrinken. Mit dem Ausbau ihrer Kraftwerksanlagen könnten die Kraftwerke Hinterrhein aber nicht mehr Strom produzieren als heute. Im Gegenteil, das Pumpspeicherwerk würde pro Jahr 17 Mio. kWh Strom fressen.

Solche Bilderbuchlandschaften mit offenbar gesunden Kühen und vollen Eutern erfreuen den Touristen. Diese Alp- und Almkultur, durch Jahrtausende von Menschen gestaltet, durch grasende Kühe und Schafe in den jetzigen Zustand gebracht, ist mit wenigen Baggergriffen zerstört. Man wird hier wohl noch eine Straße heraufbauen, einen Lift, ein Hotel, und man wird den Gästen verpackte Milch aus dem Tal vorsetzen und ihnen in bunten Prospekten eine *heile Welt* vorgaukeln. Alle älplerischen Initiativen müssen gemeinsam dieses weitere Umsichgreifen des Alpin-Horrors verhindern. Die sensible Schönheit der Almkultur darf nicht den gefräßigen Monstern, der Profitgier von Tourismus-Spekulanten geopfert werden, die nur an kurzfristige Gewinnmaximierung denken. Jene in den vielen Initiativen von *NMGA* bis *Alparchiv* und *Pro Vita Alpina*, von S.O.S. Dolomites zu *Iniziativa da las Alps* denken an die Zukunft, an Kinder, Kindeskinder und das oft schöne-beschwerliche, aber erfüllungsreiche Leben und Überleben.

# Die Sage von der Teufelsbrücke

*... und wie sich* Älplerinnen und Älpler *zu wehren verstehen und wie die Bergarbeiter aus dem Val Trompia ihre Klagelieder gesungen haben.*

Verflucht sei der Sankt Gotthard-Tunnel
und die ihn geplant haben.
22 Mineure aus dem italienischen Tal
sind seinetwegen zugrunde gegangen.
Verflucht sei der Transit durch den Gotthard-Tunnel.
Die Menschen an dieser teuflischen Route sind krank.
Die Horden strömen nach Süd und Nord.
Die Heilige Kuh wird pausenlos gefüttert
und verehrt.

Am 8. Mai 1989 haben besorgte Frauen und Männer im Reusstal an der Gotthard-Strecke eine ungewöhnliche Anti-Transit-Aktion mit *Mut, Witz und Widerstand* durchgeführt. Sie gingen mit Transparenten auf die Straße. Sie führten die Sage vom Teufel auf der Brücke auf. Sie machten daraus ein neues Antitransit-Theaterstück. *Elvana Indergand* hat die alte Sage neu erzählt. Daraus entstand anno 1989 ein neues Alpen-Leben, neu gefaßt und voller Kraft.

## Die Sage von der Teufelsbrücke

*Frei nacherzählt und erweitert von Elvana Indergand*

### *Der Bau*

Daß der Gotthard ein schweizerisches Massif central ist, dem in der Transitfrage eine überregionale Bedeutung zukommt, wußte man schon damals. Als nämlich drei Ulmer Brüder vom Wallis, vom Tessin und vom Bündnerland heimkehrend sich trafen, und sich darüber Gedanken machten, wie man wohl den feinen Fendant, den köstlichen Merlot und das edle Bündnerfleisch in die Innerschweiz importieren könnte, scheiterten ihre Pläne an der unbegehbaren Schöllenenschlucht. Nichtsdestotrotz machten sie dies Ansinnen den Urner Politikern schmackhaft, und schon kurze Zeit danach nahmen der Landammann und seine Ratsherren an Ort und Stelle einen Augenschein.
Die tief unter ihnen schäumende Reuss ließ sie aber resignieren, und der Landammann rief: »Da soll doch der Teufel eine Brücke bauen!« (Da sell doch der Tyyfel e Brugg büüwä!)
»Was gebt ihr mir, wenn ich sie baue?« (Was gänd er mer, wenn ich si büüwa?) ertönte es hinter ihm, und als er sich umdrehte, stand da der Leibhaftige. Große Verlegenheit breitete sich aus. Der Schwarze nutzte sie und schlug vor: »Ich baue sie! Gegen den Ersten, der über die Brücke kommt!« (Ich büüwa si. Gäg der Eerscht, wo uber d Brugg z läufe dä chunt.) Die Herren überlegten, und jeder dachte bei sich: ich werde mich hüten, der erste zu sein. Also gehen wir das Risiko ein. »Gut«, sagte der Landammann, »einverstanden, aber in drei Tagen muß die Brücke stehen!« (So sigs, aber i dryy Taagä müäss diä Brugg fix unt fertig syy.)
Der Landschreiber protokollierte, und es herrschte allseitig eitle Freude über den gelungenen Handel.

### *Die List*

Tatsächlich spannte sich nach drei Tagen eine kühne Bogenbrücke über den tosenden Abgrund. Aber am jenseitigen Ufer hockte der Teufel und wartete darauf, seinen Lohn in Empfang zu nehmen. Die Ur-

ner Politiker räsonierten untereinander, das Warten werde dem schon noch verleiden. Dem war aber nicht so. Da wurde kluger Rat teuer. Man beschloß deshalb, eine Landsgemeinde einzuberufen, und nach langem Hin und Her trat ein weiser, alter Ratsherr auf und rief, daß er zuhause einen gar nichtsnutzigen Ziegenbock habe.
Er schlage vor, denselbigen zur Verfügung zu stellen, als erster über die Brücke zu gehen. Dann habe der Hooräbaschi (Teufel), was er wolle. Mit Beifall wurde der Vorschlag angenommen, und im Schweiße ihres Angesichts zerrten sie den Ziegenbock, der freiwillig keinen einzigen Schritt gegangen wäre, in die Schöllenen hinauf. Kaum waren sie oben angelangt und hatte der Bock den Gehörnten auf der anderen Seite der Brücke gesehen, so stürmte er wie ein Wildgewordener hinüber, und die Urner jauchzten und riefen: »So das ist der Erste. Den kannst du behalten!« (Soo, das isch de der Eerscht, derr magsch etz äü phalta)

*Die Wut*

Der betrogene Teufel rannte in gewaltiger Wut in den Wassenerwald hinunter und holte einen haushohen Stein, um damit die Brücke zu zertrümmern.
Schon hatte er mit der schweren Last Göschenen erreicht, als er einem alten Mütterchen begegnete, das plaudernd neben ihm einherging: »Was eilt ihr denn so, guter Freund, ihr keucht euch ja zu Tode. Stellt doch ab und verschnauft ein wenig!« Der Teufel dachte: »Recht hat sie, die Brücke läuft mir nicht davon«, und stellte ab. Die Alte hatte aber wohl gewußt, mit welchem Tabu sie den Leibhaftigen bannen konnte, eilte um den Stein herum, kritzelte ein Kreuz hinein und verschwand, so schnell sie konnte.
Als sich der Teufel mit der Last erheben wollte, brachte er den Stein nicht mehr vom Fleck, und sogleich ahnte er etwas Ungutes. Er schaute sich den Stein an und fand das Kreuz. So war er also zum zweitenmal geprellt. Er mußte Stein und Brücke stehen lassen und verschwand auf der Stelle in die Hölle. Seit dieser Zeit ließ er sich im Urnerland nicht mehr blicken.

*Die Verletzung des Tabus*

Viele hundert Jahre lang tat die Teufelsbrücke in der Schöllenen ihren Dienst. Aber die Leute waren habgierig geworden und wollten immer mehr und fremdartigere Güter über die Alpen transportieren. Der Erfindergeist wuchs und bald konnten sie selber und besser eine größere Brücke bauen. Die Brücke des Teufels war unwichtig geworden. Nur Reisende aus Nord und Süd kamen und bestaunten das Bauwerk. Es breitete sich Wohlstand und Reichtum aus. Fast schien es so, als ob die Transitfrage durch das zentrale Alpenmassiv ein für allemal gelöst sei.
Die Ingenieurskunst indes legte neue Pläne vor: der Berg sollte durchstochen werden. Da war aber ein Hindernis aus dem Weg zu räumen: der Teufelsstein! Er stand genau dort, wo die neue Straße durchgehen sollte. »Kein Problem!« riefen die Baumeister, »unsere Technik kriegt den Stein zur Seite, da wo er uns nicht mehr stört.« Gesagt, getan. Der Teufelsstein wurde verschoben.

*Die späte Rache*

Darauf hatte der Teufel nur gewartet. Jahr für Jahr schickte er eine größere Blechlawine in die Alpen; die Auspuffgase verpesteten die gesunde Luft, der Bannwald begann abzusterben, böse Lawinen donnerten zu Tale und Überschwemmungen versaarten die Täler. Die Menschen fingen an zu jammern. Denn es sollte noch schlimmer kommen. In Europa gab es Kon-

Es kann auch sein, daß auf dieser Alm den Wanderern und Erholungssuchenden wirkliche Alm-Milch ausgeschenkt wird, daß Tirolerknödel oder piemontesische Polenta zum Verkosten und zur Stärkung gereicht werden. Die Almgenossenschafter erhalten eine gar nicht unbedeutende Zusatzeinnahme. Warum auch nicht? Das Bild zeigt die Alpe Penauder in Südtirol.

Am 8. Mai des Jahres 1989 haben Alpenschützer kurzfristig die Transitroute über den Gotthard umfunktioniert zu einer friedlichen Demonstration gegen die Transitbelastung auf dieser neben dem Brenner meistfrequentierten Strecke durch die Alpen. Bei dieser Gelegenheit wurde die alte Saga von der Teufelsbrücke in eine neue Fassung gebracht. Mit *Mut, Witz und Widerstand* verschaffen wir uns ein starkes Leben und Überleben in den Bergen. *Iniziativa da las Alps* sei Dank! ▷

DAUERBRENNER
GOTTHARD
?

Bisotherm
Bisotherm
TRANS
RISIKO

ferenzen, an denen beschlossen wurde, den Alpenländern noch mehr Schwerverkehr mit noch größeren, breiteren und schwereren Lastwagen zu schicken. Niemand wußte mehr Rat. Verzweifelt rangen die Leute die Hände...[79]

Der Sage von der Teufelsbrücke ist die aktuelle Fassung vom Jahre 1989 angefügt. Das Lied aus dem Val Trompia unterstützt die Anklage: Protest und Poesie.

*BONNEVAL* in den französischen Alpen gilt nach wie vor als Modelldorf für *sanften Tourismus*, für die gelungene Symbiose von Landwirtschaft, Handwerk und Tourismus. Von weit her kommen die Franzosen nach Bonneval, um dort spezielle handwerkliche Erzeugnisse zu kaufen, einige der weitum berühmten Ziegenkäsesorten zu verkosten oder in den sensibel adaptierten Gästezimmern zu wohnen. Es ist dank der Initiative der aufgeschlossenen, der einsichtigen Bevölkerung und des agilen Bürgermeisters *Gilbert ANDRÉ* möglich, ein hochgelegenes Bergdorf zeitgemäß zu beleben. ▷

## Eravamo in ventinove

Diese Anklage gegen die gefährliche Arbeit beim Tunnelbau hat Ähnlichkeiten mit einem berühmten Soldatenlied: La Tradotta.

Wir waren 29,
Nur 7 sind heimgekehrt.
Die anderen 22
sind bei der Sprengung umgekommen

Wir werden einen Friedhof
machen lassen,
400 m im Quadrat,
um diese Bergleute einzugraben,
die bei der Sprengung
umgekommen sind

Und die armen Witwen
gehen in die Kirche, um zu beten
für den verstorbenen Mann.
30.000 Lire (Entschädigung) wird sie
kriegen

Verflucht sei der St. Gotthard!
Und die Ingenieure, die ihn
geplant haben!
Wegen der armen Bergleute
Die der Berg erschlagen hat.[80]

Eine Möglichkeit der Berglandwirtschaft zum Überleben besteht in der Alp-Wirtschaft, und zwar in der bewährten Qualität der Viehzucht. Diese Chancen müssen genutzt werden. In einigen Teilen der Alpen werden den Bauern durch *ALPUNGS-Prämien* Anreize gegeben, das Vieh aufzutreiben. Besonders hoch sind diese Prämien in der Schweiz und in Vorarlberg.
Das Bild zeigt eine Alm auf der Südseite am Kleinen Sankt Bernhard in der Regien Aosta. ▷

Zum Bau des Gotthard-Tunnels wurden Tausende von Arbeitern aus italienischen Bergtälern, hauptsächlich aus der Lombardei geholt. Viele kamen aus Val Trompia. Nach der Schließung der Erzminen im Tal zogen die Männer auch in die Schweiz zum Tunnelbau. Sie verdienten dort gut. Viele kamen bei der gefährlichen Arbeit ums Leben. Für die Brüder *Bregoli* ist es eine Familientradition, eine Reihe von Volksliedern, darunter auch Arbeitslieder, zu bewahren. Als ich das Lied vom Tod der 22 Bergarbeiter in einem Gasthaus des Tales, gesungen von den Brüdern, hörte, war ich von der Kraft und der Schärfe der Anklage sehr beeindruckt. Im Jahre 1991 sind zwei der Brüder mit einem Teil der Familien unserer Einladung nach Tirol gefolgt und haben dort gesungen. Giuseppe (genannt Peppino) ist der wichtigste Sänger der Gruppe. Er spielt auch Ziehharmonika. Wenn seine Frau dazu singt, erleben wir, daß mitteleuropäische Volkskultur stark, anklagend, eindrucksvoll, berührend, poetisch sein kann. Bortolo (genannt Lino) und Bettino (genannt Tino) arbeiteten selbst beim Tunnelbau. Alle sind schwer krank und leiden teilweise an Silikose. Eine Seuche, die um sich greift. Die *Bregoli* beklagen die Toten aus dem Tal. Die Bewohner des Tales klagen über den Transitverkehr: alles mitten durch die Alpen, wie mitten durch ihr Herz.

# Zeittabelle

| | Alter | Zeitstufen | Kulturen in Österreich | Zivilisationsstufen |
|---|---|---|---|---|
| URGESCHICHTE | 2000000 | | | |
| | | Altpaläolithikum | nicht nachgewiesen | Jäger und Sammler-Kulturen |
| | rund 400000 | Mittelpaläolithikum | Moustérien | |
| | um 40000 | Jungpaläolithikum früh / mittel / spät | Aurignacien (um 30000)<br>Gravettien (um 25000)<br>Magdalénien (um 15000) | |
| | um 10000 | Endpaläolithikum | | |
| | um 8000 | Mesolithikum | Mikrolithikum | |
| | 5500/5000 | Frühneolithikum | Linearbandkeramische Kultur | *Landwirtschaftliche Revolution*<br>Bäuerliche Dorfkulturen |
| | um 4750 | Mittelneolithikum | Bemaltkeramische Kultur | |
| | um 3900 | Spätneolithikum | Kupferzeit („Mann im Eis“) | Kriegerschicht |
| | 2300/2200 | Frühe Bronzezeit | Hockergräberzeit | Stammeskulturen |
| | 1600/1500 | Mittlere Bronzezeit | Hügelgräberkultur | |
| | 1300/1200 | Späte Bronzezeit | Urnenfelderkultur | |
| | 750/700 | Ältere Eisenzeit | Hallstattkultur | Adelsschicht |
| | 500/400 | Jüngere Eisenzeit | La-Tène-Kultur | |
| | 15. v. Chr. | Römische Kaiserzeit | | *Städtische Revolution* |
| | bis 476 n. Chr.<br>ab 375 | Völkerwanderungszeit | | |
| | 568 | Mittelalter früh / hoch / spät | | |
| | 1492 | Neuzeit | | *Industrielle Revolution*<br>*Elektronische Revolution* |

*aus*: Urban, Wegweiser in die Urgeschichte Österreichs

# Synoptische Zeittabelle

(Radiokarbondatierung)

| Zeit v. Chr. | Palästina | Malta | Sardinien | Korsika | Balearen | Süd- und Mittelfrankreich |
|---|---|---|---|---|---|---|
| 10 000 | **Natufien**<br>Beginn der Seßhaftig-<br>keit | | | | | |
| 9 000 | Grotten- und Freiland-<br>siedlungen<br>Friedhöfe<br>Gründung von Jericho | | | | | |
| 8 000 | **Vorkeramisches Neolithikum A**<br>Jericho I mit<br>Mauern und Turm | | | | | |
| 7 000 | **Vorkeramisches Neolithikum B**<br>Jericho II<br>Schädelkult<br>Beidha, Beisamun | | | **Mesolithikum**<br>Funde aus Abris und<br>Grotten | | |
| 6 000 | **Keramisches Neolithikum A**<br>Jericho III<br>Nomadenlager | | **Frühneolithikum**<br>Beginn der Obsidian-<br>gewinnung | **Frühneolithikum**<br>Impresso-Keramik<br>Tonware mit<br>Punktverzierung<br>Grottenbestattung | **Frühneolithikum**<br>Funde in der Grotte<br>von La Muleta | **Frühneolithikum**<br>Grottensiedlungen<br>Grottenbestattung<br>Kleine Freilandsiedlungen<br>mit Rundhütten, Impresso-Keramik |
| 5 000 | Yarmukkultur<br>Jericho IV | **Neolithikum**<br>Ghar Dalam<br>Impresso-Keramik | Wohngrotten<br>Impresso-Keramik<br>Grottenbestattung | Obsidian- und<br>Feuersteineinfuhr | Wohngrotten<br>Grottenbestattung | |
| 4 000 | **Chalkolithikum**<br>Ghassul-Kultur<br>Steinkisten- und<br>Megalithgräber<br>Steinsetzungen | Skorba grau<br>Skorba rot<br>Zebbug Felsgräber | Obsidianhandel mit<br>Südfrankreich und<br>Ligurien | **Mittelneolithikum**<br>Erhöhte Obsidianeinfuhr | **Mittelneolithikum**<br>Keramik des südfranzösi-<br>schen Chasseen-Typs | **Mittelneolithikum**<br>Chassey-Kultur<br>Zahlreiche Freiland-<br>siedlungen<br>Feine rundbödige Tonware |
| 3 500 | **Frühbronzezeit**<br>Jericho V<br>Schachtgräber | Anfänge der Tempel-<br>kultur<br>Xemxija Felsgräber<br>Mgarrtempel<br>Gigantija | **Ozieri-Kultur**<br>Rundhütten<br>Felsgräber | **Spätneolithikum**<br>Höhepunkt der<br>Obsidian-Industrie<br>Große Dorfsiedlungen | Größere Dorfsiedlungen | Obsidian aus Sardinien und Lipari<br>Grottenbestattung<br>Erdgräber, Steinkisten<br>mit Leichenbrand<br>Anthropomorphe Grabstellen |
| 3 000 | Megalithgräber<br>Megalithische Anlagen<br>im Jordangebiet | Hal Saflieni<br>**Tarxienphase**<br>Hagar Kim | **Ozieri-Kultur**<br>**Arzachena-Kultur**<br>mit Steinkistengräbern<br>Menhire<br>Ägäische Idole | **Beginn der Megalithkultur**<br>Steinkisten<br>Menhire | **Spätneolithikum**<br>Felsgräber mit<br>Zugangsschacht | **Spätneolithikum**<br>Megalithische Gang- und Tholosgräber<br>Dolmen, Brand- und Körperbestattung<br>Reliefs der Totengöttin in Meg. Gräbern<br>Hypogäen, Kupfer |
| 2 500 | Megalithgräber auf<br>der Golan-Hochfläche | Mnaidra<br>Tarxientempel | **Chalkolithikum**<br>Felsgräber<br>Dolmen<br>Monte d' Accoddi<br>Glockenbecher | Dolmen<br>Alignements<br>Grabturm von Tappa | Ovale Krypten<br>Grabturm von Oms<br>Navetas, Felsgräber | Megalithgräber, Hypogäen<br>Männl. u. weibl. Menhirstatuen<br>Glockenbecher, Kupferdolche<br>Felskammergräber im<br>Marnegebiet |
| 2 000 | **Mittelbronzezeit**<br>Ausklang der<br>Megalithkultur | Tarxien-Brandgräber<br>Kupferwaffen<br>Dolmen<br>Menhire | **Monte Claro-Abealzu-und Filigosa-Kultur**<br>Felsgräber<br>Megalithgräber | **Bronzezeit**<br>Entwicklung der<br>Menhirstatuen mit<br>Kriegerbildnissen | **Bronzezeit**<br>Dolmen | Ausklang der Megalith-<br>kultur<br>**Bronzezeit** |
| 1 500 | | | **Frühnuraghische Kultur**<br>mit einfachen Türmen<br>Menhirstatuen<br>Gigantengräber | **Torre-Kultur**<br>Späte Menhirstatuen | **Talayot-Kultur**<br>Talayots<br>Taulas<br>Poblados | |
| 1 000 | | | **Mittel- und Spät-nuraghische Kultur**<br>Komplexe Nuraghen<br>Quellheiligtümer<br>Bronzestatuetten | | **Späte Talayot-Kultur** | |

| **Bretagne** | **Iberische Halbinsel** | **Irland** | **England** | **Dänemark** | **Nord- u. Mitteldeutschland** | **Niederlande** | v. Chr. |
|---|---|---|---|---|---|---|---|
| | | | | | | | 10000 |
| | | | | | | | 9000 |
| | | **Mesolithikum** | **Mesolithikum**<br>Star Carr? | **Mesolithikum**<br>Maglemose Kultur | **Mesolithikum** | **Mesolithikum** | 8000 |
| | **Mesolithikum**<br>Wohnplatz am Mugefluß<br>Hockerbestattungen unter Muschelhaufen<br>Felsbilder | | | Bestattungen in Küchenabfallhaufen | | | 7000 |
| | **Frühneolithikum**<br>Felsbilder<br>Grottenkultur mit Cardium Keramik | | | | | | 6000 |
| **Mesolithikum**<br>Kollektive Körperbestattung unter Abfallhaufen auf Téviec und Hoedic | **Frühneolithikum**<br>Grottenkultur mit Cardium Keramik | | | | **Neolithikum**<br>Donaukultur<br>Bandkeramik<br>Spondylusmuscheln | **Neolithikum**<br>Bandkeramik | 5000 |
| **Frühneolithikum**<br>Megalithkultur<br>Gang- und Kuppelgräber<br>Feine Tonware | **Neolithikum**<br>Almeria Kultur<br>Freilandsiedlungen<br>Unverzierte Keramik<br>Steinkistengräber, Dolmen | **Neolithikum**<br>Beginn von Ackerbau und Viehzucht | **Neolithikum** | **Neolithikum**<br>Trichterbecher<br>Erdgräber<br>Bernsteinhandel | Trichterbecher<br>Steinkistengräber unter Hügeln | Trichterbecher | 4000 |
| Symbolische Wandkunst<br>Riesentumuli mit Steinkammer und Steinkisten<br>Menhire<br>Weibl. Menhirstatuen | Ägäisch-Anatolische Einflüsse?<br>Megalithkultur in Portugal | Unverzierte Tonware westeuropäischer Art<br>Brandbestattungen in Erdgruben | Causewayed Camps<br>Hembury<br>Unverzierte Tonware<br>Megalithkultur der Orkney Inseln, Kap of Horwar | Megalithische Rund- und Langdyssen<br>Megalithkultur | **Megalithkultur**<br>Hunengräber<br>Kupfer<br>Trichterbecher | **Megalithkultur**<br>»Hunebedden«<br>Trichterbecher | 3500 |
| Sekundarneolithische grobe Keramik | Kupfer- und Silbermetallurgie<br>Megalithische Ganggräber<br>Tholosgräber<br>Los Millares-Kultur | **Megalithkultur**<br>Ganggräber<br>Horned Cairns<br>New Grange, Menhire<br>Symbolische Wandkunst | Longbarrows<br>**Megalithkultur**<br>Severn Cotswold, Ganggräber<br>Horned Cairns in Schottland<br>Windmill Hill | Dolmen<br>Ganggräber<br>Kupferimport | **Megalithkultur**<br>Trichterbecher<br>Dolmen<br>Ganggräber | **Megalithkultur**<br>Trichterbecher | 3000 |
| »Allées couvertes«<br>Glockenbecher | Befestigte Städtchen<br>Megalith- und Felskammergräber | Steinsetzungen<br>Glockenbecher<br>Kupfer | West Kennett-Barrow<br>Menhire, Steinsetzungen<br>Skara Brae<br>Henge-Monumente<br>Silbury Hill, Stonehenge I | Tustruphaus<br>Steinsetzungen, Menhire<br>**Streitaxtkultur**<br>Schnurkeramik<br>Einzelgräber | **Megalithkultur**<br>Menhire, Steinsetzungen, Galeriegräber<br>**Streitaxtkultur**<br>Schnurkeramik | **Megalithkultur**<br>Trichterbecher<br>Schnurkeramik<br>Einzelgräber | 2500 |
| Alignements<br>Bearbeitete Menhire<br>Runde und viereckige Steinsetzungen | **Bronzezeit**<br>Ausklang der iberischen Megalithkulturen | Spätphase der Megalithkultur<br>Foodvessels<br>Goldene lunulae | Stonehenge II<br>Glockenbecher<br>**Bronzezeit**<br>Wessex-Kultur<br>Stonehenge III | **Bronzezeit** | Einzelgräber<br>Glockenbecher<br>Einzelgräber<br>**Bronzezeit** | Glockenbecher<br>Einzelgräber<br>**Bronzezeit** | 2000 |
| **Bronzezeit** | | **Bronzezeit** | Letzter Ausbau von Stonehenge | | | | 1500 |
| | | | | | | | 1000 |

| | | | |
|---|---|---|---|
| Eisenzeit | La-Tène-(keltische) Kultur | Jüngere Eisenzeit | ±0<br>450/400 v. Chr. |
| | Hallstattkultur | Ältere Eisenzeit | 800/750 v. Chr. |
| Bronzezeit | Urnenfelderkultur | Späte Bronzezeit | 1300/1250 v. Chr. |
| | Hügelgräberkultur | Mittlere Bronzezeit | 1600 v. Chr. |
| | (Hockergräberkultur)<br>Aunjetitzkultur | Frühe Bronzezeit | 2300/2200 v. Chr. |
| Jungsteinzeit | Glockenbecherkultur<br>Badener Kultur<br>Mondsee Kultur | Späte Jungsteinzeit (Kupferzeit) | 3500 v. Chr. |
| | Bemaltkeramische Kultur | Mittlere Jungsteinzeit | 4500 v. Chr. |
| | Bandkeramische Kultur | Frühe Jungsteinzeit | 6000/5000 v. Chr. |
| Altsteinzeit | Mittelsteinzeit (Mesolithikum) | | 8000 v. Chr. |
| | Endphase der Altsteinzeit (Endpaläolithikum) | | 10000 v. Chr. |
| | Jüngere Stufe der Altsteinzeit (Homo sapiens fossilis) | | 40000 v. Chr. |
| | Mittlere Stufe der Altsteinzeit (Neandertaler) | | 200000 v. Chr. |
| | Ältere Stufe der Altsteinzeit | | (außerhalb Österreichs: 3000000 v. Chr.) |

Chronologietabelle für den Österreichischen Raum

*aus*: Neugebauer, Österreichs Urzeit

Wenn in Sagen aus dem Engadin unsere Herkunft auf altsemitische Hirtenvölker zurückgeführt wird, wenn unser Wort *Alp* aus dem Akkadischen *alpu* (=Rind) stammt, wenn ferner viele Sagenmotive (vgl. Kapitel *Alm und Alpe,* S. 33ff) direkt oder indirekt von Völkern und Kulturen aus dem Mesopotamischen herstammen, bleiben dennoch viele Fragen offen.

Wer sind die Älpler? Gar eine autochthone, also in den Alpen entstandene, gewachsene *Rasse?* Stammen Tiroler, Vorarlberger, Engadiner gar vom Urvolk der Räter ab? Gehörte dieses Volk nicht zu einer vorindoeuropäischen Sprachfamilie, ähnlich den Basken – dem angeblich ältesten Volk Europas –, den Finno-Ugriern und vielleicht den Etruskern und Ligurern?

Es scheint so, daß im zentralen Alpenraum jene Völker wohnten, deren Sprachen sich aus altaischen Sprachen ableiten. Ein Teil der Basken, außerdem Etrusker, Iberer und Ligurer werden der mediterranen Gruppe zugerechnet. Zu den indoeuropäischen Sprachen gehört das Baltische, Keltische, Germanische, Griechische, Illyrische, Romanische (Franzosen, Italiener, Spanier...) und Slawische.

Wir müssen, wie in nicht-germanischen Sprachbereichen üblich, von *Indoeuropäisch* sprechen, weil diese große Sprachfamilie ja Indisch bis Keltisch alles einschließt, nicht nur Germanisch.

Ich kann dies hier nicht untermauern, so wenig wie es die Sprachwissenschaftler können. In meinem Buch *Mythos und Kult in den Alpen* habe ich mich deutend sehr weit vorgewagt.

*Die Veneter: unsere Vorfahren?* Es wird stimmen, daß ein Teil unserer Wurzeln, der Herkunft inneralpiner Völker, aus dem Venetischen kommt und daß diese Sprache Alt-Slawisch war. *Josef Savli* und *Matej Bor* haben dazu den Anstoß gegeben. Ich habe mich dem gern angeschlossen, auch um Germanophile zu verunsichern. Gerade wegen dieser Veneter-Thesen haben vor allem örtliche Hobby-Heimatforscher die meisten *Haare in meiner Sprach-Suppe* gefunden. Das darf doch nicht sein. Im Kapitel *Die Veneter: unsere Vorfahren* (S. 160–163) habe ich diese Öffnung versucht.

Jetzt kann ich mich in einigen Punkten ergänzen und berichtigen. Sicher waren die Veneter als Volk an der Küste, in Verbindung mit den Leuten an der See und jenen in den Bergen ein mobiles Volk mit vielen Innovationen; sie waren auch die *Vermittler* von Kulturen. So auch für Kulturformen und Sprachbereiche aus dem Mesopotamischen, aus Palästina und aus Nord-Afrika.

Deswegen können die *Veneter* auch Vermittler einer alt-semitischen Sprache, des *Akkadischen,* gewesen sein. Deswegen müssen die Räter keine Veneter gewesen sein. Aber die Veneter haben dazu beigetragen, daß ihnen die Zwischenstromland-Kultur vermittelt oder mitvermittelt wurde.

Wenn das Venetische ein Teil von Alt-Sla-

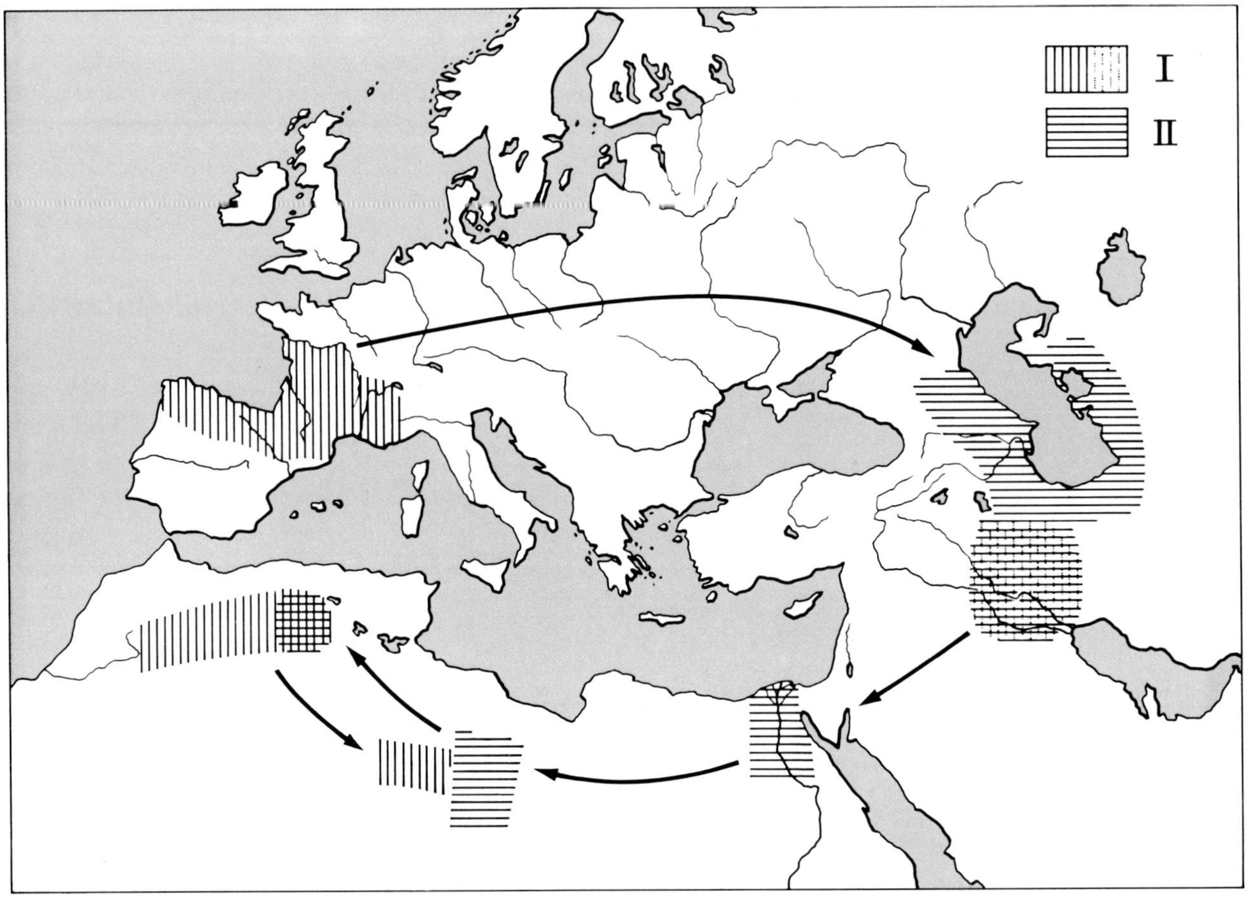


I: Wildstierkultur, aus der Mittelsteinzeit stammend.
II: Hausstierkultur, spätsteinzeitlich und altgeschichtlich.

Darstellung des Ur aus dem 16. Jahrhundert. Original in der Landwirtschaftlichen Hochschule, Berlin.

Dieses Steinmonument von Falera/Pardi in der Surselva im Kanton Graubünden wird wegen seiner Gravierung als *Tierkopfstein* bezeichnet. Es könnte ein Stier sein. Immer wieder lassen sich auf Steinen solche Gebilde finden, die als Hörner, aber auch als Mondsicheln gedeutet werden. Wichtige Fundorte sind der Monte *Bego*, Salvan in der Schweiz, das Veltlin, val Camonica und der Vintschgau in Südtirol. Im Juli 1992 haben wir auf der Kaser im Ötztal ähnliche Gesteinsformungen entdeckt. Deutungen reichen bis zum Apis-Stier des alten Ägypten zurück.

wisch war, muß die Sprache der jetzigen slawischen Völker nicht ausschließlich Slawisch sein. Alte vor-slawische, vielleicht präindoeuropäische Wörter haben sich beispielsweise im Bereich der Alp-Kultur und bei Ortsnamen im heutigen Staat Slowenien erhalten. Deswegen bleibt Slowenisch eine slawische Sprache, die zur indoeuropäischen Sprachfamilie gehört. Daß die Veneter auch Träger des Rätischen gewesen sein könnten und daß die Räter also demgemäß Veneter gewesen sein könnten, muß sehr bezweifelt werden. In *Mythos und Kult* schrieb ich: *die Veneter waren angeblich auch Träger des Rätischen* (S. 160) – jetzt neige ich dazu, anderen Forschern mehr zu glauben. Vor allem die beiden Schweizer Sprachforscher *Linus Brunner* und *Alfred Toth* wollen recht glaubhaft nachweisen, daß die rätische Sprache eine semitische Sprache sein müßte: *Rätisch = Semitisch?*
In ihrem 1987 erschienenen Buch *Die rätische Sprache – enträtselt?* müßte ihnen der Nachweis gelungen sein. Das ist für uns Alpenbewohner höchst aufregend. War auch der *Mann im Eis* ein solcher Alt-Semit? Wir können es kaum glauben.

Apis-Stier

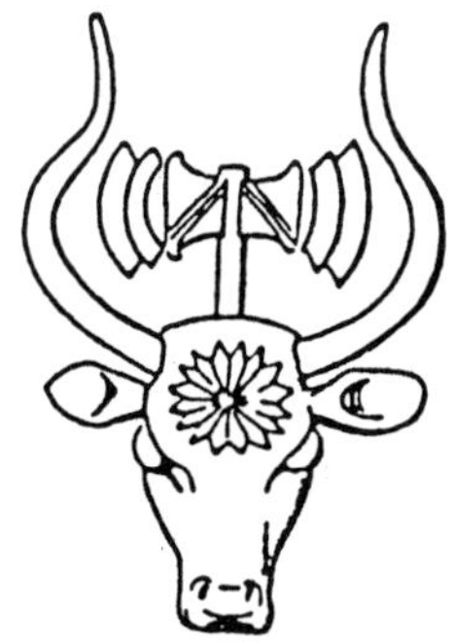

Stierkopf aus Mykene mit Stirnrosette und Scheitel-Doppelaxt.

Bis jetzt ist es keinem Sprachforscher gelungen, das Alter der rätischen Sprache exakt einzuordnen. Etliche Forscher setzen den Anfang in die Zeit um 2 000 v. Chr. Welche Begründung können sie dafür geben? War der *Mann im Eis* nicht vielmehr ein alpin-autochthoner Präindoeuropäer?
*Brunner* macht es spannend. *Toth* bestätigt *Brunner.* Der alte Forscher wird nach dem Tod durch den jungen Sprachkundler bestätigt. Die beiden kommen zu dem Schluß: *Konklusiv darf hier festgestellt werden, daß die rätische Sprache am ehesten eine*

a) *eigene semitische Sprache war und daß sie*
b) *auf einem sehr frühen Sprachzustand heute überliefert ist, also eine konservative Sprache im Sinne des Akkadischen war.*
c) *Die nächste Verwandtschaft mit der akkadischen Sprache, also auch die Zurechnung des Rätischen zum Ostsemitischen, läßt sich widerspruchslos aufrechterhalten.*[81]

Die alte Kelten-Hypothese kann also begraben werden. Die Räter waren keine Kelten. Das Keltische spielte im zentralalpinen Raum kaum eine Rolle. *Brunner* gibt aber zu, daß zum Beispiel slawische Elemente in der Surselva im Kanton Graubünden durchaus nachweisbar sind. Das Rätische war auch keine etruskische Sprache. Also kamen beide Forscher zum *Semitischen.* Sehr wichtig ist die Feststellung, daß dies nur für die Sprache gilt.
*Die Ethnologie der Räter bleibt aber weiterhin im dunkeln.*[82]
Die Räter als Semiten: *Sie waren aufgrund der am nächsten verwandten Sprache, dem Akkadischen, zu schließen, Ostsemiten. Ihre Heimat wäre dann entweder das Syrische Land oder das Zweistromland Mesopotamien.*[83]

Warum haben dann die *Rätoromanen* vor etlichen Jahren gemeinsam mit den Dolomitenladinern, zweitausend Jahre *rätoromanisch* gefeiert? Sie gedachten der ruhmreichen Eroberung und Unterjochung durch die Römer. Hätten sie nicht weiter zurückdenken sollen?

Daß die Räter nicht Indogermanen, also Indoeuropäer waren, dürfte den wichtigsten Sprachforschern klar sein. Aufgrund dieser Zuordnung des Rätischen zum Akkadischen gelang es *Linus Brunner,* viele der Räter-Inschriften zu deuten.

Aus Mauls in Südtirol stammt dieses Denkmal, ein berühmtes Marmorrelief. Es steht im Zusammenhang mit dem römischen Mithraskult. Der 1,50 x 1,20 Meter große Weihestein soll 1589 am Schneeberg - *auf einem der höchsten Bergspitzen zwischen Sterzing und Mauls* - gefunden worden sein. Dargestellt ist unter anderem der Lichtgott Mithras, der in einer Grotte den Ur-Stier tötet. Der Kult war von den Römern aus orientalischen Mysterienkulten übernommen worden.

## Rätia ist die Hirtin

Auch der Name der Göttin der Räter, der Rätia, konnte auf diese Weise erklärt werden. Sie sei von den Venetern übernommen worden. Hätten sie die Veneter nicht auf dem Seeweg von den Semiten übernehmen und weitergeben können?

*Reitia* ist die älteste akkadische Form für *meine Hirtin,* von *Reitu* (= Hirtin). Dieses Wort wird im Akkadischen auch für *Göttin* verwendet.

Die ältesten Inschriften stammen aus Magrè in der Provinz Vicenza. Sie sind linksläufig geschrieben.

*Ritam nehelanu:* Wir haben Ritu beschenkt.

*Ritu ale lema is thinake:* Ritu, meine Göttin, ich habe diese Haarlocke gegeben.

*Reit(i) emuiu thinake:* Meine Ritu, ich habe Brennholz gegeben.

*Riti em(u) etinu triah(a)is:* Meine Ritu, Mutter, ich gebe diesen Schleier.

*Emu* scheint das rätische Wort für *Mutter* zu sein. Ritu ist in diesem Weihespruch die Mutter. Wir wissen, daß in den rätischen Sagen *Madrisa* als Mutter verehrt wird. *Ritia wurde im Romanischen lautgerecht zu* ridja *und dieses gleich zu Risa gleich wie media zu mesa. Madrisa ist in der Bündner Sage eine gute Fee.*[84]

In der christlichen Zeit scheint diese *ritu* auch in der *Margherita* weiterzuleben. Die großartige Sage mit dem Lied habe ich in *Mythos und Kult in den Alpen* relativ ausführlich beschrieben und erklärt. Diese Schlüsselgeschichte wird von dieser sprachkundlichen Seite neuerlich bestätigt und verfestigt.

Margeritha war auf der Alm. Die *Rätia* wird in vielen Legenden und Sagen ebenso wie die Madrisa der Alp, also der Almregion zugeordnet. Auf einer in Scuol-Russonch im Unterengadin gefundenen rätischen Inschrift, die schwer lesbar ist, läßt sich der Spruch: *Atuku (oder Ataku) riti unbiu* entziffern. Das deutet *Brunner* als: *Meine Ritu, ich habe Beeren gegeben.*

Unter einer Reihe von rätoromanischen Wörtern, die von Romanisten nicht erklärt werden können, fallen auffallend viele Begriffe in den Bereich der Alp- und Viehwirtschaft. Brunner gelingt es – nicht immer sehr glaubhaft – viele dieser Begriffe aus dem Semitischen bzw. Akkadischen zu erklären:

*Trogio:* Weg, Pfad, aus arabisch tariq = Weg, Pfad (vergleiche dazu Truijen – Viehtrieb).

*Ganda:* Steinhaufen aus arabisch gandal = Stein.

*Malga:* Herde, Weide aus arabisch *Malaka* = besitzen.

*Alpis:* Viehweide aus alpi = dem Rind gehörig, zu akkadisch alpu = Rind.

*Sanion:* Senn, aus akkadisch sananu = filtern.

*Tsuppo:* kleiner Sumpf, aus akkadisch suppu = bewässert.

Eine Reihe vorrömischer Wörter gelten jetzt als rätisch-semitisch:

*Grava:* Schlitten, Geschleiftes, Surselva gurvèt, curvèt (vgl. arabisch garafa = Egge, Rechen).

*Inn:* romanisch *En,* lateinisch Aenus, semitisch ist ainu die Quelle, der Bach. So heißt auch heute noch ein Fluß im Orient.

*Tirol* hieß bei Dante noch Tiralli. Es könnte zur Räterzeit *Tiralt Ali* gelautet haben, das wäre *Dorf der Göttin,* von hebräisch tirah Dorf.

Rätisch dürften die alten Stämme der Suanetes, der Calucones, der Anauni, der Vennonetes und der Venosten im Vintschgau gewesen sein. Der kleine Ort Vent wird mit den Venosten in sprachlichen, kulturellen und wirtschaftlichen Zusammenhang gebracht. War auch *Vent* im Ötztal eine Rätersiedlung und die Kultstätte auf der Kaser eine Kultstätte zur Muttergöttin Rätia? Die Entstehungslegende weist darauf hin.

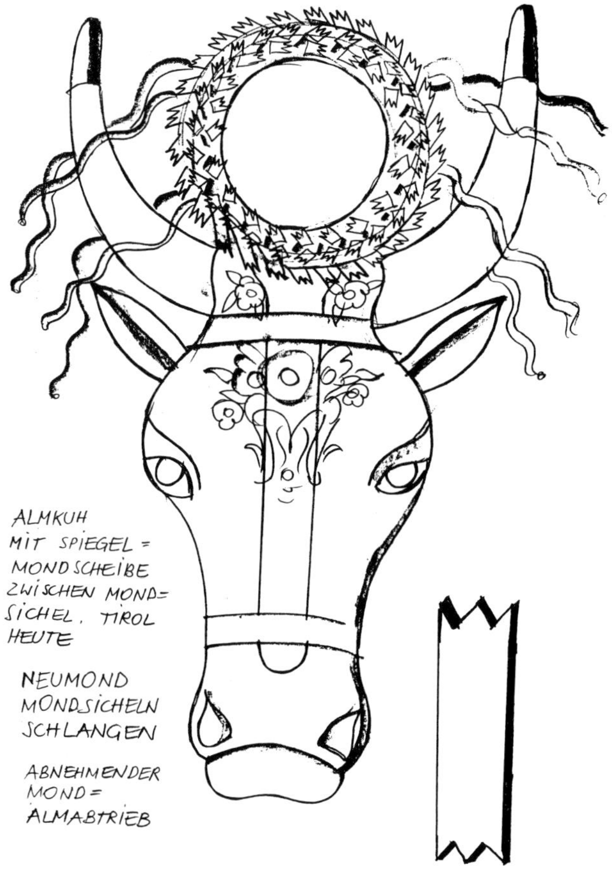


*Heinrich Tilly* aus Telfs in Tirol hat für dieses Buch die beiden Zeichnungen hergestellt und damit den Vergleich gewagt zwischen dem Stiergehörn samt Mondscheibe im Apis-Kult und dem Schmuck des Almviehs beim festlichen Almabtrieb.
Der Almkuh aufgesetzt ist die Holzkrone von 90 zu einem beweglichen Kranz zusammengefügten Blättchen aus Holz. Niemand weiß den Anfang oder das Ende zu deuten. Die 90 Blättchen symbolisieren den dreimonatigen Alm-Sommer. Stilisiert ist die zunehmende Mondsichel, der Vollmond und die abnehmende Mondsichel.

Hörner von Kühen, Rindern, Schafen, Ziegen werden in vielen Teilen der Welt auf die Wände genagelt, werden oberhalb der Stalltüre befestigt, werden scheinbar funktionslos irgendwo angebracht. Wir haben weniger an Schmuck und Dekoration zu denken, sondern an Magie und Abwehr, an bewußtes und unbewußtes Handeln aus uralter Tradition. Langtaufers in Südtirol, einem Seitental des Vintschgau. Stallwies im Sarntal in Südtirol. Langtaufers in Südtirol. Ähnliche Gestaltungs- und Magieformen sind im gesamten Alpenraum anzutreffen. Hier ist die Verbindung mit dem Stier und dem Horn augenscheinlich. △ ▷

*Die vielen Berg-, Paß- und Alpnamen auf -enna, -anna sind romanisch unverständlich. Wahrscheinlich liegt für diese Höhen der Name des akkadischen Himmelsgottes* Annu *vor.*[85]
Auch die *Anauni* am Nonsberg in der Provinz Trentino bzw. in Südtirol werden in Zusammenhang mit dieser Göttin *Annu* stehen.

Es werden uns neue Rätsel gestellt. Je weiter wir bohren und forschen, um so geheimnisvoller und damit auch interessanter präsentiert sich unsere allerälteste Geschichte. *Herbert Zebisch* hat in seiner Schrift *Raetisch* diese Sprache dem Iberischen zugeordnet. In der Deutung der rätischen Schriften von Sanzeno, Magrè usw. kommt er selbstverständlich zu andern Interpretationen wie *Linus Brunner* und *Alfred Toth.*
In der Ausstellungsschrift *Die Räter* (Chur 1991) geht *Paul Gleirscher* überhaupt nicht auf die Deutung der Schriften und auf *Linus Brunners* Forschungen ein. Für den Raum Südtirol gilt *Reimo Lunz* als wichtiger Experte. In der Publikation »Venosten und Räter« schreibt er auch über den wichtigen Schriftfund auf dem Hirschhorn, gefunden am Tartscher Bühel im oberen Vintschgau, und über die Herkunft des Räter-Namens. Sicher ist, daß sie von römischen Schriftstellern mehrfach genannt sind, erstmals zwischen 200 und 100 v. Chr. Sicher ist aber auch, daß es die Räter lange vorher gab. Ein Teilbereich des Rätischen war in Nordtirol das *Breonische.* Lunz nennt es das *Alttirolische.* Abschließend stellt *Lunz* fest: *Erstaunlicherweise ist auch die Sprachwissenschaft in Graubünden bis heute nicht in der Lage nachzuweisen, ob in diesem Gebiet ›im Altertum wirklich rätisch gesprochen wurde‹. Die ›Räter‹-Frage ist also gerade in diesem Gebiet, das gemeinhin als ›urrätisch‹ angesehen wird, noch ein offenes Problem.*[86]

Auf der *Suche nach den Wurzeln* erlebte ich mit vielen Tirolern im Februar 1992 einen in diesem Ausmaß noch nie gekannten Zustrom, fast schon Ansturm auf eine Ausstellungseröffnung in einem traditionellen Museum. Im Museum Ferdinandeum in Innsbruck wurden *Die Räter* präsentiert. Was treibt so viele Menschen zur Wurzelsuche?

Tierköpfe werden im Gebälk des Firstes fortgesetzt und aus dem Holz herausgeschnitzt. Sogar bei neuen Stallbauten werden diese Schlangenfiguren oder andere Kopfformen weiterverwendet. Am Finail-Hof im Schnalstal in Südtirol. Auf einem Hof in St. Valentin im Vintschgau. ▷

## *Rätisches Wörterverzeichnis*

In Klammern () steht die falsche Rechtschreibung der Inschriften.

*ainu Bach
Akvili Aquileier
*alpi Rinderweide
alu Göttin
*alu Dorf
*aluw Anhöhe
aniš spiele!
apir (aphir) Tiara
apnu laßt verfaulen!
aśa mache!
ave beherberge!
avida (avita) es hat ausgereicht
*beita Hütte
beke (pheke) weine(t)!
bel (phel) Herr
belna (phelna) f. mischt!
birik (pirik) knie nieder!
*buli Viehtränke
*buraschu Wacholder
*dar Haus und Hof
ebelu (epeliu) Strick
*eben Fels
eger (eker) Lohn
(e)khašikhanu »wir brauchen«
ekalašunu »sie kränken«
elva Gott
eluku Gang, Gehen
em Mutter
emuiu pl. Brennholz
enbu (enpu) Frucht, Beere
enkus Bronze
erikia verlängert! Dual
etu ich gebe (etau)
edoni (etuni) mein Herr
esi heile!
gadu (khat-) Zicklein
*ganda Steinhaufen
garabu (karapu) Aussatz
gauzi? (khevisi) gehe hindurch!
*gimberu Arve
hirab- (-ph) Schwert
hur Getreideernte?
khais- Leinwand
khamaiu Rebellen
*kharab-Ruine
khati (kati) Sünder
khelivai die beiden Schimmel
khus (kus) Gefäß
*khūlu, ḫūlu Weg, Straße
ilu Gott
is dieser, diesen (=es)
*kaššu Käse
Kastri mein Kastor
kuninu Trinkgefäß
kušithu Kleid
la nicht (Verbot)
lakhe dir
lavise genießt!
lem(a) Locke
leutiku ich habe geschmiedet
libbu (lip-) Herz, Gemüt
ma nicht (Aussage)
*malka Herde, Besitz
*mattea Keule
melka Königin
mlaupe Speise
mnesi meine Krankheit
na für
nage- (nakhe-) Hilfe
nehelanu wir beschenken
ninu uns (Akkusativ)
pakad- (phakat-) betreuen
Pitiave Paduaner
pna- sich wenden an
puru Schicksal
putiki (phutikhi) f. töte!
rain-? verpfänden
rakin- vertrauen
*reitu Hirtin
remina f. liebt!
rimak- Bad
rus- rot
sáde (sáte) feld
sakha- (saka-) freigebig sein
*sania Sumpf
*sanion Senn
sapan- bewahren
sapau heilt!
sbabi (spaphi) f. trockne!
seanu Kleinvieh
seg- (seke) in Not bringen
*sel Holzweg
sipianu wir bitten
slep befreie!
su dieser, diesen
sunu Tuch
supiku ich habe gegossen
šeli Ruhe
šna blockiere!
šur Stier
tel Regen
*telva hinten
tin- geben
*tina Lehmboden
*torva Speicher
triah Schleier
trinake ich habe gemacht (nicht semitisch)
*trogio Weg
tukinua ihr (f.) seid treu
turu Rückkehr
*tsapp Geißbock
*tsanno Hürde
*tsuppo Sumpf
um Mutter
unibu Beeren?
usipe vermehre!
vagih (vakhik) Edelmann?
veger (veker) Grotte
vinutalina Mischkrug (nicht semitisch)
vispe Bande, Horde
Vitamu Totengott
zekhe es hat geregnet

*Semitische Wörter in topographischen Namen*

(Abkürzungen:
ak = akkadisch, ar = arabisch, hebr = hebräisch)

abnu Stein ak
'ainu Quelle
alpu Rind
arallu Unterwelt ak
arrāšu Landwirt ak
'asmāh Stärke hebr
'atā wild sein ar
awā Zuflucht ar
'awād Zuflucht ar
banû bauen
burru Weizen ak
baṣal Zwiebel ar
battāh Steilhang hebr
dār Hof ar
dešen Fruchtbarkeit hebr
duhnu Hirse ak
ebĕn Stein hebr
elijānitu obere ak
ǧandal Stein ar
gannu Garten ak
gubbu Brunnen ak
ḫalbu Wald ak
ḫarbu Oedland ak
ḫarû Heiligtum ak
ḫulu Weg ak
kama Stein idg
karmu Oedland ak
kinnû Berg ak
kudra dunkle Farbe ar
kūra Kleinstadt ar
kursī Sitz ar
kūru Schmelzofen ak
lapet Rübe ak
laud - Zuflucht nehmen ar
lāwin sich wenden ar
malan offenes Land ar
naú Weide ar
ma'z Ziege ar
mēdelu Riegel ak
millēṭ retten hebr
murrānu Esche ak
naq' stehendes Gewässer ar
nāqidu Hirt ak
oraḥ Pfad hebr
pālat sich retten hebr
parāsu scheiden ak
patānu festigen ak
pōl Bohne hebr
qalūq unruhig ar
qāmāh Getreidefeld hebr
qarnu Horn
qaššu geweiht ak
qinā' Waffe ar
ramu wohnen ak
ra'as Kopf ar
raṣafa Festigkeit ar
raṣuna stark sein ar
rêšū Kopf ak
ṣabburitu Zauberin ak
sakina wohnen ak
šakullu Weidenbaum ak
samt Weg ar
ṣawān Granit ar
ṣeānu Kleinvieh ak
ṣafir leer ar
šēdu Gerste ak
šellan im Westen ak
sikku Saum ak
sīru Lehmhütte ak
šu'u Schaf ak
tall Hügel ar
tāman verbergen hebr
ṭamlû Terrasse ak
tannūr Wasserstelle ar
tanqitu Libation ak
tarafa Neuheit ar
tarāmin weite Ausdehnung ar
ṭarr wasserreich ar
ṭawā wohnen ar
ṭajjār Strömung ar
tilwa hinter ar
ṭirāh Dorf hebr
ṭīṭ Lehmboden hebr
ṭūr Berg ar
urḫu Pfad ak
wali'a brennen ar
waqij schützend ar
wat' Niederung ar
waṭan Heim(at)[87]

## Ipotesi sulle radici preindoeuropee dei toponimi alpini

In der Schriftenreihe *Quaderni di cultura alpina,* herausgegeben von *Luigi Dematteis,* wurde der Doppelband Nummer 34 und 35 Ende 1991 herausgebracht. Autor ist der französische Literaturwissenschafter *Paul-Louis Rousset.* Seine Hypothesen über die Wurzeln des Präindoeuropäischen in den Namen der Alpen fassen die neuesten Forschungen zusammen. Er ist sehr mutig in der Interpretation. Das Vorkommen präindoeuropäischer Toponimi wird im Alpenraum zusammengefaßt und verglichen. Leider sind hier die Westalpen überbewertet. Die Ostalpen fehlen mit wenigen Ausnahmen zur Gänze. Solche Wort-Stämme sind z. B.:

Bal, Bel, Bol (z. B. Monte Baldo, Ballenberg); Balma, Bar, Barma, Ber, das sind Varianten von Bal; Cal, Gal, Jal, Cla; Cam, Can, Cen, Cant, Gand; Car und Gar; Lap, Lep, Lip, Lup; Mal, Man, Mar; Mor, Mur, Mür; Mot, Mut; Pal, Pel; Val, Fel, Fer; Val, Vel; Pen, Ben, Ven (hier ist auch das Val Venosta-Vintschgau sowie Vent im Ötztal mit gemeint); Sal, Sel, Sil; Tab, Tap, Tep, Tip; Tol, Toul, Tul, Tor, Tour, Tur-Taur und andere.

Viele *Sprach- und Altertumsforscher sind der Meinung, daß sich während der Kupferzeit die indoeuropäische Sprachfamilie herausgebildet hat.*[88]

Also ist das *Präindoeuropäische* in den Alpen sicherlich sehr alt. Das *Indoeuropäische* hat sich wohl in der Kupferzeit entwickelt; in den zentralen Alpenraum ist es sicher sehr spät gekommen, eventuell um 2 000 v. Chr. oder erst um 1 500 v. Chr.

Dieses sprachgeschichtliche Kapitel trägt dazu bei, wie in einem Puzzle die Einzelteile der Alpen-Kultur zusammenzufügen. Ein Element ergibt und erklärt das andere. Die Zusammenhänge unserer Kultur mit dem Zweistromland an Euphrat und Tigris sind am Beispiel der Sagen recht klar. Sie sind hier an sprachlichen Elementen noch erhärtet. Die Rätia als *Meine Hirtin* lebt in den Sagen weiter bei der *Herrin der Tiere,* bei der *Alpmutter;* der *Uri-Stier* und der Aufputz der Kühe beim Almabtrieb erinnern an den *Ur.* Und an die gleichnamige Stadt erinnern auch die Bündnerische Hauptstadt Chur und der schweizerische Kanton *Uri.*
Jetzt erst können wir den Namen *Alpe* und *Alpen* erklären. Jetzt erst vergleichen wir die ältesten Dokumente der Ziegen- und Schafzucht im Zwischen- bzw. Zweistromland mit unserer Alp-Kultur und sind überrascht, daß der Fluß *Inn,* der Name des Landes *Tirol* und der Begriff des *Senn* aus dem Akkadischen stammen.
Haben unsere Vorfahren die Fertigkeit der Käsezubereitung von den *Saligen Fräulein,* den *Weißen Frauen* oder von akkadisch-semitischen Hirten gelernt? Und das alles vielleicht schon anno 4 000 oder 4 500 v. Chr.!

◁ Der *Pferdekopfgiebel* (Seite 132 oben aus Plawenn in Südtirol) und die *Feige* (Seite 132 unten, auch aus Plawenn) gehören ebenfalls zu diesem Typus von Hausgestaltung, der zweifellos mit Magie und Abwehr zusammenhängt.

IHS

Δ ◁ Die Vielfalt ist schier unerschöpflich: Gemisch aus christlicher mit vielen älteren Formen aus *heidnischer* Symbolik. Da steht das Kreuz neben dem Hufeisen, der magische Kreis neben dem Christus Monogramm (IHS). Doppelt hält besser. St. Peter in Tanas im Vintschgau. Schluderns im Vintschgau. St. Giorgio im Trentino.

Ob auf einer Alm (Seite 137 unten - Tablander-Alm), auf der weißen Mauer eines Bauernhofes (Seite 137 oben im Langtauferer-Tal in Südtirol) oder bei einem Friedhof (Seite 136 im Gader-Tal): die Formen und Ausdrucksmittel sind überaus reich und unterschiedlich. Alle diese Motive finden sich im gesamten Alpenraum und überall in ländlichen Regionen. Die einfachen, in das Holz geritzten Zeichen auf dem Bild Seite 137 unten z.B. erinnern an uralte Felszeichnungen aus prähistorischer Zeit.

△ ▷

IHS
M R
1659

YANKEES
MERANO

# Besiedlung Europas und der Alpen in drei Phasen

*Paul-Louis Rousset* versucht, die neuesten Forschungen über die älteste Besiedlung der Alpen zusammenzufassen und neu zu deuten.
Demnach gab es drei prähistorische Bevölkerungsphasen:
die *Vor-Indoeuropäische*
(= mittlere Jungsteinzeit: 4500–3500 v. Chr.)
die *Ural-Altaische*
(= späte Jungsteinzeit: 3500–2200 v. Chr.)
die *Indogermanische*
(= Bronzezeit: 2200–1600 v. Chr.).
Die älteste Epoche ist charakterisiert durch Menschen mit einem langköpfigen Schädel und hat ihren Ursprung vermutlich im mittleren Orient. Diese Rasse wird auch *mediterran* genannt. Ihre Sprache stammt von einer vorkamitisch-semitischen Gruppe, die sich vor vier- bis fünftausend Jahren ausbreitete. Im Alpenraum werden die Ligurer damit in Zusammenhang gebracht; in Europa unter anderem die Iberer, teilweise die Basken und die Aquitanier. Fragmente dieser alten Kultursprache sind in ältesten Ortsnamen nachverfolgbar.

Eine zweite Gruppe, Menschen mit einem kleinen, rundförmigen Schädel, sollen aus den Steppen Zentralasiens gekommen sein. Die Vertreter dieser Rasse aus dem *Ural-Altaischen* werden von den Anthropologen als *Alpine Rasse* bezeichnet.
Viele unserer heutigen Ortsnamen haben altaische Wurzeln. Das am meisten verbreitete Wort ist *Alp.* Es kann abgeleitet werden aus den Bedeutungen für *groß, hoch, erhöht, stark* und in der übertragenen Bedeutung für *Herr* und *Gebieter. Rousset* findet hier keine Verbindung zum Akkadischen, wo *alpu* als *rind* gedeutet wird (vgl. dazu

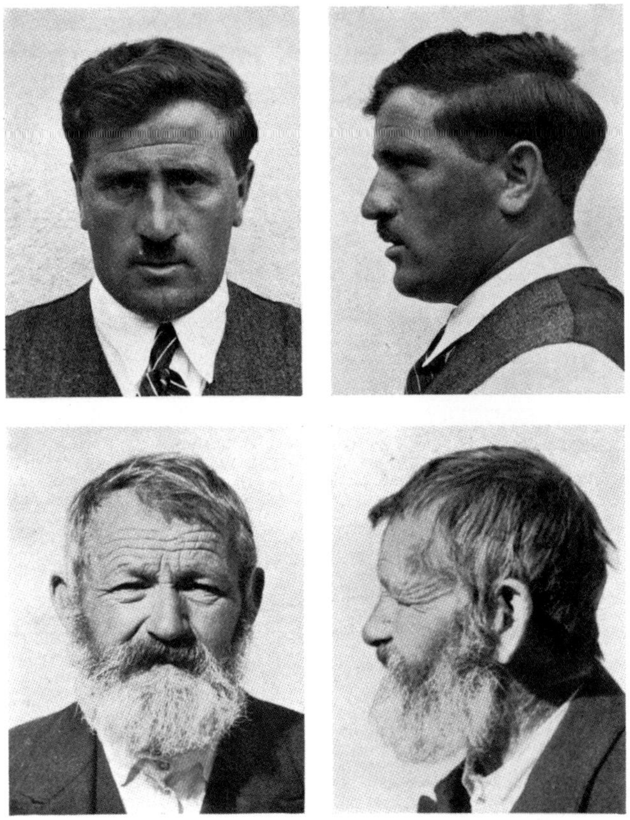

Nach *Gustav Sauser* und seiner Anthropologie der Ötztaler gehört der Mann oben zum Typus der mediterranen Rasse. Der Mann unten ist mein Großvater und ist nach *Sauser* ein typischer Vertreter der alpinen Rasse. Der Mann oben stammt aus Vent, wo *Sauser* eine auffallende Häufung des mediterranen Typus nachwies. Mein Großvater *Johannes Stippler* stammt aus Längenfeld, wo seine Vorfahren durch mehrere Jahrhunderte nachweisbar sind.

Aus *Blins,* einem kleinen Bergdorf im Piemont, stammt der Kopf auf Seite 139. In diesem Ort finden sich mehrere solcher rätselhaften Köpfe an Häusern und verkehrt eingemauert im Turm der Dorfkirche sowie im Friedhof. ▷

auch die Untersuchungen von *Linus Brunner*).
Die Angehörigen dieser Ural-Altaischen Völker sind vermutlich im Raum zwischen Donau und Drau in den Alpenraum vorgedrungen, kamen bis nach Rätien, in den Bereich des heutigen Graubünden und weiter in den Tessin, ins Wallis, bis nach Savoyen und in die Dauphinè. Man darf annehmen, daß sie die Julischen Alpen, die Dolomiten und die Orobischen Alpen umgangen haben. Im Raum Dolomiten-Trient ist für Alp der Begriff *Malga* für unsere *Alm* verbreitet.
Die Altaier waren Hirten. Nach *Rousset* fanden sie in den *Alpen* genug Weide, um ihr Vieh ernähren zu können, während sie die Wälder Mitteleuropas mieden.
Die dritte und letzte Besiedlungphase kam durch die *Indoeuropäer.* Knapp vor dem zweiten Jahrtausend v. Chr. dürften sie den Großteil Mittel- und Nordeuropas erreicht haben, also auch Teile der Alpen. Einige Zusammenhänge und Kombinationen bieten sich an. Weil ich mich – auch in der Verbindung mit der Kultstätte auf der *Kaser* bei Vent – und dem Fund des *Mannes im Eis* – intensiv mit Sagen, Almkultur, Besiedlungsgeschichte usw. des hinteren Ötztales beschäftige, wurde ich über eine weitere interessante Quelle fündig. Der Anthropologe *Gustav Sauser* von der Universität Innsbruck hat 1938 eine umfangreiche Arbeit *Die Ötztaler – Anthropologie und Anatomie einer Tiroler Talschaft* herausgebracht. Obwohl Sauser, der damaligen Zeit und Ideologie entsprechend (Erscheinungsjahr 1938)

Weitere verborgene Kostbarkeiten birgt der kleine Ort *Blins*, - z.B. diese Tierfigur und am Kirchenportal die Schlange mit dem Ei. Vergleiche dazu die beiden Darstellungen in meinem Buch *Mythos und Kult in den Alpen,* in dem ich ebenfalls zwei Schlangen mit-Ei-Darstellungen aus dem Schnalstal und von den Indianern aus Ohio zeigen konnte. ▷

viel daran setzen mußte, möglichst viel Rassekundliches dem *Nordischen/Dinarischen* zuzuordnen, kam er nicht umhin, sachlich und korrekt festzustellen, daß der Anteil von Menschen, die der *Alpinen Rasse* angehören, relativ groß ist. Vor allem im Bereich der Gemeinde Umhausen sind viele Vertreter dieser uralten Rasse anzutreffen. Sind das unsere *Ural-Altaischen* Vorfahren?

Noch bemerkenswerter ist der Hinweis, daß sich in *Vent* relativ viele Vertreter der *Mediterranen Rasse* finden lassen. Sauser bestätigt Rousset.

Also könnte gedeutet werden, daß Vent im Ötztal mit seinen Wurzeln bis in die erste alpine Besiedlungsphase durch mediterrane Völker zurückreicht, also in die Zeit zwischen der mittleren und der späten Jungsteinzeit (Kupferzeit), also zwischen 4 500 und 3 500 v. Chr.

Gehörte der *Mann im Eis* diesem mediterranen Typus an? Ich muß es den Anthropologen überlassen, welcher Rasse sie diesen berühmten Fund zuordnen. Es könnte auch sein, daß dieser Mann vom *Tisnjoch* in den Ötztaler Alpen einer der ersten Vertreter der ural-altaischen Hirtenvölker war. Gehörte er also der *Alpinen Rasse* an? Sicher ist, daß der Ortsname *Vent* laut Rousset zu den wichtigen Vertretern der präindoeuropäischen Toponomie gehört. Vent scheint als einer der wenigen Orte in *Roussets* Buch auf, die im Bereich der Ostalpen genannt sind. Neben dem Ötztal sind Orts-, Flur- und Bergnamen *Vent* siebenmal in den Bergregionen von Piemont, Aosta, Hautes Alpes und anderen Teilen der Westalpen vertreten. Und wenn die Einheimischen *Vende* sagen, so gibt es Entsprechungen dazu als *Vente,* ebenfalls in einigen Teilen der Westalpen. Haben sich unsere Vorfahren also vor mehr als 5 300 Jahren in die allerhintersten Alpentäler *verirrt?*

# Der Mann im Eis

*Die Niederjöchler und die Rache des Eismandl*

Höchst bemerkenswerte Geschichten haben sich vor urdenklichen Zeiten ganz oben bei den Gletschern zugetragen, und das Volk hat sich diese Begebenheiten immer wieder weitererzählt, hat dazugedichtet und fabuliert. Aber der Kern der Sage bleibt erhalten.

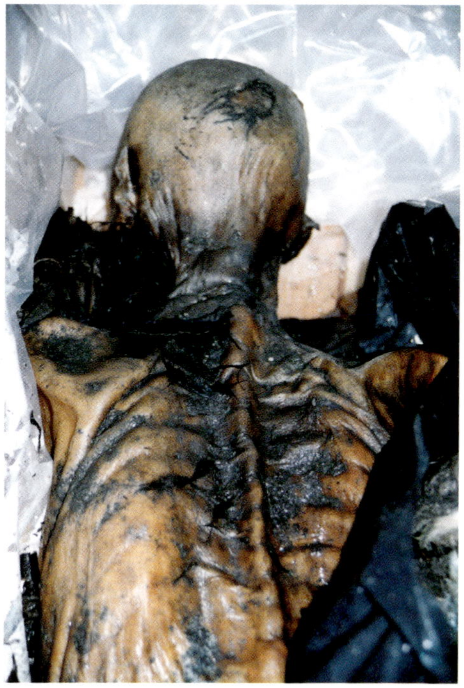

Der 1991 gefundene *Mann im Eis* (auch *homo tyrolensis, Ötzi, Etztoolar Neene*) hatte einen Vorgänger.

*Die Niederjöchler* sind Sagengestalten vom Niederjoch in den Ötztaler Alpen. In unmittelbarer Nähe des Niederjoches wurde der *Mann im Eis* gefunden.

> *Auf dem Niederjoch hausen hilfreiche Wesen, Nörggelen oder auch Niederjöchler genannt…*[89]

So also sind diese uralten Männer für die gleichnamige Sage aus den Ötztaler Alpen verantwortlich. Christian Falkner hat die Sage aufgezeichnet und im *Ötztaler Buch* niedergeschrieben.

> Doch die Niederjöchler sind nicht nur Helfer in der Not, sondern auch Rächer der Untreue.[90]

Von einer solchen Racheaktion handelt die Sage:

> *Da wird von einem Rofnerbauern in uralten Zeiten erzählt, er mußte übers Joch nach Schnals eine neue Magd dingen gehen, weil ihm die Oberdirn kurz vor der Heumahd gestorben war. Als der junge Bauer aufs Joch kam, wurde auf einmal schlecht Wetter, der Schneesturm heulte und der Weg war nicht mehr zu finden. Der Bursch fürchtete sich sehr und wollte schon umkehren. Auf einmal stand ein* Eismandl *mit langem, weißem Bart vor ihm und sagte: ›Du brauchst dich nicht zu fürchten, wenn du dein Wort hältst, im Eis gibt es aber auch Rächer.‹*
> *Der Himmel heiterte wieder auf, so daß der Rofner ungefährdet über den Ferner nach Schnals hinunterkam. Dort nahm er die Tochter eines Bekannten seines Vaters als neue Dirn auf. Er verliebte sich schon auf dem Heimweg in das arme, saubere Mädel. Droben auf dem Niederjochferner gelobte er ihr Treue und Heirat. Doch wie's halt geht: Nach dem Tode seines Vaters ging der junge Rofner nach Schnals zur Leiche laden und lernte dort eine reiche Bauerntochter kennen. Bald darauf heiratete er diese.*
> *Als die verlassene Braut dies hörte, schnürte sie ihr Bündel und wollte über den Niederjochferner in die Heimat gehen. Auf der Stelle, wo sie einst die schönsten Augenblicke ihres Lebens verbracht hatte, traf sie das neue Brautpaar. Sie machte dem Treulosen bittere Vorwürfe. Der aber entgegnete ihr höhnisch, ihm sei mit so einer armen Dirn nie Ernst gewesen. Auf diese sündhafte Rede hin* fiel dichter Nebel ein, der Ferner öffnete sich und verschlang den Treulosen mit seinem jungen Weibe. So rächten die Eismandln die Untreue…[91]

Der Treulose liegt im Fernereis. Neben ihm liegt die Frau. Es könnte sein, daß der Mann gefunden wurde. Es ist sehr unwahrscheinlich, daß die neben ihm liegende Frau gefunden werden kann. Hatte der Rofnerbauer über das Niederjoch oder über das Taschljöchl den Übergang aus dem Schnalstal ins Ötztal gewählt? Werden sich die Niederjöchler wieder rächen? 1992 an den Massen, die aus Neugier graben, gaffen und zerstören?

## Wo lag der Ötztaler Eismann?

Es bedarf einiger Klarstellungen. Die mehrfach geäußerte Lokalisierung auf den *Similaungletscher* ist falsch. Die Fundstelle liegt auf 3200 Meter Höhe an einer Stelle, die bis 1991 von einem Teil des kleinen, namenlosen Gletschers bedeckt wurde. Dieser kleine Gletscher stand in Verbindung mit dem Niederjochferner. Auf allen amtlichen

*Hans Kammerlander, Hans Haid* und *Reinhold Messner* vor der Similaunhütte am 21. September 1991.

Karten ist der Fundort nicht bezeichnet. Nach übereinstimmender Meinung der Einheimischen in Vent und im Schnalstal ist die Fundstelle das *Tisen-Joch* bzw. *Tisen-Jöchl.*

Weil diese Bezeichnung nicht *amtlich* ist, behelfen sich Amt und Wissenschaft mit dem *Hauslabjoch,* das aber 300 Meter entfernt und rund 80 Meter höher liegt. Die Bezeichnung *Der Mann vom Hauslabjoch* ist also topografisch ungenau. Ich schließe mich hier der Meinung des Gletscherforschers *Gernot Patzelt* an, der die Ortsbezeichnung *Tisenjoch* durchsetzen möchte:

> Das Tisenjoch würde sich als naheliegendere Ortsbezeichnung für den Eismann anbieten, umsomehr als der Name Tisen vom Tisen-Hof am Ausgang des gleichnamigen Tales ausgeht und einer vordeutschen Sprache der Vorgeschichte entspringt.[92]

Ich lasse auch gelten, daß der Name *Similaun-Mann* oder *Mann vom Similaun* verwendet wird, weil damit der Fundort in den Ötztaler Alpen auf eine kleinere und sehr bekannte Gletscherregion sowie auf den Namen eines uralten *Heiligen Berges* ausgerichtet ist.

Was hat das *Hauslabjoch* mit dem Ötztal zu tun? Ein kaiserlich-königlicher Vermesser aus Wien, also ein k.u.k.-Beamter, der Herr von *Hauslab,* erstieg im Jahre 1819 angeblich als erster den nahegelegenen 3403 Meter hohen Hauslabkogel. Gehört der *Hauslaber* also den Wienern?

Aus Geländeform und Lage des Fundes wird verständlich, daß sich der Mann im Eis über mehr als 5000 Jahre erhalten konnte. Die Felsrinne bzw. Felswanne war mit Eis gefüllt, das sich nicht bewegte. Außerdem scheint es höchst wahrscheinlich, daß wir in diesem Teil der Alpen die größte Ausaperung der Gletscher seit mehr als 5300 Jahren erleben.

Mutig und faszinierend ist die Theorie von *Heinrich Tilly* aus Telfs, wonach der Eismann in einem *Steinkistengrab* lag. Er wurde dort nicht – wie allgemein angenommen – von einem Schneesturm überrascht, sondern wurde dort bestattet, und zwar mit allen Ritualen, wie es für den *Schamanen Sim* angemessen war.

Ich schließe mich hier mit sensiblem Gespür den Ausführungen von *Heinrich Tilly* an. Er hat sie mir für dieses Buch exklusiv und zum ersten Mal in schriftlicher Form überlassen. Man muß dabei den Mut und das Gespür haben, weit über eine wissenschaftliche Beweisbarkeit hinaus, gerade im Zusammenhang mit diesem Ötztaler Fund Interpretationen zu wagen, Deutungen anzustellen und Visionen zu entwickeln.

Es muß gestattet sein, sich auch sehr weit vorzuwagen. Ich teile die Begeisterung von Tilly und vermute hinter seinen Interpretationen den gleichen wahren Kern wie hinter den meisten Volkssagen. *Mythos und Kult* sind sowieso rational kaum faßbare Größen in unserem Leben. Das ist gut so. Im folgenden also diese Tilly-Visionen:

Luftaufnahme mit dem Fundort der Gletscherleiche (1), mit der Similaunhütte (2) und dem 3606 Meter hohen Similaun (3) Bild Seite 146. ▷

In Vent wird die Mumie in einen Sack verpackt, in den Sarg gelegt und vom Hubschrauber abtransportiert. Diese beiden Bilder auf Seite 147 wurden exklusiv für dieses Buch zur Verfügung gestellt. Auf dem oberen Bild Professor *Rainer Henn*, der Gerichtsmediziner der Universität Innsbruck, der am 26. Juli 1992 bei einem Autounfall ums Leben kam, und der Leichenbestatter *Toni Klocker* aus Längenfeld. Ihm verdanken wir den sachgemäßen Transport von Vent nach Innsbruck.

1
2
3

OE-BXZ

## Eismann starb aufrecht, man begrub ihn vakuumverpackt

Der Mann im Eis vom Hauslabjoch starb keines natürlichen Todes. Sein Tod lief vielmehr gesetzmäßig ab nach genauen Regeln und Zeitabläufen, und die Schamanen, die das Todes- und Bestattungsritual zelebrierten, sorgten dafür, daß der Geopferte ein ihm angemessenes Begräbnis bekam und einen Sarkophag aus Schnee und Eis, als Pyramide nach Art der Alten Ägypter.
Der vielleicht 25jährige wurde als Geweihter und daher als Gezeichneter in das Reich der Unsterblichen begleitet, als Auserwählter, vielleicht als Heiliger. Ganz sicher wurde er mit seinem bevorstehenden Tod vertraut gemacht, und er empfand sein Sterben nicht als Tod in unserem Sinn, sondern als Auszeichnung, das Ritual antreten zu dürfen, das der Großen Göttin geweiht war, ein Mysterium des Chalcolithicums, des höchsten Gottesdienstes der Steinzeit.

*Rekonstruierbar*

Das Ritual, das die Schamanen am Hauslabjoch ablaufen ließen, gehört nicht der unwiederbringlichen Vergessenheit an, es ist nicht total verlorengegangen, es ist rekonstruierbar. Es ist nicht so, daß ein Jahrtausende währendes Geschehen einfach spurlos verebbt. Das ist unmöglich. Der alpine Mensch ist konservativ, konservierend, beharrlich, traditionell. Sein Nahverhältnis zum Tod wurde ihm durch die Unberechenbarkeit der Natur und deren Gewalt anerzogen. Sterben galt immer als Überleben, zwar nicht für den einzelnen, weil der einzelne nicht so wichtig war.
Der Alpenbewohner wurde von der Lawine verschüttet oder von der Mure weggerissen, vom Schneesturm begraben oder vom Blitz erschlagen, vom Baum erdrückt oder vom Steinschlag getötet, immer war es die Natur, die in das junge Leben der Menschen eingriff und dazu aufforderte, sich mit dem Tod anzufreunden. So vererbte und übertrug sich die Verehrung des Todes von Generation zu Generation, und man hielt es für angebracht, dem Tod nicht nur das Leben zu vergönnen, sondern ihn auch in eine Zeremonie zu kleiden.

*Zeremonie*

Diese Zeremonie haben nicht Menschen unseres Jahrhunderts erfunden, nicht einmal Menschen dieses Jahrtausends. In Vent und in vielen anderen Orten Tirols, in denen man Verstorbene im Winter nicht auf den Friedhof transportieren konnte, weil die Entfernung zur Pfarrei zu groß oder weil hauptsächlich die Öffnung eines Grabes im tiefen Schnee unmöglich war, stellte man Leichen aufrecht und steifgefroren über den Winter auf den Dachboden, und die Trauerfeierlichkeiten wurden bis zu jenem Zeitpunkt im Frühjahr verschoben, der eine Erdbestattung zuließ. Dann allerdings, wenn die Erde aufnahmefähig war, traf sich alles zum letzten Geleit, und um das ging es, um die Gemeinsamkeit der Lebenden und der Toten. So war es auch vor 5 000 Jahren.

*Aufrecht*

Es gibt ernstzunehmende Hinweise dafür, daß der Mann vom Hauslabjoch nicht so aufgefunden wurde, wie ihn die Weltpresse veröffentlichte, nämlich am Bauch liegend. Als man ihn *fand,* hatte man anscheinend schon an ihm herumhantiert und die Fundstellung frisiert. Mit ganz großer Wahrscheinlichkeit war der Tote bei seinen wiederholten Bergungsversuchen nicht richtig freizubekommen, da er an verschiedenen Stellen seines Körpers an seinem Untergrund angefroren war. Anscheinend stand der Mann aufrecht im Eis, und nur der Kopf schaute aus der Schneedecke heraus. Bestätigt sich diese Variante der ersten Sekunden mit dem zu Bergenden, so gibt es keinen Zweifel darüber, daß der Steinzeitmensch stehend und aufrecht bestattet worden ist.

Die Vorgänge jener Endphase eines dreitägigen Rituals können so vor sich gegangen sein: Der kältesteife, fast nackte Körper des Toten wurde auf eine Steinplatte gestellt und mit dem T-querschnittförmigen Kultstab gestützt. Das Beil, das er in Defilierstellung in den Händen hielt, umklammerten die gefrorenen Hände mit festem Griff. Der Köcher mit den Pfeilen wurde ihm am Rücken belassen. Ein Lederhelm, mit eingeteerten Federn als Kamm aufgesetzt, wurde in zwei Halbschalen in Patchworktechnik hergestellt, mit Lederlaschen als Ohrenschutz versehen wurde er ihm aufgesetzt. Die übrigen Grabbeigaben, wie der Schnurkalender, der Feuerschläger, das Kultskalpell, der Zauberstab und der Zunderschwamm wurden ihm in einen Heugürtel gesteckt. Füße und Unterschenkel stecken in einer Art Stiefel mit Ledersohlen, von denen Riemchen ausgehen, die die Heupolsterung zusammengürteten.
Eine Tragkraxe aus Haselnußstöcken und zwei Lärchenbrettchen, wahrscheinlich zum Hochtragen der Grasmatten, lehnten die Zeremonienmeister an die Steinplatte. Einen Giftbecher aus Birkenrinde mit Deckel stellten sie ebenfalls auf das Steinfundament.

### *Mumifizierung*

Im Fackelschein, bei eisiger Kälte und beginnendem Schneetreiben wickelten die Schamanen den Stehenden mit Grasmatten ein. Mehrfach wurde das grobmaschige Geflecht um den Körper gewickelt. Sorgfältig wurden alle Hohlräume mit bloßen Händen mit Schnee ausgestopft. Den Abgehärteten war Kälte und Arbeiten bei tiefen Temperaturen vertraut.
Vom Boden beginnend mauerten sie den Heumumifizierten mit Schnee ein. Immer höher wuchs das glockenartige Gebilde empor zu einem massigen Kegelstumpf, aus dem nur noch die Spitze des Kultstabes herausragte.
Das Einbetten in Schnee kommt einer Vakuumverpackung gleich. Die im Schneepolster enthaltene Luft schützt den Körper nicht nur vor dem direkten Kontakt mit dem unbarmherzigen Druck des Eises, sondern verhindert auch das Eindringen extremer Temperaturen in den Körper und die Erfrierung der Zellstruktur. Das Eis des Niederjochferners sollte die unsterbliche Hülle des Toten für alle Zeiten konservieren.
Als am frühen Morgen Schneetreiben einsetzte, konnten sie zusehen, wie sich der Eissarkophag zu einer fast gesetzmäßigen Pyramide auszuformen begann.

### *Abstieg*

Im wachsenden Schnee watend umkreisen die Schamanen noch dreimal die heilige Stätte, die Fackeln sind schon längst abgebrannt. Der Vorbeter schert aus in Richtung Tal. Die Bergerfahrenen, einen aufkommenden Schneesturm im Rücken, gönnen sich keinen Blick mehr zurück, sie spüren, daß die Große Duna gewillt ist, weiterzuleben, ihr Leben wieder zu beginnen. Damit geht auch das Leben der Menschen in den Bergen weiter.
Es gibt keine Ahnung dafür, daß die Berge ihr Opfer einmal freigeben würden.[93]

2500
STEINKASTENGRAB
600

18 METER
STEINKASTENGRAB
5-6 METER

18 METER
STEINKASTENGRAB
5-6 METER

Im Steinkastengrab wird der Mann aufrecht bestattet und mit einem Schneemantel umhüllt. Auf diese Weise war die Mumifizierung möglich. Adler und andere Tiere konnten ihn nicht holen. Nach und nach sank der Mann zu Boden und gelangte in die Stellung, in der er gefunden wurde. *Heinrich Tilly* hat für dieses Buch diese Zeichnungen zur Verfügung gestellt.

# Der Mythos des Unsterblichen vom Similaun

Unabhängig von *Tilly* hat *Elsa Maria Roth* aus Schönberg in Bayern in einem gleichlautenden Brief u. a. an Professor *Spindler,* an *Markus Egg,* an den *Spiegel* und an mich Thesen zum umstrittenen Zweck von *Ötzis Gletschertour* aufgestellt.

*Der Mann vom Hauslabjoch war wahrscheinlich zur Zeit der Tag- und Nachtgleiche – um den 21. September eines jeden Jahres gemäß unserer Zeitrechnung – unterwegs als Priester-Astronom in Personalunion mit dem Schamanen einer Hirten-Siedlungsgruppe*[94],

schreibt sie in diesem Brief vom 23. April 1992. Angetan hat es ihr und vielen anderen Forschern die beim Eismann gefundene Quaste mit den Schnüren in einem Stein. Für *Tilly* ist es ein Kalender, für Frau *Roth* hat die Quaste mit der Perle sexual-kultische Bedeutung.

Es ist nicht auszuschließen, daß der *Ötzi* von einer Kultstätte kam oder dorthin unterwegs war, beispielsweise der *Kaser* oberhalb von Vent. Es kann sehr leicht sein, daß er – der damaligen Kenntnis von Astronomie entsprechend – ein Astronom war, ausgestattet mit ungefähr dem Wissen, das vielfach bei den Megalithen der Surselva (vgl. die Bücher von *Ulrich* und *Greti Büchi*) nachgewiesen ist. Der *Similaun* bietet sich an als markante Eis- und Berggestalt.

Der *Hirten-Astronom* ein Priester oder Schamane? War *der zu Höherem Berufene und Befugte möglicherweise kastriert? Dies zu prüfen möchte ich anraten.*[95]

Quaste mit Bändern und durchlochtem Stein, Tätowierungen am Rücken und am Knie sind tatsächlich rätselhafte Elemente, mit größter Wahrscheinlichkeit kultisch bedingt und damit überaus wichtig.

Die *Quaste mit Bändern* ist bei Professor *Spindler* eine *Troddel aus gedrehten Schnüren.* Für *Heinrich Tilly* ist es ein *Schnurkalender.* Die Deutung dieses Gegenstands wird wie vieles andere der Wissenschaft weiterhin Rätsel aufgeben und wird, ebenso wie die Tätowierung, den Deutern und Mystikern unerschöpflichen Stoff bieten.

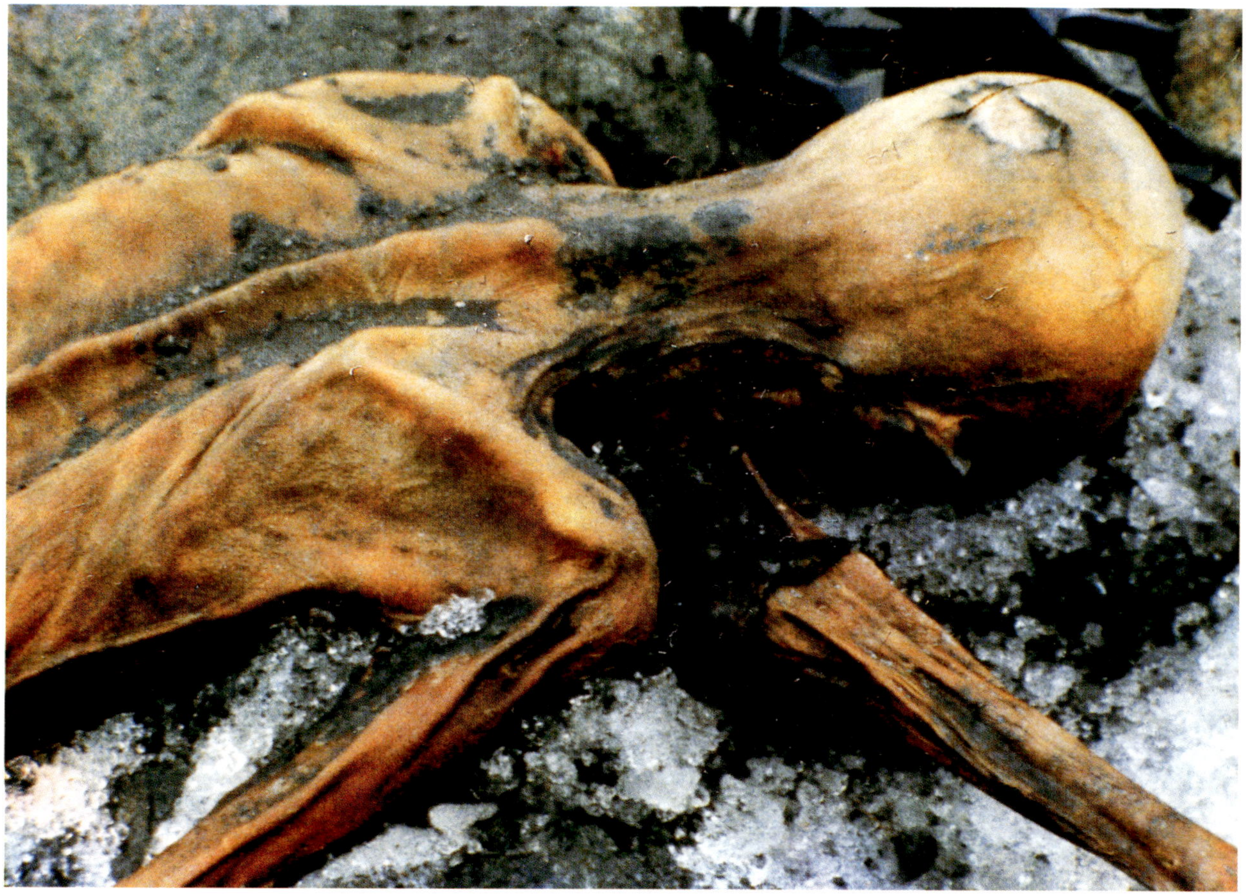

Δ In dieser Stellung, in diesem Zustand und in diesem Stadium der Ausaperung fanden am 21. September 1991 gegen 17.00 Uhr die Bergsteiger *Hans Kammerlander*, *Reinhold Messner*, ein Bergführer aus Schluders, sowie meine Ehefrau *Gerlinde* und ich den *MANN IM EIS* auf dem Tisenjöchl vor. Wir waren alle beeindruckt.

◁ *Heinrich Tilly* hat in dieser Weise nachempfunden, wie der *Mann im Eis* ausgesehen haben könnte.

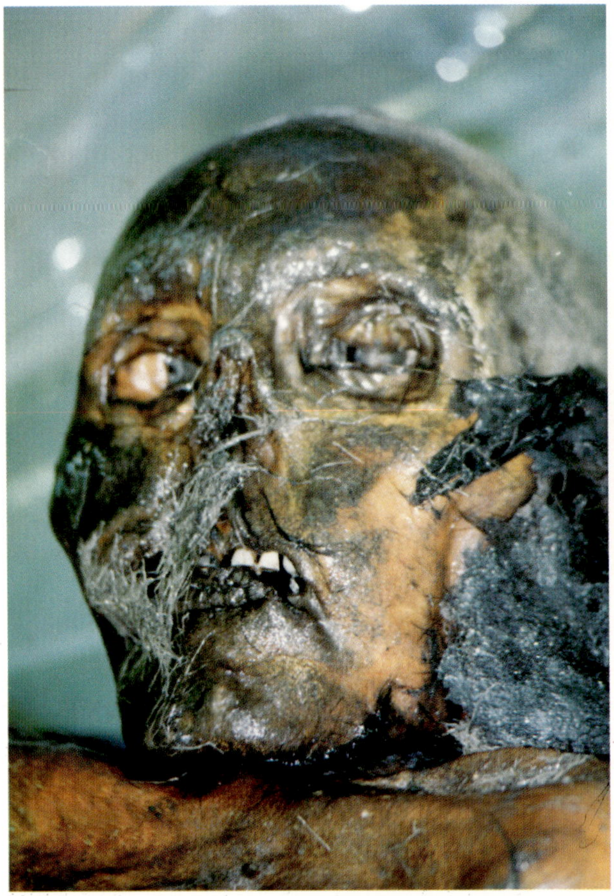

Diese drei Fotos wurden exklusiv für dieses Buch zur Verfügung gestellt. Die Aufnahmen entstanden am 23. September 1991 und zeigen den Zustand vor der Reinigung. Diese Quaste mit Bändern respektive die Troddel aus gedrehten Schnüren beziehungsweise der Schnurkalender gibt noch viele Rätsel auf.

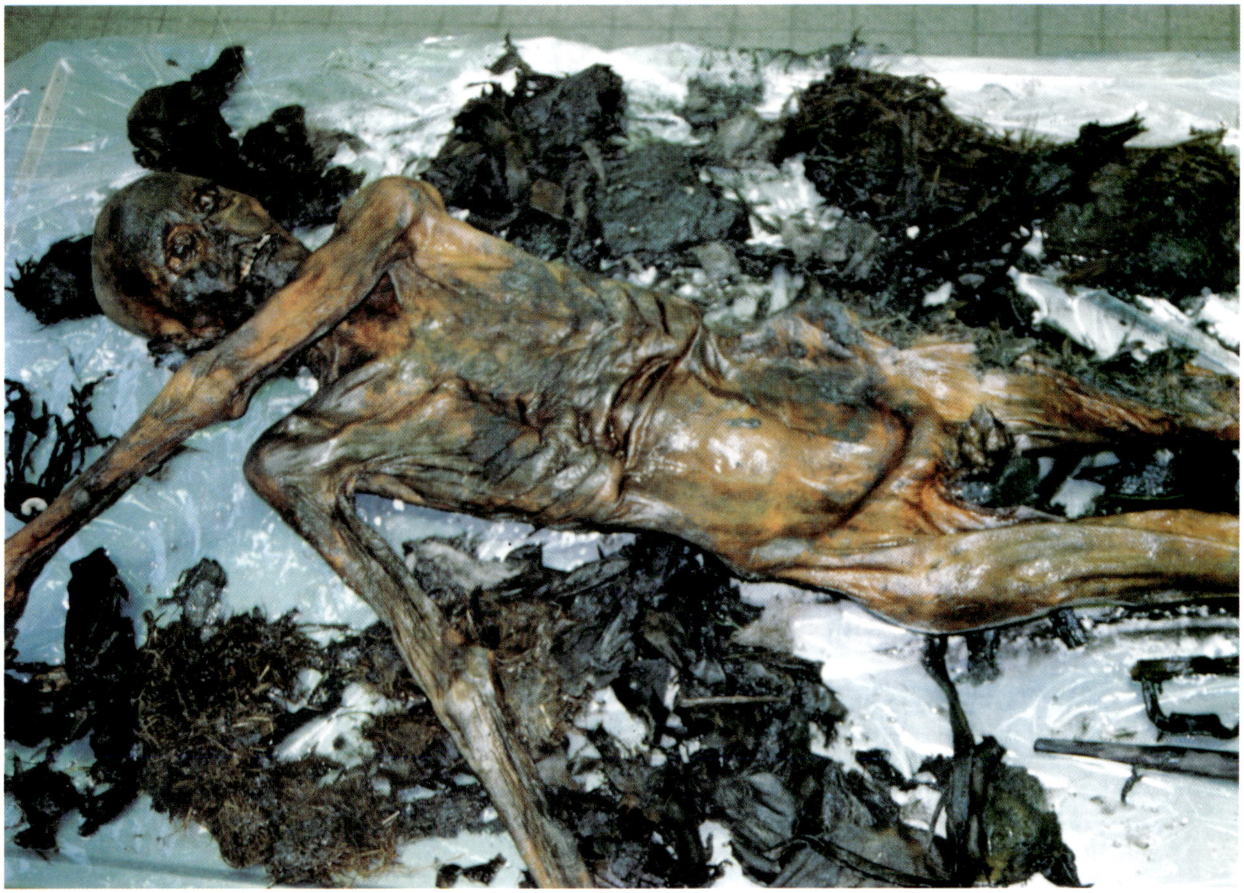

So hat der *Mann im Eis* ausgesehen, als er von Vent nach Innsbruck im gekühlten Leichenwagen der Bestattung *Klocker* transportiert und dort auf einer Art Seziertisch zum ersten Mal der wissenschaftlichen Begutachtung zugänglich gemacht worden war. Die Aufnahme hat Seltenheitswert. Dem Ötztaler Fotografen sei hier ausdrücklich gedankt.

## Ein Vergleichsfund aus dem Lötschental

Weit entfernt von den Ötztaler Alpen fand im Jahre 1944 der Maler *Albert Nyfeler* (1883–1969) im Gletschereis nahe des Lötschenpasses (2690 m) drei Holzstecken, die er als Pfeilbogen erkannte. Mit Hilfe einheimischer Träger wurden die Stöcke sorgfältig aus dem Eis befreit. Für *Nyfeler* waren diese Pfeilbogen sehr wichtig, weil er sie als sehr alt einstufte. Im Jahre 1953 wurden in einer Festschrift für *Nyfeler* diese Stücke ausführlich beschrieben. Nach dem Tod des Künstlers gerieten die Funde gänzlich in Vergessenheit. *Die Nachricht von dem Fund gelangte jedoch nicht in die Kreise der Urgeschichtsforscher,* schreibt *Bellwald* im Begleitheft zur Ausstellung *Fundort Lötschental* im Museum Kippel vom Jahre 1991. Der Schweizer Volkskundler *Arnold Niederer* hat mir diese Broschüre zugesandt. Ich danke ihm und seiner Gattin, die für die Herausgabe des Heftes verantwortlich sind.

Die Pfeilbogen vom Lötschenpaß sind aus Eibenholz gefertigt und 140 bis 170 cm lang. Am Institut für Mittelenergiephysik an der Eidgenössischen Technischen Hochschule in Zürich wurden die drei Bogen nach der 14C-AMS-Methode datiert. Die Pfeilbogen sind zwischen 3900 und 4200 Jahre alt, stammen also aus dem Spätneolithikum und der Frühbronzezeit.

Wenn diese Datierung stimmt, so würden die Lötschentaler Funde um tausend Jahre jünger sein als die Ötztaler. Beim *Mann im Eis* wurde ja ebenfalls ein aus Eibenholz angefertigter Bogen gefunden. In der Schweiz haben inzwischen zwei Pfeilbogenbauer, nämlich *Urs Huber* und *Manfred Pfister,* nach den Originalen vom Lötschenpaß eine ganze Reihe von Bogen nachgebaut. Mit diesen Bogen können *Jagddistanzen* von 30–50 Metern und maximale Schußweiten bis zu 200 Metern erreicht werden.

Der Bogen des Mannes im Eis wurde bei der Bergung im September 1991 abgebrochen. Erst im Laufe des Jahres 1992 wird es vielleicht gelingen, den Rest des Bogens und möglicherweise weitere Gegenstände zu bergen.

Ich gehe davon aus, daß es in weiten Teilen der Alpen vor 4000 und mehr Jahren eine überraschend intensive Alpin-Kultur gegeben hat. Die beiden Standorte Lötschenpaß und Tisenjoch liegen weit voneinander entfernt. Hier wie dort wurde derselbe Bogen aus Eibenholz gefunden.

Im Wallis wie im Vintschgau sind zahlreiche Zeugen der *Megalith*-Kultur nachweisbar, z. B. die Funde von *Steinsetzungen* wie Menhire, Steinkreise usw. Wie auf der *Kaser* im Niedertal, oberhalb von Vent, wurden auch auf der Gletscheralp im Lötschental diese Zeichen eines uralten Kultes gefunden. Auf der Gletscheralpe, präzise auf der Gletschertafel, befinden sich Schalensteine, Rillensteine, Gleitrinnen und eine Rutschplatte. Das alles sind eindeutige Hinweise auf die uralte *Steinkultur* der Alpen, auf spätsteinzeitlichen *Kult* in den Alpen. Es fügt sich vieles zu einem bunten Puzzle zusammen.

Zur heidnischen Religion der in Norddeutschland ansässigen Germanen gehörten auch Menschenopfer, die ebenso wie verurteilte Rechtsbrecher im Moor versenkt wurden. Insgesamt hat man etwa 300 Moorleichen in Dänemark, Holland und Nordwestdeutschland entdeckt. Im Dornlandsmoor bei Windeby, Kr. Eckernförde, fand man die Leiche eines etwa fünfzehnjährigen Mädchens. Die Augenbinde und die über der Leiche zerbrochenen Stäbe deuten allerdings darauf hin, daß es sich um eine hingerichtete Ehebrecherin handelte.

## Hirte, Jäger und Priester

Der *Mann im Eis* war mit Schafen oder Ziegen im Hochgebirge unterwegs. Beim Zusammentreiben der Tiere waren mehrere Männer aus dem Vintschgau in den Ötztaler Bergen rund um den Similaun unterwegs. Aus den hochgelegenen Karen, bis in Höhen von 3400 Meter waren die Schafe und Ziegen herunterzuholen. Oben, am Rand der Vegetation, fanden sie die letzten würzigen Kräuter und konnten in der Mittagshitze auf dem Eis liegen.

Ein herbstlicher Schneesturm brach herein. Die Treiber und Hirten gerieten in den Sturm. Einer von ihnen blieb auf dem *Tisen*-Joch. Wie in anderen Jahren und bei vielen folgenden Katastrophen kamen viele Tiere ums Leben. Für diese hochgelegene Region ist dies fast ein sich alle zehn, fünfzehn Jahre wiederholendes Ereignis. Der *Mann* blieb im Eis. Er war *Hirte, Jäger* und *Priester,* jedenfalls ein besonders wichtiger und einflußreicher Mann. Als *Herr* und *Hirt* der Herden stand er in höchstem Ansehen. So ist es heute noch bei den Schaftrieben. Einer von ihnen ist der absolute Chef. Er hat wie die anderen Hirten im Sommer seinen Speisezettel mit Wildfleisch und Preiselbeeren verbessert.

Der *Herr* und *Hirt* der Herden war der Arzt, der Kräuterkenner, der Astronom, der *Geweihte.* Er kam aus dem Vintschgau und wollte wieder dorthin zurück, vielleicht nach Göflan oder Tartsch, Laas oder Kortsch. Von dort kommen die Schafe seit mehr als fünftausend Jahren ins Ötztal. Daß dort Weidewirtschaft betrieben wurde, haben Wissenschafter aus dem Bereich der Botanik und der Gletscherforschung nachgewiesen. Das mehr als 60 km lange Ötztal war auf weite Strecken versumpft, mit Seen bedeckt, von Muren und Felsstürzen blockiert. Für einzelne Menschen war das Tal nur auf sehr beschwerlichen Wegen zu begehen. Dabei führte der Weg sicher über die alten Höhen und Almsiedlungen wie zum Beispiel Ötzerau, Farst, Niederthai, Burgstein, Plattergrube, Kleble, Windach, Stabl und von dort weiter nach Gurgl oder das Tal überquerend vorbei an der Lenzen-Alm und hinein durch Ventertal. Auf der anderen Seite des Ötztales könnte der Weg über Köfels, dann durch das Pollestal und schließlich über Gaislach Richtung Vent geführt haben. Auffällig ist dabei, daß entlang der Hauptroute auf Burgstein, im Windach und auf der Lenzenalm *Schalensteine* gefunden wurden. Sicher ist, daß der lange Weg zwar von Menschen, nicht aber von Schaf- bzw. Ziegenherden begangen werden konnte.

Vom Vintschgau ins hinterste Ötztal sind zwei Wegrouten seit alten Zeiten begangen worden. Aus dem Raum Naturns, Kastelbell und Tschars führte der Weg über den Sonnenberg oder an Juval vorbei ins Schnalstal und von dort aufs Niederjoch, wobei diese Route am uralten *Tisenhof* vorbei durch das Tisental führte.

Aus dem mittleren Vintschgau, aus dem Raum Schlanders, Göflan, Kortsch, Laas, Eyrs und Schluderns führte der Weg oberhalb von Allitz vorbei oder direkt ins Schladrauntal und das Taschljöchl ins hintere Schnalstal. Von dort aus wurde das weiträumige Gletscher- und Weidegebiet über das Niederjoch und über das (etwas niedriger gelegene) Hochjoch erreicht.

Diese Wege sind für Menschen und für Kleintierherden ohne große Schwierigkeiten begehbar. Schneestürme konnten im Juni, Juli und August den Weg zu einem gefährlichen Abenteuer machen. Es waren aber nicht die vielen, schier unbegehbaren Stellen wie im Ötztal weiträumig zu umgehen. Die größte Hürde bildete über Jahrhunderte der Eingang ins Schnalstal.

Das ist der großartige *Tisn-Hof* bei Vernagt im Schnalstal. Dahinter das *Tisntal* und oben das *Tisnjöchl*, die wirkliche Fundstätte des *Mannes im Eis*. An diesem Hof ziehen auch die Schafe auf ihrem Weg von Vintschgau und Schnalstal ins Ötztal und wieder zurück. Hier führt auch der uralte, mehrtausendjährige Weg, den sicher auch schon der *Eismann* begangen hat, vorbei. Der Hof ist ein unvergleichliches Denkmal hochalpiner bäuerlicher Architekur.

## War der Mann im Eis ein Schamane?

Im strengen Sinn war er eher Priester, Geweihter. In der Völkerkunde verstehen wir unter einem Schamanen eine Person (besonders bei nord- und zentralasiatischen Völkern), die in Ekstase Verbindung zu Geistern und den Seelen Verstorbener aufnimmt, um etwas zum Wohle der Gemeinschaft zu bewirken, zum Beispiel die Abwendung von Unglücksfällen oder die Heilung von Kranken. Für die Forschung gibt es keine klaren Beweise, daß der Mann im Eis ein Schamane war. Aufgrund des Schnurkalenders als Amulett mit Stein und Schnüren, eines Kultgegenstandes also, deutet vieles auf einen besonderen Menschen hin. Ganz und gar geheimnisvoll wird der Mann durch seine Tätowierungen.

## War er Hirt und Schamane?

Was die sachliche, streng wissenschaftliche Analyse des Fundes betrifft, kann ich die zuständigen Experten zitieren. Vor allem möchte ich hier Professor *Spindler* danken, der mir alle seine Aufsätze zu diesem Thema überlassen und es mir freigestellt hat, daraus mehr oder weniger ausführlich zu zitieren. Der Ur- und Frühgeschichtler von der Universität Innsbruck hat sich durch diesen Fund und durch seine Forschungen bzw. Aufsätze weltweit einen Namen gemacht. Im Auftrag seines Institutes hat *Elisabeth Zissernig* die am Fund beteiligten Personen und alle Informanten, die nach der Auffindung mit dem Mann im Eis zu tun hatten, befragt und ausführliche Protokolle angefertigt. Sie hat auch meine Frau und mich befragt. Wir waren am zweiten Tag, also am 21. September 1991, gegen 17.00 Uhr, genau zwei Tage nach dem Ereignis, an die Fundstelle gekommen, gemeinsam mit den Bergsteigern *Reinhold Messner*, und *Hans Kammerlander* sowie dem Bergführer *K. Fritz* aus Schluderns.

Auf dem *Tisnhof* wird die Kopie einer Votivtafel aus dem Jahre 1694 aufbewahrt (aber nicht zugänglich gemacht; vergleiche dazu auch den Text auf Seite 21). Bei besonders schlechten Schneeverhältnissen war der Weg durch das Tisntal und über das Tisnjöchl leichter als über das Niederjoch. ▷

nno 1694 hab ich Iber Joch schaff
gezogen worden, Gott lob

## Die ersten wissenschaftlichen Befunde: 5 300 Jahre alt

Die Wissenschaft *taufte* ihn den *Mann vom Hauslabjoch.* Die Mumie ist durch Wasserentzug und die günstigen äußeren Bedingungen sehr gut erhalten. Auch die inneren Organe befinden sich in bestem Zustand.

*So ist das Gehirn auf etwa ein Drittel seines ursprünglichen Umfanges geschrumpft, in seiner Struktur indes unverändert. Selbst die Hirnhäute blieben bewahrt. Ebenso zeichnen sich das Muskelgewebe, die Lungen, das Herz, die Leber und der Verdauungsapparat deutlich ab... Der Tote besaß dunkelbraunes bis schwärzliches, rund 9 cm langes Kopfhaar. Das spricht für einen zumindest gelegentlich vorgenommenen Haarschnitt...Das nun vom Tod gezeichnete Antlitz trug sicherlich ebenmäßige Gesichtszüge mit harmonisch gesetzten Augen, wohlgeformter Nase und weichem Mund...Evolutionsgeschichtlich handelt es sich also um einen höchst fortschrittlichen Menschentypus...*[96]

Die schon beim Auffinden auch von mir festgestellten Tätowierungen am Rücken dürften teilweise echt sein. Sie stammen – so Professor Spindler – aus einer Behandlung, in der Holzkohle als Pigment wirkte.

*Die drei nebeneinandergestellten Strichbündel sind ziemlich scharf gezeichnet, wobei zu betonen ist, daß wenigstens diese Tätowierung dem Mann vom Hauslabjoch zugefügt worden sein muß...*[97]

In allen Einzelteilen und sehr präzise sind die Beschreibungen der Kleidungsstücke, der gefundenen Gegenstände und der sonstigen Funde. Zum Amulett bzw. zum Schnurkalender schreibt Konrad Spindler:

*Außerhalb einer funktionalen Deutung steht eine flache, geschliffene Marmorperle, durch deren Lochung eine Troddel aus tordierten Lederriemchen geschlungen ist. Das Stück war sicher irgendwo an der Kleidung oder an der Ausrüstung befestigt, und sein Besitzer versprach sich vielleicht eine magische oder apotropäische Wirkung davon.*[98]

Über das Alter hat es in den ersten Tagen und Monaten viele Diskussionen gegeben. War der *Mann im Eis* zuerst und vor allem wegen des Beils auf 4 000 Jahre geschätzt worden, so mußte später die Datierung bis auf etwa 3 300 v. Chr. berichtigt werden. Der *Mann im Eis* ist also 5 300 Jahre alt. Über die Bedeutung dieses Fundes Professor Spindler:

*Es steht aber fest, daß es sich bei dem Kupferbeil um einen der frühesten gesicherten Metallfunde des Alpenraums und bei dem Mann vom Hauslabjoch um den ältesten menschlichen Mumienfund des Kontinents handelt.*[99]

Es ist gar nicht mehr möglich, die große Flut an Literatur und neuer Forschung zu diesem Thema abzugrenzen und zu erfassen. Zum Zeitpunkt, an dem ich das Manuskript schreibe, also im Mai 1992, liegen weder anthropologische Forschungen noch Auswertungen der Untersuchungen des Körpers vor. Bis das Buch im September 1992 erscheint, kann sich eine wesentlich andere Bewertung ergeben. Wird klar sein, welcher Rasse der *Mann im Eis* angehört, was er gegessen hat, welche Bedeutung die Tätowierung und das Amulett haben? Ich kann hier nur einen knappen Zwischenbericht geben.

So präsentiert sich die Landschaft um Similaun und Niederjoch Mitte September, wenn die Schafe wieder zurückgetrieben werden ins Schnalstal und in den Vintschgau. Gletscherforscher bestätigen, daß die derzeitige Ausaperung der Gletscher vergleichbar ist mit der Ausaperung vor etwa 5 300 Jahren, also in den Tagen, da der *Mann im Eis* - vielleicht hinter den Schafen - wieder zurück in den Vintschgau wollte. Oder er wurde dort oben bestattet. Oder er hatte sich beim Suchen der Schafe im Nebel verirrt. Oder er fiel der Rache der *Niederjöchler* zum Opfer.

# Wissenschaft und Public-Relation

Die Wissenschaft braucht Geld. Die *Mumien*-Untersuchungen kosten Millionen Schillinge. Woher das Geld nehmen? Also müssen Sponsorverträge geschlossen werden. Exklusivrechte an Fotografien sollen Geld einbringen. *Mumienkühlung* und *Werbeverträge* müssen unter ein Dach gestellt werden.

Fürs erste: Im Ötztal und im Schnalstal hat die millionenschwere Tourismuswerbung (noch) nicht zugeschlagen. Ein Gletscher für den Sommerskilauf geht (noch) vor. Ich warte darauf, daß sie mit mächtigen Pranken zuschlagen werden, brutal zermalmend und ausbeutend. Die Auswertung in den beiden Tälern erfolgte ab Mitte Juni 1992 durch kleine Ausstellungen und Vorträge. In dieser Zeit ist die sommerliche Hochsaison noch nicht angebrochen. Also finden die Veranstaltungen für die Einheimischen statt. Mit Hilfe von *Pro vita alpina* und dem Tiroler Landesinstitut in Bozen konnte eine enge Zusammenarbeit der beiden Nachbargemeinden Schnals und Sölden sowie der beiden Bürgermeister *Variola* und *Schöpf* hergestellt werden.

Fürs zweite: Der Fundplatz wird eingezäunt. Die Grabungen gehen im Sommer 1992 weiter. Hoffentlich entsteht kein *Kultplatzrummel* wegen der *Kaser.*

Und fürs dritte: An der Innsbrucker Universität wurde beim Institut für Ur- und Frühgeschichte ein eigenes interdisziplinäres Institut unter dem Titel: *Institut für Mensch und alpine Umwelt von der Urzeit bis ins frühe Mittelalter* eingerichtet. Meine volkskundlichen Forschungen einschließlich der *Sagen* vom *Mann im Hinteren Eis,* von den *Drei Saligen* im Ferner, von den *Niederjöchlern* und von der verwunschenen Alm sind nicht einbezogen worden. Ich habe darüber unter anderem in der zweiten, erweiterten Auflage des Buches *Mythos und Kult in den Alpen* (auf den Seiten 241–269) geschrieben. Die wissenschaftlichen Kollegen sind äußerst zurückhaltend mit ihrer Kritik oder gar bei der Anerkennung meiner Forschungen.

Ebenso steht noch aus, daß die Wissenschaft, insbesondere aus dem Bereich der Ur- und Frühgeschichte, die *Kult*stätte auf der *Kaser* in die Forschung einbezieht. Es könnte irgendeinmal geschehen, daß ich tatsächlich in irgendwelche interdisziplinäre Forschungen, vielleicht innerhalb des neuen Instituts, einbezogen werde.

Ganz sicher werden bisher ungeahnte Zusammenhänge zwischen Sage und Fund, zwischen *Kaser* und *Tisenjoch,* ans hochgebirgliche Tageslicht kommen.

Die *Niederjöchler,* das *Eismandl* und der *Mann im Eis* werden gemeinsam mit den *drei saligen Fräulein,* der *Fremden Frau,* die auf der *Kaser* niederkam, neues Licht in unsere uralten Berggeschichten bringen. Hinter den verborgensten *Legenden* und *Mythen* werden wir einen wichtigen Teil unserer Wurzel finden, unserer Identität, nachweisbar in mehrtausendjähriger Kontinuität. Ich stehe mitten in dieser Wurzelsuche. Es betrifft mich sehr, weil ich in der nächsten Nähe wohne, weil vielleicht neben und vor dem uralten Hof *Roale* Spuren auch der uralten Megalithkultur feststellbar sind. Mein Hof in exponierter und ausgesetzter Lage birgt möglicherweise das Geheimnis eines mächtigen weiblichen Menhirs – vergleichbar den Steinsetzungen der Surselva – und einiger Steinbearbeitungen, vergleichbar den Schalensteinen. Alle Geschehnisse rund um den *Mann vom Tisenjoch* berühren mich und die Menschen hier

Die Schafe ziehen, aus dem Vintschgau und dem Schnalstal kommend, über das Niederjoch und den Niederjochferner zu den Weiden im Niedertal. Knapp neben der Martin-Busch-Hütte verteilen sie sich auf die Weidegebiete, auf Schalf, Ramol und zur Kaser. Diesen Weg könnte der *Mann im Eis* ebenfalls gegangen sein.
Die Schafe ziehen in einer langen Reihe über den Gletscher. Im Jahre 1992 kamen in fünf Partien zusammen ungefähr 1 700 Schafe über das Niederjoch. Das sind mehr als in den vergangenen Jahren. Über den Hochjochferner waren es ungefähr 1 300 Stück.

in besonderer Weise. Schon seit mehr als dreißig Jahren bin ich, die Heimat erforschend, unterwegs. Ich habe in Vent, Rofen und anderswo Sagen gesammelt, habe viele Gespräche über das Leben und über das Überleben unter extrem erschwerten Bergbauernbedingungen geführt. Ich habe auch den gebürtigen Ötztaler Sagenforscher *Christian Falkner,* damals in Thaur bei Innsbruck als Pfarrer tätig, kennengelernt. Er hat mir in langen Gesprächen von seinen Forschungen erzählt, und er hat mir Material von Sagen, Sprüchen und Begebenheiten anvertraut, das noch nirgends publiziert ist. Seit dieser Zeit habe ich eine sehr emotionale Zuneigung zu diesem Teil der Heimatgeschichte. Als ich in den Jahren 1964 bis 1968 maßgeblich den Aufbau des *Ötztaler Freilichtmuseums* betrieb und den *Ötztaler Heimatverein* gegründet habe, festigte sich die emotionell-volkskulturelle Bindung. Als ich nach gut dreißig Jahren aus Wien bzw. dem Waldviertel wieder ins Ötztal zurückkam und dort mein neues Bergbauerndasein erproben durfte, wuchs aus der alten Bindung eine neue Verbundenheit. Das alles abseits touristischer Vermarktbarkeit, wie es hier bei der sehr starken und beinahe omnipotenten Massentourismuslobby üblich ist. Der Fund vom *Tilsenjoch* hat uns, hat mir einen immensen Auftrieb gegeben. Auch in der Pietät vor Natur und Urgeschichte.

# Von Eis und Schnee

## Gletscher Firn Kees Ferner ...

Der *Mann im Eis* war durch mehr als fünftausend Jahre im Gletschereis konserviert. Der moderne Massentourismus hat die Gletscher für den Skilauf im Sommer erschlossen. Jetzt verschwinden die Gletscher. Oder sie werden für Generationen verseucht. Wo ist die Ehrfurcht?

*Ein Mensch, der den Gletschern Gesellschaft leistet, erhält allmählich das Gefühl, daß er einigermaßen unbedeutend ist.*[100]

Das schrieb *Mark Twain* anläßlich eines Besuches am Gornergletscher Ende der 1870er Jahre.

Die Gletscher – auch Ferner, Kees und Glacier genannt – sind für die Menschen der hochalpinen Regionen immer ein Ort des Schreckens, des Unheimlichen.

*Die Gletscher gelten übrigens nicht nur als Aufenthaltsorte für Alpfrevler, sondern sind, als Ausnahme zu dem, was ich eben sagte, auch für eine Reihe Büßer aus anderen Sagenkreisen das eigentliche Fegefeuer. Hie und da begegnet man im Tale einem eiligen Wanderer, der auf die Frage, ›Wohin und warum so schnell?‹ antwortet, er sei eben jetzt verstorben und müsse in einer halben Stunde auf dem oder jenem Gletscher sein, um seine Sünden abzubüßen.*[101]

Die Gletscher mit ihrem *ewigen* Eis haben schon immer das Volk der Bergtaler fasziniert, erschreckt, angezogen und abgeschreckt. Deswegen kreisen so viele Sagen und Legenden um das geheimnisvolle Leben unter den Gletschern. Noch viel mehr hat die Menschen in den Bann gezogen, daß diese Eismassen ein lebendiger Körper sind, der wächst, anschwillt, dann wieder schwindet und fast vergeht, daß die Gletscher in vergangenen Jahrhunderten über die Bewohner der Alpentäler viel Unheil gebracht haben. Es ereigneten sich gewaltige Vorstöße, ganze Almen verschwanden unter dem Eis. Dann geschah es, daß Hirten und Jäger in ein tiefe Gletscherspalte fielen und nie mehr zum Vorschein zu kommen schienen. Dann geschah es, daß die Gletscher wieder zurückgingen, daß die Gletscherzungen sich weit hinauf zurückzogen. Es kamen Bäume zum Vorschein, Reste von Alphütten, Knochen von in Gletscherspalten gefallenen Menschen. Alte Volkssagen ranken sich um die Geheimnisse des tiefen Eises. Gletscher übten auf alle frühen Alpenwanderer und Alpenbesucher den größten Reiz aus. Ehrfurcht und Scheu wechselt mit höchster Angst.

*Du sitzest ruhig dem aufgethürmten Chaos von Gletschern und Schneefeldern gegenüber, vertiefst dich in eine stilles Erstaunen und glaubst den ewigen Tod, das unendliche Schweigen in dieser Behausung des nie entschwindenden Winters zu erkennen. Ein Schauer durchbebt dich; du sehnest sich nach einer Spur von*

*Leben; du kömmst dir vor, als einsam vor den Trümmern des Erdballs; der Grashalm vor deinen Füßen ist Erquickung für das Auge, welches erschöpft von den starren Frostgebilden niedersinkt.*[102]

Diese schauerlich-romantische Schilderung des *Johann Rudolf Wyss* ist der Schrift aus dem Jahre 1817 entnommen, die unter dem Titel *Reise in das Berner Oberland,* in Bern erschienen ist.

Diesem Stil der hehren Ehrfurcht und der mehr oder weniger schwulstigen Poetik huldigten in den folgenden Jahrzehnten viele Alpenschilderer. Vom berühmten Lord *George Gordon Byron,* der ebenfalls von der unvergleichlichen Schönheit und Wildheit der Gletscherwelt begeistert war, gibt es im dritten Gesang seiner Alpeindrücke folgende Verse:

*Droben sind die Alpen,*
*Die Dome der Natur, emporgereckt*
*Bis ins Gewölk mit schneeverhüllten Skalpen.*
*Da thront in kalter Schönheit, eisbedeckt,*
*Die Ewigkeit; vom leichten Hauch geweckt,*
*Stürzt die Lawin', ein Donnerstrahl von Schnee!*
*Was unsre Seele weitet und erschreckt,*
*Dort oben wohnt's. Du eitler Mensch, versteh':*
*Zum Himmel ragt die Erd' empor – kannst du es je?*[103]

Den Hinweis auf dieses Gedicht verdanke ich dem Buch von *Aurel Schmidt: Die Alpen.* Darin wird sehr engagiert ein Teil der Alpenerschließung und Alpenkultur geschildert – auch wenn die Schweiz dort eindeutig Priorität hat. So drastisch überschwenglich romantisch poetische Töne fand ich bei der Schilderung der österreichischen Alpen nicht in diesem Ausmaß. Das Entzücken und der Schreck über das Geheimnis *Gletscher* muß sehr tief gewirkt haben. Wir verstehen die Begeisterung.

## Große und verheerende Gletschervorstöße

Immer wieder haben die Gletscher der Zentralalpen bei ihren periodischen Vorstößen große Schäden angerichtet. In den letzten 1500 Jahren wurden in der Schweiz und in Österreich große Gletschervorstöße um 600–700 n. Chr., sodann um 1300–1400, um 1600, 1678 und schließlich zwischen 1820 und 1850 registriert. Manche Forscher sprechen von der *kleinen Eiszeit,* sie meinen damit die Zeit von 1600 bis 1850. Bedingt durch Klimaschwankungen wuchsen in diesen Vorstoßperioden die Gletscher in teilweise rasantem Tempo, und die Gletscherzungen rückten in unvorstellbarer Geschwindigkeit in die Täler vor. Wenn sich ein Gletscher aus einem Quertal bis ins Haupttal bewegte, wurden die Wasser im Haupttal aufgestaut. Es entstanden große Seen hinter mächtigen Eismauern. Diese wandernden Eismassen haben die Menschen schon immer erschreckt. Die Seen brachen aus, manchmal plötzlich, wie bei einem Staudammbruch, und richteten im Tal verheerende Schäden an. Solche Ereignisse kennen wir aus der Schweiz und aus Österreich, vor allem aus dem Ötztal.

Zur Erforschung dieser unheimlichen Naturereignisse haben sich bereits um 1600 und dann immer wieder Forscher ins Ötztal begeben. So kam es, daß *Vent* im Ötztal die Wiege der alpinen Gletscherforschung geworden ist, daß dort weltweit eine der ersten Forschungs- und Beobachtungsstellen eingerichtet wurde. Es ging hier in erster Linie um den *Vernagt-Ferner.*

In seiner Schrift *Die gefährlichsten Gletscher von Tirol* (1906) befaßt sich *Adolf Huber* mit dem Vernagtferner, dem Gurglerferner, dem Übeltalferner, dem Langtaufererferner und dem Suldenferner.

Einen drastischen Eindruck über die Entwicklung von Gletschern vermitteln die beiden Bilder auf den Seiten 171 und 175. Aus fast derselben Position aufgenommen ist die alte *Samoar-Hütte* in den Ötztaler Alpen mit einigen Ruinenresten im Vordergrund. Um 1890/1895 waren die beiden Gletscher, der Spiegelferner (Mitte) und der Marzellferner (rechts), fast beieinander.

> *Kein Gletscher in ganz Tirol ist mit Recht so gefürchtet als der Vernagtferner im Ötztal. Keiner hat so wie er seit Jahrhunderten die sorgenvollste Aufmerksamkeit der Talbewohner auf sich gelenkt und hat eine so alte Geschichte aufzuweisen...*[104]

schreibt *Huber* über den Vernagtferner.

Im Jahre 1600 bildete sich der große See hinter Rofen. Am 20. Juli erfolgte der plötzliche, gewaltsame Ausbruch. Der Schaden im Ötztal wurde auf 20000 Gulden geschätzt.

Am 16. Juli 1678 erfolgte *der plötzliche Ausbruch des Sees, wohl der schlimmste, den das Ötztal je erlebt hat.*[105] Der Schaden wurde mit der gigantischen Summe von 182000 Gulden angegeben. Die frommen Ötztaler veranstalteten *klägliche* Umgänge der Schulkinder und große Bittprozessionen zum Vernagtferner, wo drei Priester des Ötztales Messe und Predigt gehalten haben. Von Längenfeld aus ist das ein Weg von mehr als zehn Stunden.

Ähnliche Bannungen bzw. Segnungen sind auch aus der Schweiz bekannt, vor allem aus dem Wallis. Ein solches *Gletscherbannen* mit feierlicher Prozession wird vom Großen Aletschgletscher berichtet. Der benachbarte Fieschergletscher stieß 1652 bedrohlich vor. In diesem Jahr hat der Erner Pfarrer *Michael Feliser* den Bann vorgenommen. Andere Gletscherbannungen im Wallis gab es am Ried- und Gornergletscher in der Mitte des 19. Jahrhunderts.[106]

Im September 1653 zogen die Patres aus dem Jesuitenkloster Siders zum Aletschgletscher.

> *Nach siebentägiger fruchtbringender Arbeit auf diesem Ackerfelde (Predigt usw.) wird ein Bittgang nach dem Eisberge, der vier Stunden entfernt ist, veranstaltet... Und diese Zuversicht auf die Verdienste des Heiligen blieb nicht ohne Frucht. Er hat den Gletscher zum Stehen gebracht, so daß er von nun an sich nicht mehr ausdehnte.*[107]

Zuletzt erfolgten große Fernsersee-Ausbrüche in den Jahren 1845 und 1848. Bereits 1773 und 1774 erfolgten etwas kleinere Durchbrüche der Wassermassen. Auf der berühmten Tiroler Karte von *Peter Anich* und *Blasius Hueber* ist an dieser Stelle der Vermerk *gewester See* (gewesener See) angebracht. Auf einer französischen Alpenkarte hieß es dann *lac du Gewester.*

Ein erstes fundamentales Werk über die Gletscher ist im Jahre 1773 im Auftrag der Regierung in Wien von *Josef Walcher* unter dem Titel *Nachrichten von den Eisbergen in Tyrol* erschienen. Furchtbar war, so berichteten Augenzeugen, die Katastrophe von 1845. Wir können uns kaum eine Vorstellung machen von der Bildung des Eissees, vom rasanten Wachsen und Wandern der Gletscher und vom Donnern und Tosen, das durch das Abbrechen der Gletschertürme verursacht wurde.

Zur Veränderung der Gletscher liegen vor allem seit 1845 genaue Messungen vor.

In der Zeit vom 18. Oktober 1844 bis 3. Januar 1845 rückte die Gletscherzunge täglich um zwei Meter vor. Bis 19. Mai waren es bereits 3,3 Meter pro Tag, bis 11. Juni gar 11,7 Meter. Und am 1. Juni, als der Gletscher an die Rofner Ache gelangt war, legte er in jeder Stunde über zwei Meter zurück. Das Vorrücken konnte mit freiem Auge gesehen werden, *eine Schnelligkeit, wie sie wohl noch bei keinem Alpengletscher beobachtet worden ist.*[108]

Noch am gleichen Tag überschritt der Vernagtferner die Ache, legte sich an die Zwerchwand und begann mit der Bildung eines unheimlichen Stausees hinter einer Eiswand, ein Naturspektakel sondergleichen. Am 14. Juni 1845 brach der See aus. In nicht ganz einer Sekunde war der See mit einem Inhalt von 1410000 $m^3$ abgeflossen. Große Verwüstungen durch das ganze Ötztal und teilweise durch das Inntal bis Innsbruck waren die Folge. Wieder bildete sich ein See. Die nächsten Ausbrüche erfolgten in Perioden – also nicht mit so verheerenden Auswirkungen – an mehreren Tagen in den Jahren 1846, 1847 und 1848. Die Eiswand wuchs dabei immer wieder auf eine Höhe von über 100 Meter an. Die höchste Eismauer bildete sich vermutlich 1678. Sie betrug 380 Meter! Das ist um 80 Meter höher als der Eiffelturm und genau so hoch wie das Empire State Building in New York mit seinen 102 Stockwerken.

Ähnliche Gletscherkatastrophen sind aus allen Teilen der Alpen bekannt. Sehr großen Schaden hat der Suldenferner im Martelltal in Südtirol angerichtet.

Ein sehr interessantes Werk über die Gletscher und ihre Geschichte gab 1988 der Schweizerische Alpen-Club heraus. Darin wird am Beispiel der vier großen Gletscher *Aletsch, Rhone, Rosenlau* und *Unteraar* mit vielen Zeichnungen, Fotos, Diagrammen und Beschreibungen ein wichtiges Kapitel der *Alpen*-Geschichte erklärt. Der *Aaregletscher* gilt als Wiege der alpinen Gletscherforschung. Es wird darin auch sichtbar, wie sich in den letzten Jahren die Gletscher der Alpen in rasantem Tempo zurückgezogen haben. Dazu ein paar Zahlen aus Österreich. Der Österreichische Alpenverein gibt jährlich die Ergebnisse der Gletschermessungen heraus. Um 1980 gab es beispielsweise eine Vorrückperiode. Der Kesselwandferner in den Ötztaler Alpen hält mit 19 Metern Wachstum einen kleinen Rekord. Der Sulztalferner in den Stubaier Alpen wuchs gar um 28,5 Meter. In Österreich haben von 118 gemessenen Gletschern 28 einen Rückgang gehabt. Zwölf waren stationär, 71 haben zugenommen. Im Jahre 1990 schrumpften bereits 86% der Gletscher. Der Hochjochferner in den Ötztaler Alpen zog sich um 20 Meter zurück.

# Das Gletschersterben

Das Gletschersterben in den Alpen geht weiter. Sollten sich die Befürchtungen bewahrheiten, daß es bis zum Jahre 2050 um drei Grad im Durchschnitt wärmer wird, dann wird die Schneegrenze um 200 Meter ansteigen, dann werden die Alpengletscher um 86 % schrumpfen. 600 der heute vorhandenen 925 Alpengletscher werden dann verschwunden sein.
Ein konkretes Beispiel für dieses Gletschersterben ist das Obersulzbach-Kees in der Venediger Gruppe der Hohen Tauern. In den letzten 140 Jahren hat dieser Gletscher rund 900 Millionen Kubikmeter Eis verloren und ist auf einer Länge von 2,6 km abgeschmolzen. *Mit dieser Gletscherspende könnte man den ganzen Wörthersee füllen,*[109] hat der Gletscherforscher *Heinz Slupetzky* festgestellt.

Dann haben wir vielleicht wieder alpine Zustände wie vor 5500 Jahren. Wir würden wieder in einem Klima leben, in dem alle Jöcher eisfrei sind, und auf den heutigen Gletscherflächen könnten wieder Kühe weiden.
*Tanneneh* und alle die verschwundenen Städte, Orte und Almen werden ausapern. Der *Mann im Eis* war ein Zeit-Zeuge von damals. Jetzt werden noch viele Zeugen folgen. Die *Sagen* und *Legenden* wissen dazu ebenfalls sehr viel zu vermelden.

# Übersicht der größeren Vorstoßphasen und Hochstände von fünf Alpengletschern während der letzten 1 500 Jahre (5.–19. Jahrhundert)[110]

| | | Großer Aletschgletscher | Unterer Grindelwaldgletscher | Rhonegletscher | Rosenlauigletscher | Unteraargletscher |
|---|---|---|---|---|---|---|
| NEUZEIT | 1900 n.Chr. | **1856–1859/1860**<br>**1820er Jahre**<br>(vorstoßend 1818) | **1855/1856**<br>**1820/1822** | **1856**<br>**1818** | **1846/1856**<br>**1824** | **1871** |
| | 1800 | | **1778/1779**<br>1743<br>1719/20 | **(1781)** | **(1777)** | vorstoßend 1788<br>vorstoßend<br>1719–1729 |
| | 1700 | **um 1653** | 1670<br>**1641** | **2 Hochstände*** | | |
| | 1600 | | **1600/1606** | **um 1600*** | **um 1600*** | um 1600* |
| | | | 1547 | | | |
| | 1500 | um 1500* | | | | |
| MITTELALTER | 1400 | **um 1350*** | | **um 1350 (1400?)*** | | |
| | 1300 | | | | | |
| | 1200 | | | | | |
| | 1100 | um 1050/1100** | um 1050/1100* | | | |
| | 1000 | | | | | um 950/1050* |
| | 900 | | um 800/850* | | | |
| | 800 | um 750/850 (900)* | | | | |
| | 700 | um 600/650* | um 600/650* | **um 600/650 (700?)*** | | |
| | 600 | | | | | |
| | 500 | um 450/500* | um 450/500* | | | |

| | |
|---|---|
| Fette Schrift | Kulmination der Hochstandsphase |
| Normale Schrift | Vorstoßphase (kein Hochstand erreicht oder Ausmaß unbekannt) |
| * | Mit $^{14}C$-Daten nachgewiesen |
| ** | Dendrochronologisch nachgewiesen |
| Übrige: | Mit historischen Quellen nachgewiesen |

Diese Aufnahme von *Gernot Patzelt* wurde am 25. September 1991 aufgenommen und zeigt das dramatische Gletschersterben der letzten Jahre. Im Vergleich zur Aufnahme aus der Zeit um 1890/1895 (siehe Seite 171) ist der Marzellferner rechts nicht mehr zu sehen, und der Schalferner hat sich weit zurückgezogen.
Wir erleben derzeit die stärkste Ausaperung der Gletscher seit 5 300 Jahren. Lokal gab es eine vergleichbare Periode der Gletscherrückgänge im Mittelalter um etwa 1 200. Ähnlich war die Situation im gesamten Alpenraum, wie auch die *Übersicht der größeren Vorstoßperioden und Hochstände von fünf Alpengletschern während der letzten 1 500 Jahre* (siehe Seite 174) zeigt.

# Dananä und Tanneneh
# Es gibt an Schnee der apert nimmermeh

Aber der Schnee ist weggeapert. Nach Jahrhunderten erleben wir die größte Ausaperung der Gletscher. Wahrscheinlich hat es seit 5000 Jahren keinen so dramatischen Gletscherschwund mehr gegeben wie jetzt.
Die *Volks-Sagen* werden recht behalten. Wo in alten Sagen von Städten, Dörfern und Almen berichtet wird, die zugrunde gingen und vom Eis verschlungen wurden, wird es sicher Reste alter und ältester Alp-Kultur geben. Sie werden bei zunehmender Ausaperung der Gletscher zum Vorschein kommen. Bei günstigen Bedingungen, wenn also alte Almen in Mulden lagen, werden sicher noch Reste einer mehrtausendjährigen Alpen-Kultur zum Vorschein kommen. Manche Alp-Reste werden jünger sein. In den klimatisch günstigen Jahrhunderten im Frühmittelalter bestanden Almen an Orten, die heute (noch) vergletschert sind. Das gilt beispielsweise von der Pasterze in den Hohen Tauern.
Eine genaue Lokalisierung wird in den Sagen nicht zu erwarten sein. Wenn eine Sage *Im Hinteren Eis* der Ötztaler Alpen handelt, so ist damit insgesamt die Gletscherregion zuhinterst im Tal zu verstehen, auch wenn jetzt ein Gletscher *im hinteren Eis* heißt. So ein Fall ist die berühmte Sage von *Tanneneh* in den Ötztaler Alpen. Die Ötztaler lokalisieren sie unter dem Großen Gurgler Ferner. *Wo jetzt der Große Gurgler Ferner liegt,* beginnt die Sage nach der Aufzeichnung von *Christian Falkner.* Im Buch *Das große Buch der Österreichsagen* heißt es allgemein: *Hoch droben in den Bergen Tirols.*
Für die Bewohner der in Südtirol am Südabhang der Ötztaler Alpen gelegenen Bergtäler Matsch und Langtaufers wird diese historische *Stadt* anders lokalisiert, und zwar in den Bereich der *Weißkugel.*
In der Fassung aus dem Langtauferer-Tal heißt die Stadt auch nicht *Tanneneh,* sondern *Dananä:* Das klingt sehr verwandt, dürfte aber die sprachlich ältere Form sein. Im Talhintergrund soll einst diese Stadt geblüht haben. In der Fassung von Falkner aus dem Ötztal ist die Geschichte sehr klar und präzise erzählt:

## Tanneneh

Wo jetzt der Große Gurgler Ferner liegt, war in alten, alten Zeiten eine fruchtbare, blühende Gegend mit einer schönen Stadt mit Namen Tanneneh. Die Leute dort waren sehr reich, aber auch sehr geizig. Sie aßen mit silbernen Löffeln, Gabeln und Messern aus goldenen Tellern ihre reichen Mahlzeiten. Ja sogar die Knöpfe am Gewand, die Nägel an den Schuhen, die Spitzen und Griffe der Spazierstöcke waren aus Gold und Silber. Dabei waren sie sehr stolz und hartherzig gegen die Armen. Da kam einmal ein armer, alter Bettler nach Tanneneh. Von Haus zu Haus bat er um milde Gaben, doch an jeder Türe wurde er mit höhnischen Worten abgewiesen. Der alte Mann konnte sich fast nicht mehr weiterschleppen vor Hunger und Mattigkeit und bettelte immer noch weiter. Da wurden die Leute in Tanneneh zornig und trieben den Bettler mit ihren goldenen Stöcken aus der Stadt hinaus. Da hörte man eine Stimme: »Tanneneh, Tanneneh, s' macht an Schnee und apert nimmermeh!«
Da fing es an zu schneien und schneite fort soviele Tage und Nächte, bis die reiche, schöne Stadt samt ihren hartherzigen, gottlosen Bewohnern tief unter einem Ferner begraben lag. Und es muß wahr sein, denn auf der anderen Seite sieht man heute noch goldene Kellen im Fernerbach hinunterrinnen.[111]

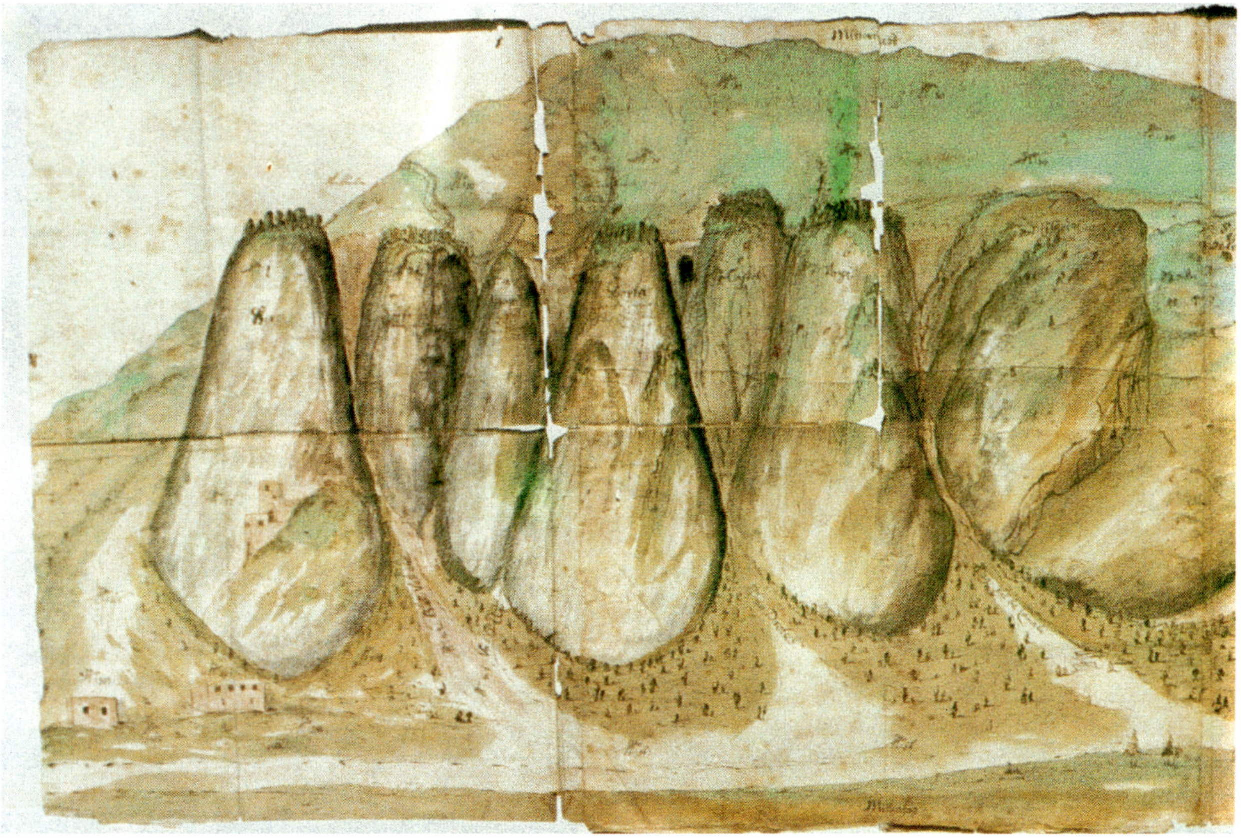

*Südtiroler Maler: Die Alpe Stevia im Grödental. Aquarell mit Deckfarben auf Papier, 42 x 90 cm. Entstanden 1694.*

Die realistische Alpen- und Landschaftsmalerei setzt sehr spät ein. In der europäischen Landschaftsmalerei treten die Alpen erst in der zweiten Hälfte des 18. Jahrhunderts auf den Plan. Im großen Buch *Die Alpen in der Malerei*, im Jahre 1981 im *Rosenheimer Verlag* erschienen, ist ein repräsentativer Überblick gegeben. Die Bilder auf den Seiten 177, 179, 182, 183, 185, 189 und 191 sind diesem Buch entnommen.

Die Gletscher als überaus sensibles Gebilde, als Trinkwasserreserve für Generationen, bergen Geheimnisse. Und sie werden jetzt brutal ausgebeutet. Verantwortungslose Tourismusmanager *erschließen* diese Gletscher für den Sommerskilauf. Tonnen von Unrat, Tausende Liter Öl, das Skivergnügen steigernde *Nitramoncal* sorgen für eine noch raschere Zerstörung der ehemals weißen Schönheiten.

Mafiose Tourismusbosse in Tirol versuchten, uns jetzt einzureden: *Tourismus tut den Gletschern gut.* Zehn Gletscher sind touristisch vermarktet, *und die sind die einzigen, die stabil geblieben sind, die anderen sind zurückgegangen.* Hurra, es jubeln die *Snow*-Herren! Es verdreckt der Schnee, und sie jauchzen, weil 50 000 Skifahrer die Gletscher bevölkern. Es bringt Gewinn, und wenn der Schnee weg ist, wird Kunstschnee produziert.

Ich habe im Jahre 1986 für die *Tiroler Volksschauspiele* mein Stück *Tanneneh* geschrieben, und es wurde aufgeführt. Aber ich bin kein Theatermann, und die Münchner Regisseurin hat es in der Schlußphase zu einer alpenländischen Show verkommen lassen, mit Klamauk und billigen Effekten. Ich schrieb das Stück als *eine alpine Legende* und ließ es um 1995 spielen. Der Kunstschnee wird aus den Bakterien produziert – also bei einigen Plusgraden –, und es kommt zu einer neuartigen Schneeverehrung in *Tanneneh* mit einem weißen Schneegott und all dem zu erwartenden Horror. Ich schrieb mir ein Mysterienspiel aus den Gletschern von der Seele, eine Apokalypse mit neuen Göttern, Götzen und der Mutation der Alpinrasse.

Dank *Snow-Max,* der wundertätigen Bakterie aus dem Heiligenschrein, kann hier Schnee in beliebiger Menge produziert werden. Schließlich gerät die Produktion außer Kontrolle. Der weiße Traum wird wahr: alles wird meterhoch, bis hinauf zu den Gipfeln, unter riesigen Schneemassen begraben: der *schöne weiße Tod von Tanneneh.*

Eine weise Frau, eine Alte, eine Salige ließ ich den großen Monolog und Abgesang auf das Verschwinden rezitieren. *Julia Gschnitzer* hat ihren Part in jedem Punkt verstanden und eindrucksvoll vermittelt. Es ist ein Abgesang mit wenig Hoffnung.

Aber es kommt alles wieder. Nach der Phase des Gletscherschwundes kommen wieder fette Zeiten und das schnelle Anwachsen der Ferner wie anno *Schnee.* Die *weiße Industrie* – wie sich die Tiroler Seilbahn- und Gletschererschließungswirtschaft versteht – schlägt zu, solange sie kann und solange man sie läßt. Die Offiziellen spielen brav mit, gegängelt und wedelnd. *Berg* und *Gletscher-Heil!* Auch *Dananä* kommt wieder, vielleicht erst im Jahre 2049.

*Alexandre-Charles Besson (1725–1809): Combe des Morts von der Paßhöhe des Großen St. Bernhard (Wallis), Blick vom Hospitz auf 2469 m nach Nordosten zur Aiguille du Vélan.* Naturaufnahme am 30. Juli 1777. Radierung, 21,1 x 34,8 cm, von Claude Mathieu Fessard (1740–1803) in Paris.

## Die Kirche im Gletscher

*Eine rätoromanische Sage aus der Surselva kündet vom Untergang*

Unterhalb des Grates, der sich vom Piz Canal zum Piz Terri und von da gegen Piz Güda und Piz Ner hinzieht, liegt ein mächtiger Gletscher. Von ihm wird das Folgende berichtet: Ein Jäger aus Vrin, und zwar einer von denen, die weder Gott noch den Teufel fürchten, folgte einst den Spuren eines Gemsrudels und mußte dabei diesen Gletscher queren. Das war an einem wunderschönen, kristallklaren Herbstmorgen, und die Bergspitzen schienen so nah, daß man meinte, sie mit den Händen greifen zu können. Da wich plötzlich die Schneedecke unter den Füßen des Jägers, und der Mann stürzte in eine Gletscherspalte.

Als er allmählich wieder zu sich kam und sich vom Sturz erholte, wußte er weder, wie lange er bewußtlos gelegen hatte, noch wie tief er gefallen war. Vorsichtig versuchte er Arme und Beine zu bewegen. Seine Glieder waren wohl etwas steif, ansonsten jedoch unverletzt, und bald war er wieder auf den Füßen. Aber undurchdringliches Dunkel umgab den Mann in der Tiefe. Zum Glück hatte er einen Kerzenstumpf bei sich. Den zündete er an und schaute um sich. Da sah er, daß er auf den Steinplatten eines Daches gelegen hatte. Neben sich erblickte er die Haube eines Türmchens und darin eine kleine Glocke. Er war auf ein Kirchendach gestürzt!

Voller Neugierde, aber dennoch vorsichtig kletterte er vom Dach und fand die Pforte des Gotteshauses. Er trat ein und erblickte einen Altar – und kniend davor eine ganze Anzahl Leute, andächtig ins Gebet versunken. Zu hören war indes kein Ton. Kein Atemzug, nicht das leiseste Rascheln durchbrach die tiefe Stille. Nur von ganz, ganz ferne meinte er das Gurgeln und Rauschen von Wasser zu vernehmen.

Der Jäger trat zu einem der Betenden, um ihm die Hand auf die Schulter zu legen und ihn zu fragen, was er hier tue. Aber kaum hatte er die Gestalt berührt, da zerfiel diese zu Staub, und ein modriger Geruch breitete sich aus. Dem Jäger, der wie gesagt kaum je in seinem Leben Furcht gekannt hatte, wurde eiskalt ums Herz. Hastig verließ er die Kirche, und unter unsäglichen Mühen und Strapazen gelang es ihm, aus der Gletscherspalte herauszuklettern.

Es ging schon gegen Mitternacht, als er endlich unten im Sommerdörfchen Vanescha anlangte. Seine Kameraden bangten bereits um ihn und waren deshalb noch wach. Ihnen erzählte der Jäger, was ihm widerfahren war. Schon am andern Morgen stiegen sie alle zusammen und gut gerüstet zum Gletscher hinauf, um in die Spalte zu klettern und die geheimnisvolle Kirche im Eis zu suchen. Aber sie mühten sich vergeblich. Die Spalte war nicht mehr aufzufinden, und der Gletscher verbirgt die Kirche noch heute.[112]

Auch hier ist – wie bei den meisten Sagensammlungen – die *ordnende,* gestaltende, nachdichtende Handschrift eines Schulmeisters zu erkennen. Wie sah wohl die Sage in der Ur-Fassung aus? Dennoch können wir einen Teil des uralten Geheimnisses erahnen, vielleicht von einer besonderen Kultstätte unter dem Gletscher.

*Über verschüttete Orte* berichten viele Sagen und Legenden in den Alpen und anderswo. Der besondere Typus in den Alpen sind die Sagen, nach denen hochgelegene Orte verschüttet, unter einem Gletscher vergraben oder infolge Verfluchung unbrauchbar wurden. Mitunter tritt nur eine drastische Verschlechterung des Alp-Zustandes ein. Statt der Kühe können dort nur noch Schafe geweidet werden. Viele dieser Sagen hängen mit den sehr auffälligen, mitunter dramatischen Klimaverschlechterungen zusammen, also auch mit der Vergletscherung.

In der Sammlung *Volkstümliches aus Graubünden* von *Dietrich Jecklin* finden sich eine Reihe solcher Sagenstoffe. Verschüttete Orte sind unter anderm *Zarera, Curtinatsch, Resena* und *Alto.* Auch das verschüttete Dorf *Roseg* gehört dazu:

## Das verschüttete Oertlein im Thale Roseg

Dem Dorfe Pontresina gegenüber öffnet sich das schöne Roseg-Thal, in dessen Hintergrunde der Roseg-Gletscher, der schönste Gletscher der Bernina-Gruppe glänzt. Bei der zweiten Alpe (Alp segnonda) soll in einer jetzt mit Wald bewachsenen Ebene in unbekannter Zeit ein Dörflein gestanden haben.

Nach der Sage ist dieses Dörflein von einem Bergsturze oder von dem, durch das herabfallende Gestein und Schutt gebildeten, plötzlich durchbrechenden See weggeschwemmt worden. – »Der Priester von Pontresina«, meldet die Sage weiter, »habe später an der Stelle, wo das Dörflein gestanden, öfters Frühmesse für die Seelen der Umgekommenen gelesen, und weil er dort zu dem Zwecke vor Tagesanbruch über den Thau (romanisch »Rosedi«) in's Thal hinein wandern mußte, sei die Bezeichnung »Messa da rosedi« üblich geworden, und habe auch dem Thale so wie dem Gletscher den Namen Roseg gegeben.[113]

Zum Sagenbereich der *verschütteten und verfluchten* Alp gehört die mehrfach in der Schweiz, auch im Kanton *Uri* bei der Clariden-Sage, verbreitete Verfluchung durch die Sennin. Warum konnte in der alten Zeit eine Frau Umgang mit Milch und Käse haben? Das muß sehr lange her sein.

## Die todte Alpe

Am westlichen Abhange des Davoser-Schwarzhornes trägt eine Gegend, nicht umsonst, den Namen die »todte Alpe«; dies ist die schauerlichste Einöde, die sich finden läßt. Die ganze Gemarkung trägt kaum einige Grashalme, die im Serpentingestein kümmerlich ihre Nahrung finden können. Auch vom Thale aus gesehen macht dieses verödete Revier einen bemühenden Eindruck und sticht zu grell ab gegen die benachbarten blühenden Alptriften.

Der Sage nach war die »todte Alpe« vor Zeiten eine der fruchtbarsten und gesegnetsten Alpen weit umher. In ihrem ganzen Umfange sproßten die milchreichsten Kräuter, und die klarsten Quellen entsprangen in ihrem Boden. Der Reichthum an Molken, die auf dieser Alp gewonnen wurden, war seit Jahrhunderten schon bekannt.

Zu einer Zeit war dieser Alpenhang von einer jungen Sennerin bewohnt, die eines Sonntags Nachmittag zu Thal stieg, um an einem Tanze Theil zu nehmen. Wie dem Glücklichen keine Stunde schlägt, dachte auch unsere Sennerin nicht daran, von der Gesellschaft sich zu trennen, um auf die Alpe zurückzukehren, und doch war die Zeit längst da, wo die Kühe des Melkens harrten. Wohl gemahnte sie die Pflicht, der Leichtsinn hielt sie aber wieder ab, – sie blieb, und – verfluchte die gesegnete Alpe mit ihren Kräutern zur Hölle, so daß Schauder und Entsetzen alle Anwesenden ergriff.

Die gottlose Verwünschung sollte alsbald in Erfüllung gehen: Fortan wuchs kein frisches Gras mehr auf der ganzen Alpe. Die-

*Hans Conrad Escher von der Linth (1767–1823): Eisschuttkegel des Giétrogletschers. Barriere eines natürlich gestauten Gletschersees der Drance im Val de Bagnes oberhalb Mauvoisin (Wallis), Blick nach Nordosten.* Gezeichnet am 23. Juli 1818. Bleistift, Feder und Pinsel mit Aquarellfarben auf Papier, 25,9 x 26,6 cm.

*Johann Heinrich Wüest (1741–1821):* Der Rhonegletscher (Wallis), Blick nach Nordosten. Naturaufnahme anfangs November 1772, Ausführung in Zürich wahrscheinlich 1772/73. Öl auf Leinwand, 126 x 100 cm. ▷

se wurde nachgerade zur Einöde, wie sie es heute noch ist.
In Wahrheit aber ist es der hier zu Tage tretende Serpentin, der in seiner Verwitterung nicht in erdige Masse, sondern in scherbenartige Stückchen zerfällt, worin keine Pflanze entstehen noch gedeihen kann.[114]

Am Ende dieses Kapitels noch zwei Sagen zum wichtigen Thema *Vergletscherung der Alp.* Vom Hohen Dachstein über das Steinerne Meer (in Salzburg) und über *Tanneneh* bzw. *Dananä* in den Ötztaler Alpen können wir den Bogen über Graubünden bis in die französischen Alpen spannen. Einmal ist es eine Jungfrau, die im Mittelpunkt steht, und einmal ein Bettler:

## Die Morteratsch-Jungfer

Vor Zeiten sömmerte auf der Alpe, wo jetzt, hinter Pontresina, der kolossale Morteratsch-Gletscher liegt, ein junger Senn, mit Namen Aratsch, die Kühe des Dorfes. Er liebte die Tochter des reichsten Bauers in Pontresina; aber dieser, ein geldstolzer Mann, schlug sie ihm ab, und gab sie dem reichen Besitzer der Burg oberhalb des Dorfes. Aratsch aber ging in die Fremde und wurde Soldat.
Nach Jahren kehrte Aratsch als Offizier zurück; bei Nacht trat er in Annetta's Elternhaus, fand aber die Geliebte auf dem Todtenschreine liegen, unter dem Spiegel, nach Landessitte, von Blumen umgeben. Stumm schaute er auf das bleiche Gesicht, dann stürmte er fort, schwang sich auf sein Roß, sprengte nach der Alpe, wo er einst gehütet, und weiter zu dem Gletscher, der dahinter lag, und spornte sein treues Thier zum grausen Sprunge in eine Gletscherspalte. – Niemand hat ihn wieder gesehen.
Auf dieser Alpe sennete damals der alte Barba Gian. Der hörte seither oft in stillen Nächten ein seltsames Handthieren in seiner Hütte, es war als ob Jemand von einer Gebse zur andern ginge und die Milch besorgte, und zwischen hinein ertönte eine klägliche, weibliche Stimme: »Mort Aratsch, Mort Aratsch!« (Aratsch ist todt). – Das war Annetta's Geist, der nach ihrem Tode noch an den des Geliebten gefesselt war.
Gian ließ den Geist gewähren, und als er in hohem Alter das Sennthum aufgab, empfahl er seinem Nachfolger, ein Gleiches zu thun, es werde sein Vortheil sein, denn seit der Geist da weile und walte, sei die Alpe besser geworden, und die Kühe gäben viel mehr Milch und bessern Rahm als vordem, auch verunglücke selten mehr ein Stück Vieh.
Aber der junge Senn war rohen und hartherzigen Sinnes, und als der Geist wieder kam und in die Milchgebsen schaute, ob Alles recht und in Ordnung sei, von jeder wieder wegging und klagte: »Mort Aratsch, Mort Aratsch!« da that er einen furchtbaren Fluch und wies die arme Seele auf ewig aus der Hütte. – Und die »Mort Aratsch«-Jungfer entwich mit schmerzlichem Weinen. Aber aus der Höhe hörte der Senn noch ihre zürnende Stimme: »Schmaladia saja quaist alp e sia paschüra!«

*Johannes Weber* (1846-1912): Staublawine über die mittlere Entschigtal-Galerie der Gotthardbahn bei der Station Wassen (Uri) am 15. Februar 1888, Blick nach Norden zum Witenstock. Holzstrich, 34,8 x 23,2 cm. Gotthardbahn. ▷

J. Weber

Von Stunde an rückte der Gletscher aus seiner Schlucht zusehends vor und überzog in kurzer Zeit die Alpe, die Hütte und das ganze Seitenthal, bis dahin, wo jetzt die Alp Nova ihr weniges Gras nährt. Nur die Boval-Hütte, hoch oben am Gletscher, und die Isla Persa (verlorene Insel) mitten in Eis und Schnee erinnern noch an die alte Alpe. In stillen Nächten aber vernimmt man noch bisweilen tief unten das Läuten der Heerdenglocken und die Klage um Aratsch.

Der Gletscher aber trägt noch heutzutage zum beständigen Andenken an Aratsch's Tod den Namen Morteratsch-Gletscher.[115]

## Mer de Glace
## Das Strafgericht

Unter dem grünblauen Eis des Mer de Glace, das in der Sonne glitzert und blendet, sollen sich in uralten Zeiten blühende Weideflächen ausgebreitet haben. Die Leute erzählen, dort sei früher ein fruchtbares Hochtal mit saftigen, grünen Wiesen und großen Rinderherden gewesen. In den Ställen stand das Vieh dichtgedrängt, und die Kühe gaben Milch in Fülle.

Die Bauern des oberen Chamonix lebten damals im Überfluß, doch ihre Habsucht und ihr Geiz waren schon sprichwörtlich. Kein Bettler erhielt je ein Stück Brot, und kein müder Wanderer durfte in den vollen Heuböden übernachten. Die vom Glück so begünstigten Menschen waren gleichgültig gegen die Not ihrer armen Brüder geworden. Deshalb wollte Gott sie strafen.

Doch vorher sandte er einen Engel auf die Erde herab, um die hartherzigen Bauern noch einmal auf die Probe zu stellen. Er wollte ihnen Gelegenheit geben, ein gutes Werk zu tun. Der Sendbote des Himmels verbarg seine göttliche Schönheit in dem abgezehrten, müden Leib eines Bettlers, und niemand konnte in diesem armseligen Alten einen Gesandten Gottes vermuten.

So wanderte er durch die Dörfer und Weiler, von Hof zu Hof, von Hütte zu Hütte. Überall klopfte er an, überall bat und flehte er um ein Stückchen Brot und um eine bescheidene Nachtherberge, aber niemand erbarmte sich seiner. Herzlos wurde er von jeder Schwelle gewiesen.

Da stand der Bettler vor dem letzten Haus. Er hatte noch nicht einmal seine Bitte ausgesprochen, als ihn schon der Bauer anschrie, er solle sich zum Teufel scheren. Hinter dem zornwütigen Mann tauchte ein kleines Mädchen auf, das den armen Alten schon lange durch das Fenster beobachtet hatte, wie er langsam zum Hof heraufstieg. Da war es schnell zum Tisch gesprungen, hatte ein Stück Brot vom Teller genommen und in der Schürze versteckt. Es lachte den Bettler freundlich an, schlüpfte flink unter der drohend ausgestreckten Hand des schimpfenden Vaters hinaus ins Freie und steckte dem Armen unbemerkt seine Gabe zu.

Da geschah ein Wunder. Nur dem Kinde sichtbar, verwandelte sich der Greis vor den staunenden Augen des Mädchens in seine wahre Gestalt. In strahlender Schönheit stand der Himmelsbote vor dem erschrockenen Kind und sprach:

»Beeile dich, hol dir, was du am liebsten hast, und flieh! Sprich zu niemandem. Dein Zögern wird die anderen nicht retten, aber dich würde es mit ihnen verderben, denn ein Fluch lastet auf diesem Tal und seinen Unmenschen!«

Das Mädchen gehorchte dem Engel augenblicklich und holte seinen Spinnrocken. Er war das einzige, was ihm gehörte. Während das Kind eilends talwärts lief, überzog sich der eben noch blaue Himmel plötzlich mit schwefelgelben und bleigrauen Wolken, aus denen grelle Blitze zuckten. Ein Sturm kam auf, und es wurde unheimlich finster. Der Tag hatte sich in dunkelste Nacht verwandelt, gewaltige Sturmböen brausten, Donnerschläge ließen die Erde erbeben und hallten dröhnend von den Felsen wider. Das verängstigte Mädchen hörte durch das Sturmgeheul ein Prasseln und Klirren wie von großen Eiskörnern, aber es sah sich nicht um und eilte weiter, damit es aus dem Chaos der entfesselten Naturgewalten herauskomme.

Allmählich legte sich das Unwetter, und als die Sonne wieder durch die Wolken brach und ihre wärmenden Strahlen in das Hochtal sandte, da wagte es das Kind erst, zurückzublicken. Doch was sah sie da! Vor seinen vor Schreck erstarrten Augen lag das Mer de Glace, das alles Lebendige, Mensch und Tier, Blumen und Gras, begraben hatte. Da weinte das verlassene Mädchen bitterlich, die Tränen strömten ihm über die Wangen, hatte es doch alles verloren und stand nun ganz allein in der Welt.

Der Engel aber, der das barmherzige Kind vor dem Strafgericht Gottes gewarnt und verschont hatte, gab ihm auch die Kraft, sein hartes Schicksal zu tragen. Die Kleine raffte sich aus ihrer Verzweiflung auf. Sie trocknete die Tränen und dankte Gott für ihre wunderbare Rettung. Dann setzte sie mit dem Spinnrocken unter dem Arm tapfer ihren Weg fort auf der Suche nach einer neuen Heimat.[116]

## Vom Gletschmann und den Eishexen

Die Legende spielt in den Dolomiten. Rund um die vergletscherte Marmolada. Einer der *Wilden Männer* auf Latemar ist der *Gletschmann,* ein alter Kräutersammler. In einem mörderischen Kampf werden alle Wilden besiegt. Alle sterben bis auf den *Gletschmann.*[117]

> *Wo die Mamaròles mit jähem Gehänge südwärts zu Tal stürzen, liegt im einsamen Kar von Oten der ›Pian de la Gravina‹, eine ärmliche Hochalm. Da wohnen Tanna und Marcòra, und jeden Tag gehen sie zur Zunge des Gletschers hinauf, weil Tanna gesagt hat, der Gletscher werde einst sein Opfer wieder herausgeben.*[118]

Oben liegt *Salwanèl.* Beim Kampf taumelte er und fiel in eine tiefe Gletscherspalte, zwischen hohe Wände aus Eis. Weil aber der Gletscher mehr und mehr anwächst, verlieren die Schafhirten ihre Weiden, und sie beraten, wer an diesem bedrohlichen Anwachsen der Gletscher schuld sein könnte. Es können nur *die beiden Eishexen* (dòi Strïes de la yàtha) sein, die den Gletscher verzaubert haben. Sie warten noch immer auf das Schmelzen des Gletschers und die Freigabe des *Salwanel.*

Es kann sein, daß sich hier ähnliches ereignen könnte wie im September 1991 in den Ötztaler Alpen. Wir wissen von reichen Funden aus der späten Steinzeit, aus der Kupferzeit und aus der Bronzezeit in den Hochregionen der Dolomiten.

# Verborgen und geborgen im Kristallpalast der mächtigen Frauen

## Aus den Dolomiten

In der Sage *Die Königin der Crodères* beschreibt *Wolff* sehr weitschweifig und in dichterischer Freiheit die berühmte Dolomitengeschichte um *Tanna,* die Königin. Sie wohnt im Eispalast des Cornón de Fropa. Sie selbst hat die blaue Krone auf dem Haupt:

*Alle schauen und verwundern sich, denn auf Tannas Haupt erblicken sie die blaue Krone, den größten Schatz und das größte Geheimnis der Marmaròles! Tanna aber tritt auf den Gletscher hinauf und spricht zu den Hirten:*
*›Ja, ich bin Tanna, die Königin der Crodères! Ich bin es wieder und trage wiederum die blaue Krone, denn mein Schicksal hat sich erfüllt...‹*[119]

Und sie weicht zurück. Alles Unheil kommt jetzt mit Felsabbrüchen, Lawinenstürzen und dem Bersten der Gletscher.

*Von den Höhen beginnen die Firnmassen herabzugleiten...draußen aber donnern mit ungeheurer Wucht Lawinenstürze und Felsbrüche, und die gewaltigen Marmaròles dampfen von oben bis unten im Silberstaube des zermalmten Eises und des aufgesprühten Firns.*[120]

In der großen Legende bzw. Sage kommt *Tjan-Bolpin* nach siebenstündiger Kletterei zum Palast, in den er durch kunstvoll gewölbte Tore eintritt. *Dòna Kenìna ist die Herrin dieses Palastes und des ganzen Berges.* Überall entdeckte *Tjan-Bolpin* große silberne Behälter. Die beiden feierten schließlich Hochzeit.[121]

Keine Sage in den Alpen fand ich bisher, die in wichtigen Punkten derartig mit dem *Mann im Eis* der Ötztaler Alpen zusammenhängt. Das kann Zufall sein. Das können hineininterpretierte Gemeinsamkeiten sein. In ähnlicher Weise könnte um den *Mann im Eis* eine solche Legende erfunden werden. Einige Hinweise in den Ötztaler Gletschersagen bringen jedenfalls überraschende Ergebnisse.

## Aus den Ötztaler Alpen

In der Sage *Der Jäger im Hintereis* leben die *Saligen* oben im Reich der Gletscher. Poetisch heißt es:

*Tiefer Friede, hehre Hoheit und heilige Liebe leuchten aus dem engelreinen Antlitz der Saligen; wie das Schneegefild an den Lehnen der Bergkönige wallt ihr weißes Gewand, umrahmt von blondem Lockenhaar an ihrem schönen Leib nieder. So tanzen sie über Gletschergründen ihren Reigen. So sitzen sie beim Spiel tief drinnen im Berg in gold- und diamantglänzenden Hallen.*[122]

Die Sage *Die drei wilden Fräulein am Ferner* verdeutlicht noch einmal, wie großartig die *Saligen* hier wohnen:

*Wie staunte da der arme Hirt! Wie da alles glänzte und glitzerte von Gold und Silber und Edelstein...*[123]

In der dritten Sage kommt *der kühnste Jäger weitum* in das Reich der Saligen. *Als er aufwachte, lag er auf Speik und Edelweiß gebettet im Kristallpalast der seligen Fräulein...*[124]

*Joseph Mallord William Turner (1775–1851): Schneesturm, Lawine und Überschwemmung im hinteren Aostatal.* Öl auf Leinwand, 91,5 x 122,6 cm. Gemalt nach den auf Turners Reise durch das Val d'Aosta im Sommer 1836 entstandenen Aquarellen.

## Aus dem rätoromanischen Münstertal

Auf der Alpe *Sadra* erscheint die *Alpina: Ihr Kopf war geschmückt mit einer Krone aus Bergkristall und Edelweiß* (vergleiche die Schilderung im Kapitel Alm und Alpe, S. XXX) Die hohe, große Frau wohnt entweder im Kristallpalast, oder sie ist wie eine Königin geschmückt. Die Älpler haben für sie den edelsten Schmuck bereitgestellt: Bergkristall und Edelweiß.

## Aus Slowenien

Mehrere Hügel und Berge Sloweniens sind in der Volksüberlieferung die *Gradišče.* Das sind die *Heidenberge.* In und auf diesen Bergen wohnen die *Heiden,* wahrscheinlich in der Erinnerung an alte Bewohner aus vorchristlicher Zeit so genannt. Inmitten der Berge hausen weiße Frauen, hübsche Mädchen oder Gestalten, die halb Tier, halb Mensch sind. In der Sage *Gradišče* der Sammlung von *Kocbek* aus dem Jahre 1926 (Nummer 29) kommt die Bäurin Adame vor ein großes Tor, das von zwei Hunden bewacht wird, denen das Feuer aus den Augen und dem Maul lodert. Die Bäurin will erschreckt weglaufen, da geht die Tür auf, und die Frau befand sich inmitten eines schönen Zimmers:

> Überall war es so schön, daß sie nur staunte. Hier waren auch viele Wannen mit Gold gefüllt. Nachdem sie alle Zimmer durchgeschaut hatte, kam sie zu einer goldenen Türe. Die ging auf. An einem goldenen Tisch saß ein Mädchen, oben weiß wie Schnee, unten aber wie eine grausige Schlange. Wie es die Frau bemerkte, sagte sie freundlich: ›Sammle so viel Gold wie du willst.‹ Die Bäurin legte das Kind beiseite und legte so viel Gold auf, wie sie tragen konnte. Dann ging die Tür auf, und die Frau war wieder draußen. Hier erinnerte sie sich an das Kind und wollte zurück, aber sie suchte vergebens nach der Türe. Sie fand sie nicht mehr…[125]

In der Sage Nummer 28 (ebenfalls unter dem Titel *Gradisce*) wird folgende Geschichte erzählt:

> Durch die Höhle ›Zijavka‹ kommt man ins Herz des Hügels. Einmal ist ein Hirte hineingekrochen und verirrte sich in eine wunderschöne Kammer eines großen Gebäudes. Hier fand er junge Mädchen und einen goldenen Tisch, auf dem Berge von Geld lagen und einen scharfen Hund, der ihn angreifen wollte. Die Fräulein hatten Mitleid mit dem Hirten, befreiten ihn und sagten ihm, daß sie so lange leiden müßten, bis ein Mäher sie befreien würde. Sie führten ihn hinauf, und er kam glücklich nach Hause.
> Eines Morgens, als dieser Hirte gerade auf den nahen Wiesen mähte, kam eines dieser Fräulein mit einem Tuch voll Geld und sagte: ›Tau, Tau.‹ Der Mäher aber staunte, bekam Angst und wollte fliehen. Das Fräulein aber sagte sanft: ›Unglücklicher! Du hättest mich retten können, wenn du mit der Hand über den Tau gefahren wärest. Jetzt werde ich bis zum Jüngsten Tag warten müssen.‹ Nach diesen Worten verschwand das Fräulein, der Mäher schlug sich auf den Kopf, weil er sie nicht verstanden hatte.[126]

*Giovanni Segantini (1858–1899): Tod in den Bergen (La Morte), Blick von Maloja nach Westen gegen Val Maroz (Graubünden).* Gemalt in Maloja und auf dem Schafberg oberhalb Pontresina 1896–1899, unvollendet. Öl auf Leinwand, 190 x 322 cm. ▷

## Aus der Zentral- und Innerschweiz

Im Betruf, der noch immer von Schweizer Alpen gerufen wird, wird der *Goldene Ring* um die Alp gezogen. Innerhalb dieses Ringes steht der *Goldene Thron:*

Hiä und über diese Alp schtaht
a goldigä Thron.

Ich habe im Buch *Mythos und Kult in den Alpen* zwei alte und einen neuen Betruf von *Julian Dillier* wiedergegeben, die immer dieses uralte Motiv enthalten.[127]

## Kanton Uri (Schweiz)

In der Claridensage ist der Gletscher nicht der Kristallpalast, in dem die *Saligen* oder *Tanna* oder *Dòna Kenìna* in strahlender Schönheit leben und den Hirten oder Jäger bei sich aufnehmen, ihn bewirten und heiraten. Die gewaltigen Eismassen des Gletschers, die gleißenden Wände und tiefen Schluchten sind *magische Orte der Strafe* für den Frevler.

## Im christlichen Marienkult

In Hunderten von kleinen Wallfahrtsorten und Kultstätten empfindet das gläubige Volk das Geschehen in *Fatima* und *Lourdes* nach. Die strahlende Madonna im blauen Mantel, umgeben von Goldstrahlen, die rechte Hand ausgestreckt, steht in einer Felsnische. Diese *Grotte* wird vielfach mit kostbaren Edelsteinen und anderen glänzenden Steinen oder Gegenständen ausgestattet. Maria, die Madonna, soll in einen kleinen Kristall-Palast eingebunden sein.

# Der weiße, schöne Tod

## Lawinen

*Lawinen sind herabstürzende Schnee-, Eis- oder Gesteinsmassen an steilen Hängen im (Hoch)gebirge* oder *eine Kette von sich überstürzenden Ereignissen...*[128]

Die Lawine ist ins Rollen gebracht. Sankt Erhard, hochgeschätzter Lawinenpatron von Obergurgl, Vent und Heiligenkreuz, verschone uns!

Anfang April 1992 habe ich auf der Fünf-Kilometer-Strecke zwischen Zwieselstein und meinem Hof *Roale* 24 Lawinen gezählt. Sieben davon gewaltigen Ausmaßes, mit schrecklichen Folgen für den Wald. Tausende Bäume wurden niedergerissen, hinuntergewalzt: der weiße Bergtod.

Im anatolischen Cudi-Gebirge kamen im Februar 1992 bei gewaltigen Lawinen mehr als 300 Menschen ums Leben.

In den Bayrischen Alpen sind 694 Lawinenstriche bekannt.

Allein im Bereich der Siedlungen wurden in Österreich 5 800 Lawinenstriche gezählt.

In den letzten 105 Jahren wurden in der Schweiz 24 Katastrophen-Perioden gezählt.

Ein Hektar wirksamer Lawinenverbau kostet mehr als vier Millionen Schilling.

Neun Menschen starben am 13. März 1988, als die Wolfsgruben-Lawine auf Sankt Anton am Arlberg niederging. Dort hatten – wie fast überall in den Alpen – örtliche Behörden den Hausbau in gefährdeten *gelben* und *roten* Zonen bewilligt. Bauherren bauten und bauen drauflos. Ein 300-Stundenkilometer-Sturm ging voraus. Es kam zur Explosion.

Die Menschen in extrem gelegenen Bergtälern leben in Angst. Oder sie finden sich damit ab. Die *Lawine* ist allgegenwärtig: in allen Tal- und Ortschroniken vom Kleinen Walsertal, im Montafon, Paznauntal, Defreggental, Engadin, Val d'Herens, Ötztal.

Lawinen sind personifiziert. Hexen lösen Lawinen aus. Die große Lawine von Fiss in Tirol ist die *Sebastians-Hure.*

Der *Volksglaube* kennt eine Reihe von Handlungen gegen die Lawinen. Wenn ein Messer gegen die Lawine geworfen wird, verschwindet sie. Ein unfehlbares Mittel – auch gegen Blitzschlag und gefährliche Gewitter – ist das Glockenläuten. Im Kanton Graubünden war es üblich, ein Ei im Haus zu vergraben. Lawinen können durch einen Schuß oder durch Anschreien losgelöst werden.

Es ist verständlich, daß Lawinen wegen ihrer Unberechenbarkeit sehr gefürchtet sind. Unzählige Schilderungen aus den Alpen zeugen von teils dramatischen Unglücken und Zerstörungen.

Es gibt schicksalshafte Gedichte. Der Verfasser dieser Sinfonia alpina wäre um ein Haar 1951 (etwa 20 Jahre nach deren Erscheinen) einer Lawine zum Opfer gefallen, die sein Haus zerschmetterte, nachdem sie ein Gehölz niedergemäht hatte. Nur für den Bruchteil einer Sekunde verlor er seine Geistesklarheit. So war er in der Lage, einen bis ins kleinste genauen Bericht zu geben, der durch das Radio verbreitet wurde. Plötzlich hatte Caflisch den Drang verspürt, ins Dorf hinunterzusteigen. Ehe er aufbrach, kam ihm der sonderbare Gedanke, ein angefangenes Manuskript zwischen Bett und Wand zu schieben. Auf dem Weg hört er ein Dröhnen; er wendet den Kopf: der Berg kommt ihm entgegen! Ein furchtbarer Luftstoß – dann schwarze Nacht. Der Dichter wird in einem Wirbelsturm durch die Lüfte geführt. Nach einem Aufprallen reißt ihn unter Donnergetöse ein immer schwerer werdender Schneewirbel mit. Einen Augenblick verliert Caflisch das Bewußtsein. Wieder zur Besinnung gekommen, rafft er sich auf, – doch kann er die Glieder unter der Schneelast nicht rühren. Die Luft geht

St. Anton
Ski Arlberg
70 Bergbahnen
Galzigbahn
Vallugabahn
hl. Messen

ihm aus: das ist das Ende. Noch eine gewaltige Anspannung des Nackens – da gibt der Schnee nach. Das ist die Rettung! In etwa 12 Sekunden war Caflisch ungefähr 50 m durch die Luft geflogen, darauf war er 250 m durch die rollende Lawine geschwommen, bald an der Oberfläche, bald unter ihr begraben! Zwischen dem Fußboden und den Mauertrümmern seines Hauses fand er schließlich auch sein unversehrtes Manuskript.
Eine wackelige alte Holzmühle überstand den Schrecken ohne Schaden. Die rabgiusa lavina bestürmte es von beiden Seiten her, drückte das Dach ein, verheerte das Innere – scheiterte aber an dem unerschütterlichen Mauerwerk und sank vor Zuoz zusammen. Wie der Seemann, so setzt auch der Bergbewohner den entfesselten Naturkräften seine Zähigkeit entgegen. Für den Dichter Caflisch gibt es nichts Schöneres in der Welt als sein Fleckchen Erde; er hat sein Haus wieder aufgebaut. Und was uns flüchtige Gäste anbelangt, so brauchen wir keine Angst zu haben; aber seien wir auf der Hut![129]

Sül cuolmen, giaschlada dal vent
sco'l luf alvantà da fomina
as schrainta cun spüf veement
dal spi la rabgiusa lavina.

La's bütta üerland giò dal munt
s'sdramond in frantum sia strada
travers a tuot quai chi fa frunt
cun forza giò vers la vallada...

Auf dem Gipfel, vom Wind gepeitscht,
wie der hungergetriebene Wolf,
löst sich mit rasendem Sprung
vom Grat die wütende Lawine.

Sie schleudert sich heulend vom Berg,
sie bricht sich mit Tosen ihre Bahn;
alles niederreißend, was ihr den Weg
verstellt,
stürmt sie gewaltig zu Tal...[130]

ARTUR CAFLISCH

## Lawinenwinter 1950/51: Katastrophe des Jahrhunderts

Von gewaltigen Lawinenschaden im gesamten Alpenraum berichteten die Zeitungen. Über hundert Tote waren zu beklagen. Allein im Kanton Graubünden waren es 54, darunter in Vals, St. Antönien, Zernez, im Safiental. In der ganzen Schweiz wurde der Tod von 96 Menschen beklagt. 1200 Lawinen waren niedergegangen. 19 Tote zählte das kleine Dorf Vals.
Das Bundesland Tirol gedachte im Jahre 1991 der 56 Lawinentoten in diesem verheerenden Lawinenwinter 1950/51. Rund 12 000 Fest-Meter Holz riß die Heuberglawine bei Häselgehr im Bezirk Reutte in Tirol am 20. Januar 1951 in die Tiefe.
Die schrecklichste Lawinenkatastrophe der letzten Jahrzehnte traf aber im Winter 1954

Ein Beispiel unter vielen. Immer wieder gefährden die Lawinen Dörfer und Häuser. Im März 1988 ging diese gewaltige Lawine auf einen Ortsteil von Sankt Anton am Arlberg nieder. Damals wurden neun Menschen getötet. Häuser wurden zerstört; die Schäden gingen in Millionenhöhe. Weil Häuser in die Gefahrenzone gebaut worden waren, die jetzt von der Lawine total zerstört wurden, gab es Anzeigen und gerichtliche Nachspiele (vgl. auch die Abbildungen auf den Seiten 193 und 195). ▷

Shell

zwischen dem 10. und 12. Januar Orte im Großen Walsertal in Vorarlberg. In diesem Bundesland gab es 125 Tote. 39 Bauernhöfe wurden total zerstört, ebenso 28 ganzjährig bewohnte Häuser. 195 Stück Großvieh und etwa 300 Stück Kleinvieh wurden durch die Lawinen weggerissen. Am schwersten traf es den Ort *Blons* im Großwalsertal. Dort wurden 29 Wohnhäuser in den Tobel der Lutz gerissen. 57 Tote waren zu beklagen. Das sind 15 % der gesamten Dorfbevölkerung.

Ich habe mir in den letzten Monaten die Chronik der Pfarrei Obergurgl im Ötztal angesehen, dieses höchsten Pfarrdorfes der Alpen, auf 1930 Metern Höhe. Die Geschichte ist geprägt von Lawinen, von Lawinentoten, von schrecklichen Unglücksfällen durch niedergehende Lawinen. Fast Jahr für Jahr. In Vent und im Ventertal ist es nicht anders.

Als Ergänzung zu unseren *Schafgeschichten* im ersten Kapitel dieses Buches diese aktuelle Meldung:

Mein junger Nachbar Manfred ist einer der hiesigen Bauern mit besonderer Liebe zu den Schafen. Den Winter über hat er seine Herde trotz Heuverknappung durchgefüttert.

Am Montag, dem 4. Mai 1992 ist es dann passiert. Er hatte seine 27 Schafe auf der Weide außerhalb des Hofes. Da kam um 13.30 die gewaltige Lawine herunter. Von der gegenüberliegenden Talseite, kaum einen Steinwurf weit entfernt, schrien die Leute den Schafen zu. Diese aber blieben stur stehen. Alle 27 Tiere wurden von der Lawine verschüttet und in den Bach gerissen. Alle 27 sind tot. Rundum aber kündigt sich der Frühling an.

Der junge Bauer ist verzagt. Es muß ihm geholfen werden. Die Bauernkammer verspricht großzügige Hilfe. In diesem Frühling des Jahres 1992 müssen die Bauern des Tales etliche Hektar ihrer Wiesen von Baumstrünken, Steinen, Wurzeln und Ästen nach den vielen Lawinenabgängen säubern. Etliche hundert Meter zerstörte Zäune müssen wieder aufgestellt werden.

Mich hat es auch getroffen. Etliche Tage stehe ich auf den Steilhängen und rekultiviere. Das ist hier so selbstverständlich wie das Kälbern, das Ablammen, das Sterben, das Wachsen und Sich-Freuen über das erste Grün.

Um so dramatischer treiben es die Bergzerstörer der umsatzgeilen Tourismuslobby. Brutal, mit Monstermaschinen, mit Sprengsätzen und Chemie geht es der hochsensiblen Hochgebirgs-Natur an den Kragen. Abgewürgt, durchbohrt, massakriert.

*Erste Gletscher-U-Bahn der Alpen* vermelden sie stolzgeschwängert in Les Deux-Alpes. Unter den Gletscher haben sie sich bis auf 3 400 Meter durchgegraben. Der ehemals jungfräuliche Kristallpalast ist zerstört. Natur ist *profitabel.* Eine Beute.

Die Gefahren der Berge bestehen nicht nur aus Schnee- und Transitlawinen, aus Muren und touristischen Zerstörungswerken wie Gletscherbahnen, brutalen Skischneisen oberhalb der Waldgrenze, sondern auch in ganz anderen Bereichen. Zu diesem Stich (auf Seite 197) aus *Jacob Hartlieb*: De fide *meretricum in suos amatores* (Basel, vermutlich vor 1505) findet sich folgende Beschreibung: *Die Alpen bergen zahlreiche Gefahren. Drei junge Männer klettern einer Alpenschönheit nach und bringen sich dabei in beträchtliche Gefahren.* ▷

# Der Hochgebirgskrieg in Eis und Schnee

Der Krieg fand 1915–1918 an den Fronten in Südtirol und Italien statt. Innerhalb von 48 Stunden sind 6 000 Soldaten in gewaltigen Lawinen umgekommen.
In den Gletschern um Saas Fee, Hintertux, Kurzras, Neustift und Sölden hat der Gletscherkrieg begonnen. Masten und Kanonen stehen schwerbewaffnet für den Skifahreransturm bereit. Snow-Katzen reißen und kratzen das Eis auf. Bagger schieben das Eis in die Schlünde. Das Verbrechen an der Natur ist perfekt. Der Krieg um die skifahrenden Gäste hat eingesetzt. Er wird immer kriegerischer an den Lobbyfronten und Schneeheiligtümern.

Am 12. Dezember 1916 forderte eine Lawine auf der Marmolada mehr als 250 Mann. Jetzt zerkratzen, verseuchen, massakrieren tausende von Schifahrern die Gletscherschönheit. Der Krieg geht an vielen Fronten weiter. Die Eroberung des schönen Schnee- und Gletscherlandes geht in die Endphase.
In wenigen Jahren brechen riesige Moränen los. Das darunter durch Jahrhunderte gelagerte Eis schmilzt. Gewaltige *Permafrost*-Eismassen wälzen sich mit Geröll und Skifahrern ins Tal, schwemmen sie hinaus in die flachen Täler, wütend, rasend, nitramoncal-verseucht, verpestet.

*Metro-Alpin* nennen sie die große Gletscheruntertunnelung. *Gletscher-Highway* nennen sie die Gletscherstraße. Naturmörder sind mitten unter uns. Der neue Krieg ist ausgebrochen. Der Krieg um Skinationalmann-

schaften, Trainercamps, Pistenheinis. Das Geld schlägt zu. Der Berg war ihnen heilig. Der *Gletscher* heilt Wunden. Das ist tröstlich:

> Selbst der Mensch, der stolze Herr der Schöpfung, vermag sich dem Einflusse der Gletscher nicht zu entziehen, und wenn sie ihm auch zuweilen verderblich werden, verschmähen sie es hinwieder nicht, ihm auch ihre Gunst zu bezeugen. Der ermüdete Wanderer gewahrt, wie ich aus eigener Erfahrung weiß, bereits bei den ersten Schritten auf dem bloßen Gletscher, daß die Müdigkeit im Schwinden begriffen ist, und wird gerne verstehen, daß er sich besser befindet. Doch nicht nur der gesunde Mensch, der im Sommer in der Nähe der Gletscher verweilt, fühlt, ist erst die Akklimatisierungszeit der ersten acht Tage vorübergegangen, den wohlthätigen Einfluß derselben, sondern dieser Aufenthalt kann unter Umständen auch der Kräftigung des Gesundheitszustandes förderlich werden.[131]

Vom Piz Umbrail (3032 m) am Stilfser Joch verlief die Ortlerfront über hohe Bergspitzen, über alle Kämme zum Ortler-Hauptgipfel (3902), über Königsspitze (3859) und Monte Cevedale. Es tobte ein grauenhafter *Gletscher-Krieg.* Im Mai 1916 kämpften am Mandrongletscher der Adamello-Gruppe wochenlang Italiener und Tiroler gegeneinander.
Kriegsberichterstatter, wie *Heinz von Lichem* (Der Tiroler Hochgebirgskrieg 1915–1918) sind stolz auf die höchsten Fronten, besten Krieger, stolzesten Heldentode. *Der höchste Kampfgraben am Hauptgipfel des Ortler in der Geschichte der Menschheit.*[132] Tausende starben, verreckten, verhungerten, erfroren an den Fronten des Ortler, an Marmolada, Adamello, Presanella. Gletscherexperten gruben tiefe Löcher ins Eis. Das alte Reich der *Saligen* war geschändet; ehemalige Bergbauern und Bergführer sind jetzt Gletscherbohrer und *Helden;* tot und gefallen.

Sie werden das Gletschereis in Würfeln verkaufen. Mit dem Bild der wundertätigen Madonna im Schnee. Die Bagger schaffen auch die letzte Hürde. Der Gletschertod geht weiter. Vielleicht kommen sie wieder. Um sich zu rächen. Oder um alles unter ihrem weißen, kalten Mantel zu begraben. Für weitere 3 000 oder 5 000 Jahre.

> Georg Götsch bemerkt in der schon öfter bezogenen Schrift, daß nach seiner eigenen Erfahrung und Beobachtung für ein im Wachsen gehindertes jugendliches Individuum, für manche geschwächte Naturen, sowie für solche Menschen, bei denen eine sogenannte Umstimmungskur angezeigt ist, kein geeigneterer Ort, keine billigere Anstalt zu finden sein dürfte, als der sechs- bis zehnwöchige Aufenthalt in der Nähe eines Gletschers, bei so leichter und reiner Luft, so frischen Quellen und vor allem bei der fetten und stark nährenden Ziegenmilch, besonders bei Gletschern, die tief in einen Thalkessel herabreichen, wie z.B. in Sulden und Piz-Thal. Auch äußere Krankheiten sind schon dem Einflusse der Gletscher in auffallend schneller Weise gewichen, z. B. veraltete Frostbeulen, hartnäckige Fußgeschwüre, Kupfernase u.s.w., indem die kranken Theile einigemale an oder in unmittelbarer Nähe des Gletschereises gehalten wurden. So haben wir denn die bereits erwähnte Thatsache bestätigt gesehen, daß die Gletscher, wenn sie auch zuweilen für die Bewohner der betroffenen Thäler eine wahre Geißel geworden, der leidenden Menschheit hinwieder auch eine Quelle des Segens zu werden vermögen.[133]

## Weisheit und Freiheit

Die alten Dorf-Weisheiten und *-Weistümer* müssen modernen Gesetzen weichen. Sie werden dadurch nicht besser oder weiser. Alte Ordnungen basieren auf jahrhundertelangen Erfahrungen und Erprobungen. Die Schreibtischtäter kennen keine Erfahrung und keine Erprobung. Nicht *Ökologen* und *Volkskundler* mischen mit, sondern einzig und allein Juristen.

Eines der diffizilisten alten Gesetze ist das *Landbuch* des Kantons Uri.

> *Das Gesetz, wie es im Landbuche aufgezeichnet ist, ist die letzte knappe Fassung aller Weisheit. Das Landbuch ist eine Summa, eine Summe jener Regeln, die schon die Alten in tagtäglichem Kampf aufstellten und die sich von Geschlecht zu Geschlecht vererbten...*[134]

Alte Regeln und Rechte können erneuert und verbessert, aber nicht abgeschafft werden. Das alte Recht der Waldweide war für die Bauern existentiell. Wo es notwendig ist, hat der Bauer mit seinem Großvieh mehr Rechte als der Jäger und Heger.

Die alten *Weistümer* waren Dorfsatzungen zur Regelung dörflicher Gemeinsamkeiten in Wald, Weide, Zaun, Viehhaltung und der Nutzungsrechte. Sie waren der Terminkalender und das Strafregister, das Gesetzbuch und die Sitte. Bis zur Auflassung und Auflösung alter Dörfer und ihrer Eingemeindung in Großgemeinden und Verwaltungseinheiten waren sie in Kraft. Teilweise gelten sie noch immer. Vor allem in der Schweiz und in Westtirol.

*Gemeinnutz* steht allemal vor *Eigennutz.* Zu den neuen Rechten und Pflichten der *Älpler* und *Älplerinnen* gehört heute der Schutz dieses Lebensraumes. Dazu gehört nötigenfalls das Besetzen der Straßen, das Blockieren der Transitrouten, das Abwählen untauglicher Politiker.

Die *Älplerinnen* und *Älpler* an Brenner, Phyrn, Gotthard, Fernpaß, Loiblpaß und im Reusstal haben das Recht, sich mit Heuwagen, Traktoren, mit Kinderwagen und Theaterspiel auf die Straße zu setzen. Sie müssen weiterleben. Sie wollen weiterleben.

*Protest, Widerständigkeit* und bäuerlicher *Eigensinn* gehören zu den neuen Qualitäten der Alpenbewohner.

Strafen für Landschaftsfrevel, für Milchvergeudung, Grenzverletzung waren das kreuzweis Annageln, das verkehrt Aufhängen, das lebendig Schinden. Gott bewahr uns vor diesen Radikalstrafen! Jetzt versetzen wir den Gletscherschändern, den Oberhäuptern der Atomlobby, den knieweichen Politikern einen gehörigen Schrecken. Der *Widerstand* wird verstärkt. Jetzt kommen noch Witz, Poesie, Lied und Theater dazu.

> *Die Alpen sind eine Art ökologisches Frühwarnsystem. Im Flachland kann man länger wursteln. Das ist mit ein Grund, weshalb sich in den Alpen der Widerstand deutlicher formiert. Es ist erstaun-*

*lich, was in dieser Alpenregion alles an Bewegungen entstanden ist, die Widerstand leisten gegen das ungezügelte Wachstum, die ein Umdenken wollen, die eine neue Identität in der Region schaffen wollen: da ist eine reale Kraft.*[135]

Mit welchen wortreichen Verdrehungen wedeln die Pistenherren durch Gesetz und Moral? Alles zur Rechtfertigung von Naturbarbarei, von schlimmster Zuhälterei an den jungfräulichen Naturschönheiten. Alles und jedes Sinnen und Trachten in den Dienst von Geld, Bettenvermehrung und *Snow* gestellt. Was ist das armselige Aufbäumen der paar Umweltschützer gegen die gewaltige Lobby der Kunstschneeproduzenten, der metro-alpin-Herren und ihrer gegängelten Politikerfigürchen?

Sie wollen es uns neuerdings mit Moral und guten Sprüchen – frei von der Kanzel – einreden, mit Weihwasser und gesalbten Predigten. In Brixen/Südtirol begründen sie die Kunstschneeproduktion als *Balance zwischen Ethik und unserem Wissen, einer Balance zwischen unserer Verantwortung zum Schutz der Natur und unserem Recht, uns an der Natur zu erfreuen...*[136] Äplerinnen, horcht auf die neue *Frau Holle!* Beschwört die *Saligen,* die *Hulda* und die *Madrisa: Wer könnte schon gegen die moderne harmlose Frau Holle sein?* Sie bringt den Segen. Sie gibt und wird angebetet.

Ins Allerheiligste der höchsten Berge dringen die Seilbahnbauer vor, die Gletscherzerstörer, die Monstranzen ihrer Baggerschaufeln, die heiligen Hostien ihrer Werbesprüche. Alles dient dem Mammon. Die Natur blutet und weint. Ihre Wunden werden geldverstopft nach der Schmelze wieder aufbrechen, werden immer tiefer und schmerzlicher. Die Seilbahn- und Gletscherlobby ruft zum letzten Angriff. Am 11. November 1991 verkündet der *Fachverband der Seilbahnen* in der *Bundeskammer der gewerblichen Wirtschaft Österreichs: Umweltkritik an Seilbahnen geht ins Leere.*[137]

Was *selbsterklärte Umweltexperten und Grünpolitiker* bisher als Schlechtmacherei in die Welt gesetzt haben, sei in Wahrheit eine Wohltat, und die Kunstschneeherren sind die wahrhaften Pisten- und Heuwohltäter.

*Die Beschneiung wirkt sich stets positiv aus und wird im Bereich von Talstationen zur Notwendigkeit.*

Umweltmahner werden pauschal als *Ultragrüne* abqualifiziert. Denn: *Heuertrag auf Pisten bis zu 43 % höher.*[138]

Klar, der Dünger nützt. Die Übersättigung bringt alles zum Blühen – kurzfristig. Also: kleine Bauern, Skiliftverhinderer, Mahner, *Grüne,* Weitdenker: dankt den Kunstschneegötzen! Eure Wiesen werden ertragreich, grün und sauber. Snow sei dank.

*Die Pistennutzung führt zu keinerlei dauerhaften, sich negativ auswirkenden Bodenveränderungen.*[139]

Klar, die heilige Lehre stimmt, weil die Kasse stimmt, weil etliche Wissenschaftler in Wien und anderswo käuflich sind und weil Gutachten zusammenhanglos je nach Bedarf so und so zitierbar sind.

Statt diese Scheinweisheit in Frage zu stellen, sie kritisch im Sinne der gesamten Tourismuswirtschaft hinterfragt zu haben, meldet die *Tirol-Werbung* (offizieller Werbeträger der Tourismuswerbung unter Obhut höchster Landespolitiker) das angebliche Ergebnis des österreichischen Umweltbundesamtes. Pistenskilauf und Snow-Katz sei Dank! Dreck und Salz seien gelobt und gepriesen:

*Die Schneeproben von verschiedenen Gletschern in ganz Österreich – auch von touristisch erschlossenen – weisen kaum Unterschiede auf. Das ist das Ergebnis...Damit ist der Gletscherskilauf sein Image als Umweltverschmutzer los... wenn in Gletscherbächen...erhöhte Konzentrationen gefunden werden, so stammen diese Verunreinigungen von häuslichen Abwässern...*[140]

Schaut so das *Überleben* im Alpenraum aus? Zerstörte, verlassene Dörfer, nicht mehr bewohnte Höfe, sterbende Kultur, Frustration und Abwanderung. Dörfer in den piemontesischen Alpen, aber auch in Teilen der französischen Alpen, in extremen Bergtälern des schweizerischen Tessin, in Friaul und der Lombardei sind von Abwanderung und Entsiedelung besonders betroffen. Solche Dörfer - wie hier im Val Grana in Piemont - sind zu Hunderten zum Sterben verurteilt. Warum? Regional-, Landes- und EG-Politiker versagen. Wie lange noch?

Non stop. Die Gletscher sind ein Segen.

*Die Schneeproben von den Pisten des Hintertuxer Gletschers etwa wiesen zum Meßzeitpunkt (1990) geringere Sulfat- und Chloridmengen auf, als die Proben touristisch nicht erschlossener Stellen...*[141]

Wir danken und preisen unsere Retter, die Bewahrer von Sulfat und Chlorid, wir knien nieder, küssen ihre weisen Entschlüsse und wir beten für sie. Amen.

Für so dumm werden Älplerinnen und Älpler verkauft.

Jetzt gehts erst recht um den witzigen, mutigen *Widerstand!*

## Wer rettet unsere Bauern?

Die bisherigen Bergbauernförderungen bleiben wirkungslos. Einzig in der Schweiz und in Südtirol konnte den Bergbauern mehr oder weniger gut geholfen werden. Die Bergbauern benötigen eine intensive, massive, eine örtlich sehr differenzierte Hilfe. Sonst sterben sie den stillen Bergtod. Früher war es anders: Als Belohnung für das Aus- und Durchhalten auf extrem gelegenen Bergbauernhöfen waren sie *ledig frei und eigen.*

Sie waren frei und ohne Abgaben an Grundherrschaft, ohne Steuer und Einschränkung. Das war ihr Lohn. Wir müssen uns anno 1992 eine neue Bauernbefreiung ausdenken. Auch mein 1670 Meter hoch gelegenes Bauerngut *Roale* im Ötztal war durch Jahrhunderte *ledig frei und eigen.* Jetzt bin ich dort: frei, ledig und eigen in Wort und Tat, schreibend, die Schafe versorgend, beim Mähen und Heutragen.

Im Bund von *Briançon* (Frankreich) bzw. der *Grand Escarton* bestanden von 1343 bis 1713 besondere Rechte und Freiheiten. Der Bund umfaßte laut Bätzing die *oberen Abschnitte von zehn Alpentälern, davon sieben in der Gegend von Briançon und im Haut Queyras und drei in Piemont.*[142] *Libre, Franc et Bourgeois* hieß es. Die einzelnen

Der uralte *Rimpf-Hof* im Gadriatal in Südtirol wird saniert und als Kultur-Denkmal mit neuem Leben erfüllt. Dort wurde im Mai 1989 der internationale Verein *Pro Vita Alpina* gegründet. Jetzt hat der Verein in allen Teilen der Alpen Partner und Mitglieder. Alle von ihnen setzen Zeichen der Hoffnung, sind Träger von Initiativen, sind Voraus- und Querdenker. *Pro Vita Alpina* vernetzt alle einschlägigen Personen und Initiativen, die sich - laut Statuten - die *Förderung der kulturellen, gesellschaftlichen, ökologischen und wirtschaftlichen Entwicklung im Alpenraum* zum Ziel gesetzt haben. Die beiden Abbildungen auf Seite 202 zeigen die Gründungsversammlung. Die Beteiligten sind voller Mut und Schneid. Die neuen Lerchenschindeln sind bereitgelegt zum Dachdecken.

Gemeinden waren strikt gleichberechtigt. *So durften z. B. weder Rathaus und Kirche im gleichen Ortsteil liegen* – die einzelne Gemeinde bestand aus etwa zehn Ortsteilen – noch Mühle und *Schmiede usw.*[143] Kein Ort durfte gegen den anderen bevorzugt werden. Bätzing weiter: *Die Konsequenzen einer falschen Nutzung – vor allem Übernutzung durch die Bauern und Raubbau durch die Grundherren – werden genau beschrieben: Lawinen, Erosionen, Überschwemmungen, Vermurungen.*[144]

Es ist klar, daß bei den Bauern der hochgelegenen Bergtäler bereits im Mittelalter ein starkes ökologisches Bewußtsein ausgeprägt war.

Auf der *Suche nach den Wurzeln der alpinen Freiheit* müssen wir diese und noch viele andere Modelle des Lebens- und Überlebens studieren. Einiges könnten wir weiterentwickeln und reaktivieren. Transitdurchfurchte Menschen schweigen, resignieren und sterben. Oder sie raffen sich noch auf und schreien: *Ledig frei und eigen.* Wir regieren uns selbst.
Tal- und Dorfautarkie ohne falsches Pathos, ohne Abgrenzung, ohne Eingrenzung, dafür offen, tolerant, liberal und fortschrittlich. Neue Kulturentwicklung aus den Wurzeln. *Gemeinwerk* und *Gemeinsinn* vor Einzelnutz und Ausbeutung. Undemokratisch dirigierte Amtskirchen nach dem Muster von Haas-Chur haben hier ebensowenig Hilfe anzubieten wie separatistisch-reaktionär-ausländerfeindliche Gruppierungen der *Lega-Nord,* insbesondere der *Lega Lombarda.* Es kann und muß einen fortschrittlichen Weg der autonomen Volkskultur geben.

## Die Älpler als Protagonisten einer neuen Bewegung

Ich reise jetzt seit vielen Jahren durch die Alpen, erforsche und erkunde neue Wege zum Leben und Überleben, sammle Modelle der Praxis und treffe immer wieder die neuen Alpen-Köpfe, die *Protagonisten* in der vordersten Linie, z. B. Menschen wie die *Anna Ratti* in Maloja bzw. Casaccia, *Maria Schneider* in San Martino, *Ruedi Albonico* in Fanas, *Tavo Burat* in Biella, *Luigi Dematteis* in Frassino (Val Varaita), *Lidia Bernardi* in St. Ulrich, den Poeten *Maurice Chappaz* im Wallis, den Musikanten *Jean-Marc Jaquier* in Savoyen, den Slowenen *Janez Bizjak,* die Poeten *Julian Dillier, Janko Messner* und *Bernhard C. Bünker.* Alle zusammen und viele andere Exponenten der *neuen Alpen* haben wir inzwischen in der Vereinigung *pro vita alpina* zusammengeschlossen. Besonders dankbar bin ich hier für die konkreten Vorschläge unserer Freunde *Werner Bätzing* in Bern, *Alexander Langer* in Bozen, und *Karl Partsch* in Ofterschwang. *Pro vita alpina* versammelt die wachen Kräfte der Alpen.
*Und genau vor diesem Hintergrund kann der Berg als Wiege der neuen Häresie morgen zum Protagonisten werden.*[145]

Die Alpen bieten sich als schicksalhafte Chance. Dazu benötigen wir eine Zusammenschau und die Zusammenarbeit aller wachen, kritischen, besonnenen, vorausschauenden Kräfte aus den Bereichen Wirtschaft, Ökologie, Tourismus, Landwirtschaft und vor allem der Kultur.

Eine Initiative im Kanton Freiburg in der Schweiz hat sich zum Ziel gesetzt, Alp-Kultur neu zu beleben. Eine der Aktionen war die Neueindeckung eines Almgebäudes mit neuen Schindeln. Das Chalet des Morteys in Vanil Noir mit dem Lokalnamen *Tavillons* wird weitere Jahrzehnte überleben. Zur Fertigstellung des Daches gab es ein kleines Fest.

## Kultur der Alpen für eine Kultur im Europa der Regionen

Ich bin nicht sicher, ob wir alle vereinnahmt sind: Die einen von seichter Musikberieselung, die anderen erdrückt von Lederhose und alpin-look-Balkonen. Sie sollen herunterstürzen und alles begraben. Die dritten leiden und vegetieren in ihrem Leid. Sie haben resigniert. Ihre Mäuler sind verstopft.

Jetzt sollen wir uns gemeinsam aufmachen, die *Alpenkultur* zurückzugewinnen. Wie machen wir das? Wir suchen nach den Wurzeln. Wenn sie irgendwo zu finden sind in diesem *neuen* Europa, dann inmitten der Alpen, in Slowenien und in Friaul und in den Dolomitensagen, in den alpinen Zeitungen der Val Camonica, im Val Trompia, Val Verzasca, Val Maira, Val Varaita, Vintschgau, Wallis, in Altdorf und Zernez. Das sind wahrhaftige *Alpenkultur-Hoffnungen:* die Zeitungen *Alternative* aus Altdorf, die *rote anneliese* aus Brig im Wallis, *coumboscuro* aus St. Lucia im Südpiemont, die *Arunda* aus dem Vintschgau oder *il chardun* aus dem Unterengadin. Die *Kulturlandschaft* Alpen wird in ihrer Vielfalt neu entdeckt und ausgewertet. Die wachen Kräfte engagieren sich wieder in der Kultur. Massentourismus zerstört in der bisherigen Handhabung die natürlichen Ressourcen. Er ist wie ein Parasit. Was andere säen, das will er mit viel Profit ernten. Der Bergbauer sät. Der Bergbauer dient. Die neue Dienstleistung hat uns in ein drittes Zeitalter hineingeworfen. Zuerst waren wir freie Bauern beim Roden und Urbarmachen. Dann haben uns Grundherrschaft und Kirche unterdrückt. Aber wir blieben einigermaßen frei. Jetzt sind wir Liftbügelhalter, Kellner, Snow-Diener, Aufräumer, Landschaftskosmetiker, Diener, Sklaven. Tertiärwirtschafts-Sklaven.

Es ist zwar so, muß aber nicht so bleiben. In den letzten Jahren haben sich modellhaft die *Kleinen* von unten zur Wehr gesetzt, an vielen Punkten der Alpen. Es gelang in den Bereichen Landwirtschaft und Kultur. In meiner Dokumentation *Vom neuen Leben in den Alpen* habe ich mit der Zusammenstellung begonnen. Jetzt kann ich weiterfahren, von Erfolg zu Erfolg. Neue Klein-Genossenschaften sind inzwischen entstanden. Bisherige Kooperationen haben sich gefestigt. Neue werden dazukommen. Die genauere und ausführliche Darstellung möchte ich mir für ein neues Buchprojekt reservieren über das *Neue Leben im Alpenraum.* Soviel will ich vorweg festhalten:

* Die bisherigen Initiativen sind im großen und ganzen, also überwiegend weiterhin aktiv und wirksam. Wenige sind zugrunde gegangen.

Der schweizerische Bund für Naturschutz hat maßgeblich mitgeholfen: Jetzt ist die neu gedeckte Alp-Hütte offenbar auch innen mit neuem Leben erfüllt (Seite 207 oben). Ziegen bilden in Not-Zeiten eines der wichtigsten Überlebensmittel der Menschen, nicht nur in den Alpen. Die *Eisenbahnerkühe* sind zu Unrecht in Verruf geraten. Ziegenmilch und vor allem Ziegenkäse zählen heute wieder zu den Köstlichkeiten und werden in höchster Qualität von *Neuen* Bauern verarbeitet und direkt verkauft. Die Abbildung zeigt das Resia-Tal in Friaul (Seite 207 unten). ▷

LIGUE SUISSE POUR LA PROTECTION DE LA NATURE
LSPN
SBN
SCHWEIZERISCHER BUND FÜR NATURSCHUTZ

* Einige Initiativen haben sich in den letzten fünf Jahren gefestigt. Ganz wenige haben sich von offiziellen Machtapparaten aufsaugen bzw. aufkaufen lassen.
* Gegenüber meiner Dokumentation mit dem Stand von 1988 und der ersten Monate von 1989 sind eine Reihe erfolgreicher Projekte und Modelle hinzugekommen. Ich nenne beispielhaft die

- *Amatia* im Matschertal/Südtirol
- *Lesachtaler Lamm* und *Gästering* (Kärnten)
- *Kopra*/Vorarlberg / (1988 gegründet, im Buch *Vom neuen Leben* nur erwähnt)
- *PKGO* – Produzenten-Konsumenten-Gemeinschaft/ Oberwallis
- *Agrecol* – Verein und Zusammenschluß von Wissenschaftern und Entwicklungsexperten – Bereich Großes Walsertal/ Vorarlberg
- eine Reihe bäuerlicher Initiativen in Savoyen
- *S.O.S. Dolomites* (im Buch *Vom Neuen Leben* kurz vorgestellt, inzwischen stark ausgebaut)
- *Alp-Archiv* in Zürich
- *Oberes Drautal*/Kärnten
- *Pro vita rara*/St. Gallen/Schweiz
- *Ökomodell Hindelang*/Bayern

Die neue Ausgabe des Buches *Die Alpen, Entstehung und Gefährdung einer europäischen Kulturlandschaft* von Werner Bätzing, unter anderem auch Beirat der *pro vita alpina*, ist 1991 bei *Beck* in München erschienen und ist die derzeit umfassendste Grundinformation dieser neuen Bewegung. Mit dem Schwerpunkt *Kulturgeografie* ist hier der aktuellste und für uns brauchbarste Stand der Entwicklung dargestellt. Ausführlich widmet sich Bätzing im Kapitel IV dem Thema *Die Zukunft der Alpen.*[146] Ich muß hier nicht im Detail einzelne Zitate oder Kapitel daraus wiedergeben. Ich empfehle die komplette Lektüre und die Befolgung seiner Ratschläge.

## Die Alpen und die EG

*oder: Brüssel als Bittsteller bei den ÄplerInnen*

Ohne die *Älplerinnen* und *Älpler* geht nichts. Kein LKW stinkt über Brenner oder Gotthard, wenn wir es nicht wollen. Kein Strommulti baut einen Masten auf die Alp, wenn wir es nicht zulassen.
Kein *Heimatabend* für den Gast aus Wuppertal, wenn wir unsere Tracht in der Truhe lassen. Kein Alphornklang, keine gemähte Wiese, kein buntes Schaf, kein Kilogramm Alm-Butter ohne uns. Keine Alpenpolitik über unsere Köpfe hinweg. Also machen wir die Politik und die autonome Kultur in den Alpen selbst.

Wenn die slowenische Musikgruppe mit dem bezeichnenden Titel *Die 13. Zitze* (eine Sau hat bekanntlich zwölf, das dreizehnte Schwein muß verhungern) spielt, dann spüren wir etwas von der Lebendigkeit der *Alpen-Musik.* Wenn die Brüder *Bregoli* aus dem Val Trompia ihre Klagelieder vom schweren Bergarbeiterleben singen, sind wir berührt und betroffen. Da spüren wir die Kraft der Volkspoesie im Volkslied. Wenn die Zillertaler aufgeigen, überkommt es uns. Das ist etwas von der immer noch präsenten Kraft der authentischen Musik.

Selbstbewußtes neues Wirtschaften, Produzieren und Verkaufen: Der Gewinn soll beim Bauern bleiben. Die Wertschöpfung für höchste Qualität ist gesichert. Solche Käse-Initiativen wie im Veltlin (Seite 209 unten) oder in *Elva in Piemont* (Seite 209 oben) entstehen sehr zahlreich und hoffnungsvoll. ▷

ST. MORITZ MOUNTAINS
FEELING
STATION
ENGADINE

Alpe
Trona
Soliva

Wenn wir den Fasching (Fasnacht, Carneval) in Imst, Nassereith, Telfs, Ponte Caffaro, Sampeyre, im Val Resia erleben, dann wird uns bewußt, daß die Kraft der Wurzeln ausreicht, um weiterzuwachsen.
Rundum im Alpenbogen versuchen wir die *Musica alpina,* die *Alpentöne* als großartige Zeugnisse der Alpen-Kultur aufzusammeln, zu dokumentieren und wieder hörbar zu machen.
Im Laufe des Jahres 1992 werden von *pro vita alpina* und dem Institut für musikalische Volkskunde (Innsbruck) die ersten CDs über *Musica alpina* unter dem Titel *Die Gedanken sind frei* sowie *Liebe Bäurin, steh auf* herausgegeben.
Der brutalen *Erschließung* der Gletscher und Berge durch die besondere Art mafioser Methoden setzen wir zweierlei entgegen: *Mut, Witz und Widerstand* sowie das *Projekt Hoffnung.*
Statt Abschreckung setzen wir auf Ermutigung. Statt der Resignation bauen wir auf den gesunden *Eigensinn.* Anstelle der *Hörigkeit* könnten wir uns eine gehörige Portion *Widerständigkeit* vorstellen.
Die harte Auseinandersetzung wird eskalieren. Brutalerschließer setzen auf zermürbende Taktiken (*Gletschererschließung ist gesund, Kunstschnee ist notwendig und ethisch begründet*) und auf Moral. Wir setzen auf Fantasie und Hoffnung und auf künstlerische Werke höchster Qualität in Liedern, Musikstücken, bei Theater und Kunstaktionen.

Wir setzen auf den *Aufstand der Bereisten.* Im kleinen Zillertaler Ort Finkenberg wurde er erprobt gegen den Massenverkehr zum Hintertuxer Gletscher. Die Bewohner haben die Straße blockiert. Die geschundenen, ausgenutzten, mißbrauchten Kellnerinnen, Kellner, Dienstmädchen, Hirten, Marketenderinnen etc. werden sich dazugesellen. Es wird ein schönes Fest.

## Zukunft Landwirtschaft?

*Mir ist lieber ein Stall voll Vieh als ein Haus voller Gäste,* sagte eine Bäurin aus Tirol im Oktober 1991. Also ist auch hier ein Umdenken feststellbar.
Je höher die Müllberge, je größer die Alpin-Prostitution, je brutaler die Alpinkultur-Ausbeutung, um so tiefer müssen wir nach den Wurzeln graben, um so stabiler muß unser Fundament gebaut werden, um so intensiver muß unsere Aktion *mit Mut, Witz und Widerstand* auf der Basis der *Volks-Kultur* in die Alpentäler gesetzt werden.
Von der EG dürfen wir uns nichts oder nur sehr wenig erwarten:
*Die EG ist nicht alpentauglich aus zwei Gründen:*
*Sie zielt auf ein noch extremer arbeitsteiliges Europa... Ein Beitritt bringt einen massiven Abbau direktdemokratischer Rechte mit sich...*[147]

## Keine Berggebietspolitik in der EG

An einer Tagung der Fédération Européene des Populations de Montagne (FEPM) mit Vertretern der EG-Kommission in Brüssel am 2./3. März 1992 gab die EG klar zu verstehen, daß es in absehbarer Zeit keine berggebietsbezogene Politik der EG geben werde. Die EG werde sich darauf beschränken, die weniger entwickelten Regionen zu fördern (der südliche Teil Europas und Irland: Ziel Nr. 1), den Regionen mit industrieller Rezession zu helfen (Ziel Nr. 2) und den ländlichen Raum zu entwickeln (Ziel Nr. 5b). Darunter fallen naturgemäß zahlreiche Berggebiete. Von den wohlhabenden Mitgliedstaaten, Provinzen und Bundesländern wird aber erwartet, daß diese selbst für den Abbau der Disparitäten zwischen Berg und Tal innerhalb ihre Gebietes sorgen.[148]

Die Berggebietspolitik vieler Länder und Regionen, speziell aber der EG, geht an den Bedürfnissen der Bauern vorbei. Also gilt es, in Selbsthilfe, mit höchster Qualität, mit unvergleichbaren Berg-Produkten, verbunden mit größtmöglicher Wertschöpfung sich selbst ein *Neues schönes Bergleben* zu verschaffen. Ein solches Spezialprodukt ist der *Latzfonser* Käse in Südtirol.

Wohin also? Hilfe nur durch *Selbsthilfe?* Der österreichische Landwirtschaftsminister *Fischler* erklärte (ich war zweimal Zeuge bei diversen Reden in Wien), uneingeschränkt pro EG zu sein. Auf dem Rücken welcher Bauern?

Vielleicht können wir uns ein paar Sonderrechte erkämpfen. Im *Europa der Regionen* sind wir auch noch da. Also sind wir auch da beim Mitmischen und Planen, beim Vorausdenken und Experimentieren.

Folkloristische *Tümlichkeiten* und sonstige volkstümlich-schöngeistig-gestrige Betulichkeiten bringen uns nicht weiter. Das *Getto* der im Geist des 19. Jahrhunderts sanft dahinschlafenden Trachten- und Volkstanzpfleger, womöglich angereichert mit *deutschem* Geist und strammen Sprüchen, schadet dem Fortschritt.

Die Alpen sind Stätten der *Erneuerung.* Wir werden neue Kulturformen auf der Basis der Tradition entwickeln. Dazu Werner Bätzing, der Geograf aus Bern:

> *Es reicht nicht aus, Ökonomie und Ökologie zu verbinden, um der Nachhaltigkeit ein tragfähiges Fundament zu geben, sondern es bedarf dazu der* Kultur, *d. h. des Bereichs der Werte und Normen, der Gerechtigkeit, der Demokratie und der persönlichen und gemeinschaftlichen Verantwortung...*[149]

*Heimat-Pflege,* ansonsten mit dem Geruch des Gestrigen behaftet, könnte in den Alpen, bei den Protagonisten der Bewegung, eine höchst erfreulich-fortschrittliche Entwicklung nehmen. Die regional-lokale Kultur hat noch Kraft und Leben. Die Alpen sind Vorreiter eines ökologischen und kulturellen Umbaues in Europa. Nicht die *Alpen* sind es, sondern die von mir immer wieder in den Vordergrund gestellten *Älplerinnen* und *Älpler* in Slowenien, Österreich, Bayern, Liechtenstein, in der Schweiz, in Italien und Frankreich.

Da kann uns sogar die *Alpenkonvention* ein kleines Stück weiterhelfen. Trotz der unverbindlichen *kann-* und *soll-* Empfehlungen sollten wir das beste daraus machen. Wir selbst. Mit viel *Witz, Kunst* und *Poesie...*

Wenns Miatzal net war, war i längst schon dafrorn. Bei der bin i ollweil noh aufgleinat wordn. Die hot a guats Herz und viel Holz bei der Wand. Sie warmt mi guat aus, weils mein Wehdam schon kennt. Wenn die Mitzi (= Verkleinerungsform von Maria) nicht wäre, wäre ich längst schon erfroren. Bei ihr bin ich immer aufgewärmt worden. Sie hat ein gutes Herz und viel Holz bei der Wand. Sie wärmt mich gut aus, weil sie meinen Schmerz - im Sinne von Eiseskälte - schon kennt. So heißt es in einem alten Volkslied, das erstmals im Mühlviertel aufgezeichnet wurde. Ein sorgfältig vor dem Haus gestapelter Bestand an Brennholz bewahrt nach einer alten Überlieferung aus Südtirol das Haus vor bösen Geistern und Unheil. So möge diese wärmende Holzlege aus Langtaufers in Südtirol auch Wärme und Bannung von alpinem Unheil symbolisieren.

Der lange Zug der Schafe führt scheinbar in die kalte, weiße Bergeinsamkeit der Gletscher. Auf den nährstoffreichen Bergweiden finden die Schafe ausreichend Futter. Sie werden widerstandsfähig und bleiben gesund; wider die Degeneration. Für ein freies, gesundes, schönes, erfolgreiches *Neues Leben* in den *Alpen* heute und übermorgen und auch noch im Jahre 2092...

◁ Abwehr von Unheil und Bösem soll in einigen Teilen der Schweiz und des Piemont der weiße Stein am Dach bringen. Auch bei Neubauten werden beispielsweise im obersten Teil des Varaita im Piemont diese magischen Handlungen gesetzt. Der Schutz der im Hause Wohnenden soll für alle Zeiten gesichert sein. Abbildung Seite 214 oben: aus Saas Fee in der Schweiz. Abbildung Seite 214 unten zeigt das Val Varaita.

# Weiterführende Literatur


ALPEN: Sonderheft zum 125jährigen Jubiläum des SAC. Schweizerischer Alpenclub. Bern 1988.

BÄTZING, Werner: Die Alpen. Entstehung und Gefährdung einer europäischen Kulturlandschaft. München 1991.

BELLWALD, Werner: 4 000 Jahre alte Pfeilbogen, in: Fundort Lötschental. Begleitheft zur Ausstellung. Museum Kippel. VS 1991.

BODINI, Gianni: Menschen in den Alpen. Arbeit und Brot. Schlanders (Heft 31) 1991.

BRUGGER/WOHLFARTER: Alpwirtschaft heute. Graz 1986.

BRUNNER, LINUS/TOTH, Alfred: Die rätische Sprache enträtselt. Sprache und Sprachgeschichte der Räter. Amt für Kulturpflege des Kantons St. Gallen 1987.

BÜCHI, Ulrich und Greti: Die Megalithe der Surselva, Graubünden. Band 7. Laax 1988.

BÜCHLI, Arnold: Bündner Sagen. Gute Schriften. Zürich 1982.

Ders.: Mythologische Landeskunde von Graubünden. Ein Bergvolk erzählt. Band 1. Disentis 1989.

CAMINADA, Christian: Graubünden. Die verzauberten Täler. Die urgeschichtlichen Kulte und Bräuche im alten Rätien. Disentis 1986.

CEVC, Tone: Velika Planina. Druga Dopolnjena Izdaja, Ljubljana 1987.

DAL LAGO, Bruna: Storie di magia. Leto Side. Roma 1979.

DEMATTEIS, Luigi: Alpinia. Ivrea 1982.

DU RY, Carel J.: Völker des Alten Orient. Baden-Baden 1969.

ECHO. Iniziativa da las Alps. Brig. Diverse Nummern 1991 und 1992.

FALKNER, Christian:Sagen aus dem Ötztal, in: Schlern-Schrift Nr. 229. Innsbruck 1963.

FRÖDIN, John: Zentraleuropas Alpwirtschaft. Band 1 und 2. Instituttet for Sammenlignende Kulturforsking. Oslo 1940 und 1941.

Das GILGAMESCH-Epos. Stuttgart 1958 (1988).

GLEIRSCHER, Paul: Die Räter. Rätisches Museum. Chur 1991.

GOLOWIN, Sergius: Magier der Berge. Lebensenergie aus dem Ursprung. Basel 1984.

Ders.: Hausbuch der Schweizer Sagen. Wabern 1981.

GRAUPE, Friedrich/SCHERER, Max: Der Mann aus dem Eis. Wien 1991.

GUICHONETTE, Paul (Hrsg.): Histoire et civilisation des Alpes. Lausanne 1980.

HAID, Hans: Wasserschäden im Ötztal, in: Tiroler Heimatblätter. Sonderheft Ötztal. Innsbruck (45. Jg.) 10–12/1970.

Ders.: Vende vallis snals, in: Der Schlern. Bozen (Heft 7/8) 1991.

Ders.: Vom neuen Leben. Alternative Wirtschafts- und Lebensformen in den Alpen. Innsbruck 1989.

Ders.: Mythos und Kult in den Alpen. Sauerbrunn–Rosenheim[2] 1992.

Ders.: Vom alten Leben, Wien–Rosenheim 1986.

HENDRICKS, J. u. U./RAINER, J.: Schnals. Aus Gegenwart und Geschichte eines Südtiroler Hochgebirgstales. Schnals 1990.

HOLZMANN, Hermann: Wipptaler Heimatsagen. Wien 1948.

HUBER, Adolf: Die gefährlichsten Gletscher von Tirol. Eine geschichtliche Skizze, in: Programm der K. K. Oberrealschule Innsbruck. Innsbruck 1906.

JECKLIN, Dietrich: Volkstümliches aus Graubünden. 3 Werke in einem Band. Zürich 1986.

JORIO, Piercarlo: Il magico, il divino, il favoloso nella religiosità alpina. Ivrea 1983.

KAINZ, Walter: Weststeirische Sagen, Märchen und Schwänke. Graz 1974, [2]1986.

KINDL, Ulrike: Kritische Lektüre der Dolomitensagen von Karl Felix Wolff. Istitut Ladin. San Martin de Tor 1983.

Die KIRCHE im Gletscher. Rätoromanische Sagen aus der Surselva. Zürich 1982.

KLEINE-BROCKHOFF, Thomas: Ella vegn – sie kommt. Die Lawine: Höllensturz, Todeswalze, Naturschauspiel, in: DIE ZEIT. Hamburg 8.–14. 2.1992.

KÖLL, Theresia: Gschichten. Erzählungen aus den Hohen Tauern. Matrei 1992.

KUNAVER, Dušica: Slovenska Dežela v Pripovedki in Podobi. Ljubljana 1991.

KUNČIČ, Mirko: Triglavske pravljice. Ljubljana 1944.

LIPPERT, Andreas/SPINDLER, Konrad: Die Auffindung einer frühbronzezeitlichen Gletschermumie am Hauslabjoch in den Ötztaler Alpen, in: Archäologie Österreichs. Wien (2/2) 1991.

LUNZ, Reimo: Archäologie Südtirols. Trento 1981.

Ders.: Steinzeit-Funde von der Seiser Alm. Trento 1982.

MAEDER, Herbert/KRUKER, Robert: Hirten und Herden. Alpkultur in der Schweiz. Olten 1983.

MAEDER, Herbert/KRUKER, Robert/WEISS, Hans: Landschaft Schweiz. Bedrohung und Bewahrung. Zürich 1989.

MCMANN, Jean: Rätsel der Steinzeit. Zauberzeichen und Symbole in den Felsritzungen Alteuropas. Augsburg 1990.

MENARA, Hanspaul: Südtiroler Urwege. Ein Bildwanderbuch. Bozen 1984.

MIELKE, Thomas R. P,: Gilgamesch. König von Uruk. Roman. München 1988.

MITTERER, Felix: Die Wilde Frau. Ein Stück. München 1986.

MÜLLER, Eva-Maria: Heinrich Danioths literarisches Werk. Spiegel seines Wesens und der magischen Welt. Uri 1988.

MÜLLER, Josef: Sagen aus Uri. Aus dem Volksmunde gesammelt. Schweizerische Gesellschaft für Volkskunde. Basel 1926.

NEUGEBAUER, Johannes-Wolfgang: Österreichs Urzeit. Bärenjäger, Bauern, Bergleute. Wien-München 1990.

NIEDERER, Arnold: Gemeinwerk im Wallis. Schweizerische Gesellschaft für Volkskunde.·Basel 1956.

NMGA: Niewsbrief over Natuur en Toerisme in den Alpen. NL 5707 RJ Helmond 1/1992.

NOPP, Lisl: Almen und Almwirtschaft im Dorfertal. Österreichischer Alpenverein. Innsbruck 1987.

PATURI, Felix R.: Zeugen der Vorzeit. Auf den Spuren europäischer Vergangenheit. Düsseldorf/Wien 1976.

PATZELT, Gernot: Neues vom Ötztaler Eismann, in: Österreichischer Alpenverein (ÖAV)-Mitteilungen. Innsbruck 2/1992.

PAULI, Ludwig: Die Alpen in Frühzeit und Mittelalter. Die archäologische Entdeckung einer Kulturlandschaft. München (2. Auflage) 1981.

PETITTI, Riccardo: Sentieri perduti un sistema celtico di allineamenti. Ivrea 1987.

RAINER, Johann: das Schnalstal und seine Geschichte. Verkehrsverband Schnals 1986.

RASMO, Nicolo u. a.: Die Alpen in der Malerei. Rosenheim 1981.

REDEN, Sibylle von: Die Megalith-Kulturen. Zeugnisse einer verschollenen Urreligion. Köln 1989.

RENNER, Eduard: Goldener Ring über Uri. Ein Buch vom Erleben und Denken unserer Bergler, von Magie und Geistern und von den ersten und letzten Dingen. Zürich 1991 (Reprint).

ROUSSET, Paul-Louis: Ipotesi sulle radici preindoeuropee dei toponimi alpini. Ivrea 1991.

SENFT, Hilde und Willi: Unsere Almen. Erleben, verstehen, bewahren. Graz 1986.

SINGER, Samuel: Schweizer Märchen. Berlin 1971. (Nachdruck)

SCHMIDT, Aurel: Die Alpen. Schleichende Zerstörung eines Mythos. Zürich 1990.

SCHMIDT, Leopold: Der Herr der Tiere, in: Anthroposophische Internationale Zeitschrift für Völker- und Sprachenkunde. Band 47. 1952.

SPINDLER, Konrad: Die frühen Kelten. Stuttgart (2. Auflage) 1991.

Ders.: Ötze: The man who came in from the cold, in: New scientist. January 1992.

Ders.: Der Mann aus dem Eis, in: Archäologie in Deutschland, Heft 1/1992.

TORBRÜGGE, Walter: Europäische Vorzeit. Baden-Baden 1968.

TRIGLAV-NATIONALPARK. Führer. Bled 1987.

URBAN, Otto H.: Wegweiser in die Urgeschichte Österreichs. Archäologie sehen, erkennen, verstehen. Wien 1989.

VARDIMAN, E. E.: Nomaden. Schöpfer einer neuen Kultur im Vorderen Orient. Wien/Düsseldorf 1977. Lizenzausgabe (Pawlak) 1990.

WERTEMANN, Andreas: Die Sage Sadra. Goldwasser für Alpmelioration, in: MONTAGNA 12/1991.

WESTENDORF, Wolfhart: Das Alte Ägypten. Baden–Baden 1968.

WESTWOOD, Jennifer: Sagen, Mythen, Menschheitsrätsel. Ein Atlas der Heiligen Orte, geheimnisvollen Kultstätten und versunkenen Kulturen. Gütersloh 1987.

WILLAM, Franz Michel: Volk der Berge, in: Montfort (Heft 3–4) 1970 (Bregenz).

WOLFF, Karl Felix: Dolomitensagen. Innsbruck (15. Auflage) 1981. Z' ALP. Nummer 0 und weitere Nummern ab Juni 1990. Zürich.

ZEBISCH, Herbert: Raetisch. Eine iberische Sprache. Schärding 1988.

ZÖBL, D.: Die Transhumanz der europäischen Mittelmeerländer, in: Geografische Studien. Band 10. Berlin 1982.

# Anmerkungen und Quellennachweis

1 Zitate von Tiroler Schafzüchtern

2 *Pro specie rara*. Schweizerische Stiftung zur Erhaltung des genetischen und kulturgeschichtlichen Erbes von Tieren und Pflanzen

3 *Pro specie rara*

4 *»die rueckkehr« mit Genehmigung des Verlags. In:* Kaser, Norbert C.: Gesammelte Werke. Band 1. Gedichte. Haymon-Verlag, Innsbruck

5 *Bätzing, Werner:* Die Alpen. Entstehung und Gefährdung einer europäischen Kulturlandschaft, München 1991, Seite 26

6 *Vardiman, E.E.:* Nomaden. Schöpfer einer neuen Kultur im vorderen Orient. Düsseldorf 1977, Seite 71

7 *Pfarrchronik von Gurgl*

8 *Kofler, Georg:* Schmelstal, 1694

9 Österreich-Ungarische Monarchie in Wort und Bild. Tirol und Vorarlberg, Heft 17

10 *Kriznar, Nasko,:* Die Käserei auf Schafalmen. In: Der Triglav-Nationalpark. Ljubljana 1987, Seite 178 ff.

11 *Kriznar, Nasko,* a. a. O. , Seite 183 f.

12 *Renner, Eduard:* Goldener Ring über Uri. Ein Buch vom Erleben und Denken unserer Bergler, von Magie und Geistern und von den ersten und letzten Dingen. Zürich 1991, Seite 40

13 *Rousset, Paul Louis:* Hypotesi sule radici preindoeuropee dei toponimi alpini. Ivrea 1991, Seite 189

14 *Voss, Johann Heinrich:* Odysse, Vers 216 - 217

15 *Reden, Sybille von:* Die Megalit - Kulturen. Zeugnisse einer verschollenen Urreligion. Köln 1989, Seite 60

16 *Schmidt, Leopold:* Der Herr der Tiere. In: Anthropos. Internationale Zeitschrift für Völker- und Sprachenkunde. Band 47. 1952

17 *Ebd.*

18 *Falkner, Christian*: Sagen aus dem Ötztal. In: Schlern-Schrift Nr. 229. Universitätsverlag Wagner, Innsbruck 1963, Seite 111 - 182

19 *Schmidt, Leopold:* Der Herr der Tiere, a. a. O.

20 *Ebd.*

21 *Ebd.*

22 *Ebd.*

23 *Ebd.*

24 *Singer, Samuel:* Schweizer Märchen. Berlin 1971, Seite 23

25 *Büchli, Arnold:* Bündener Sagen. Gute Schriften. Zürich 1982

26 Golzer. In: *Müller, Josef:* Sagen aus Uri. Band II (=Schriften der Schweizerischen Gesellschaft für Volkskunde 20). Basel 1929. Zweiter Nachdruck 1978

27 *Ebd.*

28 Wie der Handbub das Jauchzen und Jodeln lernte. In: *Jecklin, Dietrich:* Volkstümliches aus Graubünden. Nachdruck der Ausgabe Zürich 1874 - 1878. Edition Olms AG, Zürich. Zweite Auflage 1986

29 *Ebd.*

30 *Kainz, Walter:* Da Öidlhons (Erlenhans). In: Ders.: Weststeirische Sagen, Märchen und Schwänke. Mit Genehmigung des Verlages für Sammler, Graz

31 *Das Gilgamesch-Epos.* Stuttgart 1958, Vers 124 - 137

32 *Ebd.*, Vers 170 - 187

33 *Müller, Josef:* Sagen aus Uri, a. a. O.

34 *Paturi, Felix R.:* Zeugen der Vorzeit. Auf den Spuren europäischer Vergangenheit. Düsseldorf 1976, Seite 122

35 *Büchi, Ulrich* und *Greti:* Die Megalithe der Surselva. Graubünden. Band 7. Laax 1988, Seite 66

36 *Urner Landbuch.* Artikel 281

37 *Renner, Eduard:* Goldener Ring über Uri. Ein Buch vom Erleben und Denken unserer Bergler, von Magie und Geistern und von den ersten und letzten Dingen. Zürich 1991, Seite 144

38 *Ebd.*, Seite 166

39 *Deutsches Universalwörterbuch.* Stichwort »Alp«

40 *Handwörterbuch des Deutschen Aberglaubens.* Stichwort: »Alptraum«

41 *Vardiman, E. E.:* Nomaden, a. a. O. , Seite 173

42 *Ebd.*

43 *Ebd.*

44 *Bätzing, Werner:* Die Alpen, a. a. O., Seite 26

45 *Ebd.*, Seite 26 f.

46 *Lunz, Raimo:* Archäologie Südtirols. Trento 1981, Seite 8 f.

47 *Haid, Hans:* Sagensammlung. Pfarrarchiv Längenfeld, Nr. 16

48 *Renner, Eduard:* Goldener Ring über Uri, a. a. O., Seite 200 f.

49 *Ebd.*

50 *Müller, Josef:* Sagen aus Uri. Aus dem Volksmunde gesammelt. Basel 1926

51 *Ebd.*

52 Das *Gilgamesch-Epos*, a. a. O., Verse 33 - 39

53 *Falkner, Christian:* Sagen aus dem Ötztal. In: Schlern-Schrift Nr. 229. Innsbruck 1963, Seite 128

54 *Köll, Theresia:* Geschichten, Erzählungen aus den Hohen-Tauern. Matrei 1992, Seite 91 f.

55 *Ebd.*

56 *Ebd.*, Seite 94 und 99

57 *Kocbek, Fran:* Savinjske-Alpe. 1926, Seite 244 f.

58 *Ebd.* Seite 246

59 *Darnuzer, U.:* Die Sage um den Namen Sadra. In: Montagna 12, 1991 (=Vereinsblatt des Schweizer Alpwirtschaftlichen Vereins SAV)

60 *Labgesang zu Jakobi.* Louckhellen

61 *Alp-Archiv* »Zürich«

62 *Ebd.*

63 *Ebd.*

64 *Jecklin, Dietrich:* Volkstümliches aus Graubünden, vgl. Anmerkung 28

65 *Lenau, Nikolaus:* Schöne Sennin, noch einmal. In: Ders.: Gedichte. Erscheint demnächst im ÖBV/ Klett-Cotta

66 *Peer, Andri:* Verlassene Alphütte. In: Ders: Poesias - Gedichte. (c) 1988. Desertina Verlag, CH-7180 Disentis

67 *Peer, Andri:* Alpabfahrt. Ins Deutsche übertragen von Herbert Meyer. In: Peer, Andri: Refügi. Wado Verlag, Zürich

68 Iniziativa da las Alps. Brig 1991 (Zeitschrift), diverse Ausgaben

69 *Iniziativa da las Alps.* Diverse Ausgaben

70 *Iniziativa da las Alps.* Diverse Ausgaben

71 *Steiger, Katharina von:* Grimselverein. 10/11. August 1991, Flugblatt, CH-3860 Meiringen

72 *Alp-Archiv.* Rundbrief 1/1991

73 *Ebd.*

74 *Ebd.*

75 *Ebd.*

76 *Ebd.*

77 *Ebd*

78 *Prene aun enolung.* TransALPedes. Info-Mappe Mai 1992

79 *Iniziativa da las Alps.* Brig, a. a. O.

80 Vgl. *musica alpina* (Pro Vita Alpina). A-6450 Sölden

81 *Brunner, Linus/Toth, Alfred:* Die rätische Sprache enträtselt. Sprache und Sprachgeschichte der Räter. Amt für Kulturpflege des Kantons St. Gallen. 1987, Seite 48

82 *Ebd.*, Seite 45

83 *Ebd.*, Seite 43

84 *Ebd.*, Seite 55

85 *Ebd.*, Seite 78

86 *Lunz, Raimo:* Archäologie Südtirols. Trento 1981, Seite 44

87 *Brunner, Linus/Toth, Alfred:* Die rätische Sprache enträtselt, a. a. O., Seite 97 - 100

88 *Urban, Otto H.*: Wegweiser in die Urgeschichte Österreichs. Archäologie sehen, erkennen, verstehen. Wien 1989, Seite 81

89 *Patzelt, Gernot*: Neues vom Ötztaler Eismann. In: Österreichischer Alpenverein - Mitteilungen. Innsbruck 2/1992

90 *Ebd.*

91 *Ebd.*

92 *Ebd.*

93 *Tilly, Heinrich:* Eismann starb aufrecht. Unveröffentlichtes Manuskript 1992

94 *Ebd.*

95 *Roth, Elsa Maria:* Ötzis Gletschertour. Brief vom 23. April 1992

96 *Spindler, Konrad:* Der Mann im Eis. Eine jungneolithische Gletschermumie vom Hausliebjoch in den Ötztaler Alpen. Manuskript 1991, Seite 13

97 *Ebd.*, Seite 15

98 *Ebd.*, Seite 18

99 *Ebd.*, Seite 23

100 *Twain, Mark:* Bummel durch Europa (1880). Frankfurt 1985

101 *Renner, Eduard,* a. a. O., Seite 219 f.

102 *Wyss, Johann Rudolf:* Reise in das Berner Oberland. Bern 1816/1817

103 *Byron, Georg Gordon* , zitiert nach: *Schmidt, Aurel:* Die Alpen. Schleichende Zerstörung eines Mythos. Zürich 1990, Seite 187

104 *Huber, Adolf:* Die gefährlichsten Gletscher von Tirol. Eine geschichtliche Skizze. In: Programm der k. und k. Oberrealschule Innsbruck. Innsbruck 1906, Seite 7

105 *Ebd.*, Seite 13

106 *Schweizer Alpen-Club:* Die Alpen, Anmerkung 8, Seite 299

107 *Ebd.*, Seite 299

108 *Huber, Adolf*, a. a. O., Seite 16

109 *Slupetzky, Heinz:* Profil. Nr. 47, 18. November 1990, Seite 78

110 *Alpen.* Sonderheft zum 125jährigen Jubiläum des SAC. Bern 1988, Anhang

111 *Falkner, Christian:* Sagen aus dem Ötztal, a. a. O., Seite 129

112 *Die Kirche im Gletscher.* Erschienen im Tanner und Stachelin Verlag 1982, CH-8034 Zürich Seite 10 ff.

113 Das verschüttete Oertlein im Thale Roseg. In *Jecklin . Dietrich:* Volkstümliches aus Graubünden. Nachdruck der Ausgabe Zürich 1874 - 1878, Edition Olms AG. Zürich. Zweite Auflage 1986

114 Die todte Alpe. In: *Jecklin, Dietrich*, a. a. O.

115 Sie Morteratsch-Jungfer. In: *Jecklin, Dietrich*, a. a. O.

116 Mer de glace - Das Strafgericht. In: Voelter, Gretl: Das große Buch der Alpensagen. Pinguin Verlag, Innsbruck

117 *Wolff, Karl Felix:* Dolomitensagen. Innsbruck 1981, Seite 61 f.

118 *Ebd.*, Seite 125

119 *Ebd.*

120 *Ebd.*, Seite 126

121 *Ebd.*, Seite 135 f.

122 *Falkner Christian* , a. a. O., Seite 117

123 *Ebd.* , Seite 119

124 *Ebd.* , Seite 120

125 *Kocbek:* Gradisce, Sage Nr. 29, Seite 248

126 *Ebd* , Seite 248

127 *Haid, Hans:* Mythos und Kult in den Alpen. Wien und Rosenheim 1990, Seite 174, 176 und 179

128 *Bearli, André:* Brockhaus. Stichwort »Lawine«

129 Unbekannte Schweiz. Chur 1974, Seite 104

130 *Caflisch, Arthur:* Sül Colmen. Nr. 129, Seite 104

131 *Gwercher, Franz:* Ötztal. Innsbruck 1886, Seite 21

132 *Lichem, Heinz von:* Der Tiroler Hochgebirgskrieg 1915 - 1918. Innsbruck 1989, Seite 94

133 *Gwercher, Franz,* a. a. O., Seite 21 f.

134 *Renner, Eduard:* Goldener Ring über Uri, a. a. O., Seite 199

135 *Frischknecht, Jürg:* Alternative Altdorf. April 1992

136 *Haid, Hans:* Tatort Alpen. In: Umwelt und Tourismus. Innsbruck 1992, Seite 246

137 Presseaussendung Fachverband der Seilbahnen. Wien 1990

138 *Ebd.*

139 *Ebd.*

140 *Tirol-Werbung.* Pressemitteilung. 3. Februar 1992

141 *Ebd.*

142 *Bätzing, Werner,* a. a. O., Seite 80

143 *Ebd.*, Seite 80

144 *Ebd.* Seite 80 f.

145 *Tavo, Burat:* Mailand 1976, Seite 58 ff.

146 *Bätzing, Werner,* a. a. O., Seite 123 f.

147 *Frischknecht, Jürg,* a. a. O.

148 *Montagna.* Schweiz, Heft 4/1992

149 Bätzing, Werner, a. a.O., Seite 204 f.

*Alpen.* Sonderheft SAC: 174; *Arbeitsgruppe Val Madriscurciusa:* 106; *Janez Bizjak* 57 (oben), 58, 67 76/77, 199; *Gianni Bodini* Titelbild, 7,8 (oben und unten), 10, 11, 14 (oben und unten), 16/17, 18/19, 22 (oben und unten), 23 (oben und unten), 25, 26 (oben), 33, 34, 36, 40 (oben und unten), 41 (oben und unten), 52 (oben und unten), 73 (oben und unten, links und rechts), 74 (oben und unten), 75 (oben und unten), 79 (oben und unten), 87, 90 (oben und unten), 92 (oben und unten), 97, 101, 107, 110, 113 (oben und unten), 119, 123, 126, 127 (oben und unten), 129 (oben und unten), 132, 134 (oben und unten), 135, 136, 137 (oben und unten), 139, 141 (oben und unten), 159, 163, 165, 201, 203 (oben und unten), 207 (unten), 209 (oben und unten), 211, 213, 214 (oben und unten), 215; *Ulrich und Greti Büchi:* Die Megalithe der Surselva. Band 7: 120 (oben), 121, 122; *Tone Cevc:* 57 (unten); *Jaka Cop:* 69; *Josef Fner:* 169; *Gerlinde Haid:* 26 (unten), 27 (oben und unten), 29, 31, 44 (oben und unten), 45, 47 (oben und unten), 49, 53 (oben und unten), 143, 144, 153; *Wolfgang Haid:* 193, 195 (oben und unten); *Jacobi Hartlieb:* 197; *Iniziativa da las Alps:* 99, 111 (oben und unten); *Initiative Lspn:* 205, 207 (oben); *Naško Križnar:* 62, 63 (oben und unten); *Landwirtschaftliche Hochschule Berlin:* 120 (unten); *Jože Mihelič:* 82/83; *Johannes W.Neugebauer:* Österreichs Urzeit: 118; *NMGA-Niederlande:* 103, 104; *N.N. aus dem Ötztal:* 147 (oben und unten), 154 (oben rechts und links, unten), 155, 171; *Josef Öfner:* 125 (unten); *Gernot Patzelt:* 146, 175; *Ausilio Priuli:* Incisione rupestri monte Bego: 64; *Sibylle v. Reden:* Die Megalith-Kulturen: 116/117; *Gustav Sauser:* 138; *Heinrich Tilly:* 125 (oben rechts und links), 150 (3 x), 151 (2 x), 152; *Otto H. Urban:* Wegweiser in die Urgeschichte Österreichs: 115; Zeichnungen, Diagramme, Tabellen etc.: E. E. Vardiman: 13, 60; Sebastian Schrank: 120; *Kunstbilder: Alexandre-Charles Besson* (1727 – 1809): Combe des Morts von der Paßhöhe des Großen St. Bernhard (Wallis). Blick vom Hospiz auf 2469 Meter nach Nordosten zur Aiquille du Vélan. Grafische Sammlung der Zentralbibliothek, Zürich: 179; *Hans Conrad Escher von der Linth* (1767 – 1823): Eisschuttkegel des Giétrogletschers. Barriere eines natürlich gestauten Gletschersees der Drance Val de Bagnes oberhalb Mauvoisin. Grafische Sammlung der Eidgenössischen Technischen Hochschule, Zürich: 182; *Giovanni Segantini* (1858 – 1899): Tod in den Bergen. Depositum der Gottfried-Keller-Stiftung im Segantini-Museum, St. Moritz: 191; *Südtiroler Maler:* Die Alpe Stevia im Grödental. Staatsarchiv, Trient (Wolkensteinarchiv): 177; *Johann Heinrich Wüest* (1741 – 1821): Der Rhonegletscher (Wallis). Blick nach Nordosten. Kunsthaus, Zürich: 183